불통과 독단의 리더는 인류 역사에 늘 존재했다. 그런데 최근 들어 병리주의적 파시스트 리더가 부쩍 늘고 있다. 이들은 한결같이 언론을 통제하거나 반대 의견을 억압하고 소수자를 박해하며 자유를 박탈한다. 이처럼 극단적으로 자기중심적이고 권위주의적인 리더들의 공감력 부족과 무자비함은 '단절'에 기인한다.

실제로 초단절형 리더들의 부패와 무능 사례는 차고 넘치건만, 이들을 흠모하는 추종자들은 그 사실들과 부도덕성을 부정하고 심지어는 이들의 어긋난 카리스마에 강렬한 매력을 느낀다. 이 책의 저자는 이를 '포기 증후군abdication syndrome'이라 부르며, 어린 시절 수직적이고 엄한 부모의 통제 상태로 회귀하려는 일종의 책임 포기 현상으로 분석한다. 이기적 유전자의 관점에서 보면 생물은 모름지기 독립적인 몸과 두뇌 안에 갇힌 존재이지만, 인간 사회의 근간은 분리가 아니라 '연결'이다. 그래서 일찍이 아리스토텔레스는 우리 인간을 사회적 동물로 규정했다.

초단절형 리더들을 걸러낼 수 있는 건전한 대의민주주의 체제를 재건하고, 우리 사회를 병리주의에서 건져 내어 공감 중심의 연결의 연속체로 만들어야 한다. 졸지에 맞닥뜨린 암울한 정치 위기 상황에서 모두 함께 읽고 숙론해야 할 필독서다.

— 최재천(이화여대 석좌교수·「숙론」, 「양심」 저자)

군대 생활을 해본 사람들이 흔히 하는 얘기가 있다. "그 사람이 어떤 사람인가는 병장이 되는 순간 알 수 있다." 이 말의 핵심은 소통과 불통의 차이에 있다. 소통은 구성원 간 배려와 공존으로 이어진다. 반면 불통은 근거 없는 신념, 정확하게는 '개똥철학'에서 비롯되어 결국 잔인한 폭언과 폭행을 낳는다. 우리 인류는 기나긴 시간 동안 이 두 가지 방식 중 하나를 취하는 수많은 사람을 경험해왔다. 그리고 그들을 '리더'라고 부른다.

불통의 길을 걷는 리더가 가장 싫어하고 금지하는 것은 무엇일까? 자신을 제외한 구성원이 한자리에 모여 소통하는 것이다. 그들은 한결같이 사람들을 갈라놓고 모이지 못하게 한다. 즉 '연결되지 않도록' 말이다. 또 그들이 매우 꺼리는 양상이 있다. 사람들이 서로를 위하고 보듬어 주는 모습이다. 그래서 그들은 항상 이렇게 말한다. "너희끼리 아무리 함께해도 소용없어. 인간은 기본적으로 악한 존재니까!" 마치 선심 쓰듯 삶의 지혜를 깨우쳐주는 사람 행세를 한다. 왜 그럴까? 불통 리더가 가장 두려워하는 것이 바로 연결과 공감이기 때문이다. 그들에게는 '단절'이 가장 중요한 식량이자 무기다.

불통과 독단, 야망에 빠진 리더는 우리가 아주 잠시 무관심할 때 생기는 곰팡이처럼 늘 주의해야 하는 존재다. 특히 사람들이 외롭고, 서로 단절되고, 빈부 격차가 당연시되는 사회는 초단절형 리더가 등장하기 좋은 최적의 조건이 된다. 그 속에서 탄생한 초단절형 리더는 본능적으로 우리를 더욱 고립시키고, 분열하게 만들며, 약자를 향한 강자의 지배와 착취가 당연한 일처럼 받아들이도록 왜곡된 사고를 조장한다. 인류 최고의 악순환이 바로 이러한 행태다. 이는 절대 국가와 사회를 위한 일이 아니다.

기억하라. 만일 나부터 주변 세계와 공감하지 못하고 불통하는 존재가 되는 순간 초단절형 리더들이 가장 먼저 나를 발견한다. 그리고 가장 먼저 심신을 지배하고, 가장 먼저 쓸모를 소모한 뒤 가차 없이 구겨서 길바닥에 버린다. 그 누구도 아닌 나를 지키는 길이 무엇인가를 바로 이 한 권의 책이 우리에게 보여준다.

— 김경일(아주대학교 심리학과 교수 · 『마음의 지혜』 저자)

올해 읽은 책 중 가장 중요한 책이다. 저자는 점점 더 정교해지는 허위 정보와 위험한 선동들이 말 그대로 정신적 장애가 있는 자들의 통치가 작동하는 방식인 '병리주의pathocracy'를 어떻게 촉진하는지 탐구하고, 21세기에 악성 나르시시스트가 세계를 장악하고 있는 이유를 설명한다.

— 존 가트너John Gartner(심리학자·전 존스홉킨스대학 의과대학 조교수)

스티브 테일러는 그의 강력한 새 책에서 초단절형 인간들이 인류 역사를 가득 채운 잔인함과 고통스러운 폐해를 어떻게 보여 주었는지 명확하게 설명한다. 그는 불통 리더의 시대에 초단절형 인간이 상상할 수 있는 모든 측면에서 최악의 리더가 될 수 있다고 엄중히 경고한다. 『불통, 독단, 야망』은 이처럼 위험한 리더로부터 우리 자신을 보호하는 것이 지금 인류가 직면한 가장 시급한 과제임을 생생하게 드러낸다. 이 소름 끼치는 시대에 반드시 읽어야 할 책이다!

— 이언 휴스Ian Hughes(정신분석학자·『무질서한 마음Disordered Minds』 저자)

스티브 테일러는 인간의 경험과 그 최대의 가능성에 대한 이해의 폭을 꾸준히 넓혀 온 창의적인 심리학 사상가다. 그가 문제적 리더십과 정치의 심리학을 다룬 이 책을 점점 더 연결되는 세상에서 우리의 미래에 관심이 있는 모든 독자에게 권한다.

— 에드워드 호프먼Edward Hoffman(심리학자·『순수한 미래Visions of Innocence』 저자)

현대의 심리학적 통찰력과 인간 사회의 특성, 변함없는 영적 지혜를 연결하는 과업은 매우 중요하다. 단절과 연결이라는 관점을 가지고 이 과업에 꾸준히 기여하는 저자는 우리에게 아주 의미 있는 깨달음을 알려 준다. 이 책은 깨달음의 본질에 대해 혼란스러워하는 사람들, 자신이나 주변 사람의 단절 때문에 삶이 왜곡돼 고통받는 사람들에게 도움이 될 것이다. 인간의 근본적인 연결성을 인식하고, 우리 존재의 깊이와 친밀함을 실제 경험적으로 이해하려는 사람에게도 도움이 될 것이다.

— 마크 버논Mark Vernon(심리치료사·저널리스트)

불통,
독단,
야망

위험한
리더는
어떻게
만들어지는가

스티브 테일러 지음
신예용 옮김

불통, 독단, 야망

DISCONNECTED

CONNECT

LEADERSHIP

EGO

PATHOCRACY

DEMOCRACY

DISCONNECTED

21세기북스

간디는 왜 히틀러를 막을 수 없었을까

1939년, 인도 중부 와르다 근처 자신의 아쉬람(수행자들이 영적인 스승을 섬기며 모여 사는 인도의 전통적인 공동체—옮긴이)에서 마하트마 간디는 유럽에서 벌어지는 일련의 사건을 두고 근심에 빠졌다. 그때 예순아홉 살이 된 간디는 평생을 비폭력 옹호자로 살아왔다. 그래서 수천 킬로미터나 떨어진 곳인데도 그곳에서 곧 분쟁이 터질 것 같다는 예감에 무척 심란했다. 히틀러가 체코슬로바키아를 침공했다는 소식을 접하자 간디는 독일의 독재자에게 직접 편지를 쓰기로 결심했다. 그해 7월에 히틀러에게 보낸 편지에서 간디는 그를 '절친한 벗'이라고 부르며 이렇게 썼다.

"지금 이 세상에서 인류를 야만적인 상태로 몰아갈 전쟁을 막을 수 있는 사람은 분명 오직 당신뿐입니다. 어떤 대상이 아무리 가치 있어 보이더라도 지금처럼 혹독한 대가를 치러야만 할까요? 전쟁이라는 방법을 의도적으로 피하면서도 큰 성공을 거둔 이 사람의 청에 귀를 기울여 보시지 않겠습니까?"[1]

얼핏 봐서는 간디가 히틀러를 상대로 한 호소에 별로 문제가 없어 보일지도 모른다. 몇 년 전 간디는 영국 정부와의 평화 회담에 참석하기 위해 유럽을 방문했을 때, 로마에서 무솔리니와도 친근한 비공식 회담을 진행했다. 이탈리아 리더는 간디를 보고 깊은 감명을 받았다. 간디가 대영제국에 맞서기 때문이라는 점이 컸다. 무솔리니는 간디를 '천재이자 성자'라고 부르기까지 했다. 아마 간디는 히틀러 역시 무솔리니처럼 자신이 어떻게 활동했는지 잘 알고 자신에게 호의적이기를 바랐을 것이다.

이 편지가 히틀러에게 전달됐는지는 알 수 없다. 어쩌면 편지가 아예 인도를 떠나지 않았을 수도 있다. 하지만 히틀러가 이 편지를 읽었더라도 그는 철저히 무시했을 것이다. 간디가 편지를 보내고 나서 불과 몇 주 후 그는 폴란드를 침공했다. 그렇게 제2차 세계대전이 터지고 말았다.

전쟁이 터지고 나서 1년 후, 간디는 다시 히틀러에게 연락을 취했다. 이번에는 더 자세하고 논리적인 편지를 써서 전쟁을 멈춰 달라고 간청했다. 그는 히틀러의 인류애에 호소하며 이렇게 적었다. "제가 평생 해 온 일은 지난 33년 동안 인종과 피부색, 신념에 관계없이 인류를 친구로 삼고 온 인류의 우정을 얻는 것이었습니다." 간디는 히틀러의 용기와 조국을 향한 헌신을 칭찬하는 한편, 다른 나라를 침략한 일로 그를 호되게 질책했다. 간디는 이 일이 '추악한 행동이며, 인간으로서의 위엄에 걸맞지 않다'고 주장했다. 그는 다음과 같이 지적하기에 이른다. "그러므로 저는 인류의 이름을 걸고 히틀러 당신에게 전쟁을 멈출 것을 호소합니다. (…) 이번 전쟁에서 성공을 거둔다고 해서 당신이 옳다는 사실을 증명할 수는 없을 겁니다. 단지 당신의 파괴력이 더 컸다는 사실을 증명할 뿐입니다."

이번에도 과연 히틀러가 간디의 두 번째 편지를 읽기는 했는지 조차 알 수가 없다. 그가 만약 읽었다고 한다면 우리는 분노에 사로 잡혀 편지를 불 속으로 던지는 모습을 상상할 수 있을 것이다. 어쨌 든 히틀러를 설득하려 했던 간디의 시도는 결국 실패에 그쳤다.[2]

• • •

간디가 히틀러에게 보낸 편지에서 한 가지 눈에 띄는 점은 바로 **순진함**이다. 간디는 대단히 이성적인 사람이었다. 그는 억압에 폭력 적으로 저항하는 것은 비생산적이라는 사실을 깨달았다. 폭력적 대 응은 항상 더 많은 폭력으로 이어지기 때문이다. 이와 같은 깨달음 을 기반으로 삼은 그의 비폭력 저항은 무척이나 이성적이다. 간디에 게는 다른 사람의 이성과 인간성에 호소하는 능력까지 있었기 때문 에 그의 접근 방식은 놀라울 정도로 성공적이었다.

간디는 편지에서 히틀러 역시 자기처럼 이성적인 사람으로 자신 이 펼치는 주장의 논리를 이해할 수 있을 것이라고 간주했다. 원래 변호사였던 간디는 여느 변호사처럼 자신이 충분히 명확하게 설명 하면 히틀러가 행동을 재고하리라고 가정했다. 하지만 물론 간디의 생각은 '완전히 틀렸다'. 히틀러처럼 무척이나 제멋대로인 사람을 설 득하는 것은 상대방에게 그가 전혀 이해할 수 없는 언어로 말하는 것이나 마찬가지다. 히틀러에게는 인류애가 전혀 없었기 때문에 그의 인류애에 호소한 전략은 아무 의미도 없었다.

간디의 순진함은 나치를 물리치는 가장 좋은 방법이 비폭력 저항이라는 그의 믿음에서도 확연히 드러난다. 간디는 유대인 철학자 마르틴 부버Martin Buber에게 보낸 편지에서 나치에게 테러당하는 독일 유대인이 무저항으로 독일인을 핍박한 사람들의 마음을 녹일 수 있다고 주장했다. 분명히 이 방법은 나치 정권에 저항하기에는 형편없는 전략이었을 것이다. 나치 정권은 도덕적 원칙으로 맞서기에는 너무 **비정상적**이고 **잔인**했기 때문이다. 만약 전 세계가 나치에 맞서 '사티아그라하satyagraha'(마하트마 간디가 시작한 비폭력 저항 운동 철학—옮긴이)를 실천했다면 나치는 틀림없이 더 큰 분쟁을 일으키고 전 세계를 정복해 한껏 이득을 취했을 것이다.

그러나 간디와 히틀러의 상호작용이 중요한 것은 두 사람이 인간으로서 상극이며, 각자의 성향이 다양한 인간 본성 중에서 서로 정반대에 위치하기 때문이다.

타인에게 고통만 주는 초단절형 인간

간디의 순진함에서 엿볼 수 있듯이 그는 결코 완벽한 사람이 아니었다. 남아프리카공화국에서의 젊은 시절, 그는 그곳의 흑인 원주민에 대해 논란의 여지가 있는 발언을 했다. 서른일곱 살의 나이에는 아내와 상의도 하지 않고 독신 서약을 하는 등 깜짝 놀랄 만큼 아내에게 무심한 면모를 드러내기도 했다. 그럼에도 간디는 여러 가지 방면에서 탁월한 인간이었다. 죽음에 이를 정도의 공개 단식투쟁도 불사했다. 즉, 비폭력 철학을 비롯해 이타주의 및 자기희생을 선보인 능력에서 그는 선의 표본을 대변했다. 또 정의와 평화라는 보편적 원칙을 위해 자기 자신의 욕망과 이익, 심지어 자신의 목숨까지 기꺼이 희생한 그는 순수한 영성에서 비롯된 이타심을 구현했다.

반면 히틀러는 극도로 제멋대로의 성격에 정신병증과 나르시시즘, 편집증 등의 특성을 보였다. 공감 능력이 전혀 없던 그는 다른 사람을 그저 대상으로만 여겨 그들과 정서적 유대감을 형성할 수 없었다. 간디와 반대로 히틀러는 자신의 목표를 추구하는 데에만 병적으로 집착했고, 그 과정에서 수백만 명의 사람이 죽어 나가도 눈 하나 깜짝하지 않았다. 이는 결국 나치 제국의 목표로 확장됐다. 그는 자기 행동이 초래한 고통과 파괴적 결과에 전적으로 무관심했다. 사실 히틀러는 가학적 성향이 있었기 때문에 타인에게 고통을 주고 그들이 고통받는 모습을 목격하는 것을 즐겼다. 양심의 가책이라고는 없어 죄책감과 수치심, 책임감 같은 감정도 느낄 줄 몰랐다. 그 결과 히틀러를 비롯해 친위대 국가 리더 하인리히 힘러Heinrich Himmler와 독일의 군사 리더 헤르만 괴링Hermann Göring처럼 그와 비슷한 장애에 시달리는 나치 동료는 끝도 없이 무자비함과 타락에 빠져들었다.

히틀러와 간디의 근본적 차이점은 바로 '**연결**connection'의 여부에 있다. 간디처럼 무척 이타적이고 정신적으로 발달한 사람의 선함은 주변 세계와 깊이 연결된 자아를 가진 사람에게 나타나는 특성이다. 이들은 타인에게 높은 수준으로 공감하고 연민을 느낀다. 그래서 다른 사람의 관점을 받아들이고 그들의 고통을 감지해 그 고통을 덜어 주고 싶다는 충동을 느낀다. 말 그대로 이타주의, 즉 타자주의가 가능해진다. 타인을 위해 자신의 욕망을 억제하고 안녕감을 희생할 수 있게 된다. 심지어 타인을 위해 기꺼이 자신의 목숨까지 희생하려 한다. 인간은 누구나 동등한 권리와 기회를 누릴 자격이 있다는 사실을 알고 정의와 평등의 중요성을 인식하게 된다.

이와 반대로 히틀러는 극심한 '단절disconnection'의 상태를 대표한다. 히틀러 같은 인물, 즉 사이코패스적 혹은 나르시시스트적 특성이 강한 사람의 잔인함은 공감 능력이 없다고 할 정도로 단절된 자아에서 비롯된다. 이러한 유형의 자아는 자기 세계 안에 완전히 갇혀 있으며 타인과 완전히 분리되고 단절돼 있다. 그래서 타인의 고통을 느끼지 못하거나 타인의 관점을 이해할 수 없다. 자신의 욕망과 야망 너머를 바라볼 수 없으며 타인에게 고통을 주는 경우에도 그 욕망과 야망을 줄이지 못한다.

히틀러처럼 공감 능력이 없는 '초단절형 인간hyper disconncected people'은 타인에게 고통을 주는 데 전혀 거리낌이 없다. 이들에게 타인의 고통은 하찮기만 하다. 또 나르시시스트적 성향이 강하고 극도로 단절된 사람의 경우 타인이란 자신의 목표를 달성하는 데 도움이 되거나 관심과 존경에 대한 자신의 욕구를 충족하는 데 도움이 되는 선에서만 가치가 있을 뿐이다. 이들은 가능한 한 많은 이익을 얻기 위해 타인을 이용하고 조종한다. 심지어 자신의 기준에서 도움이 되지 않는 사람을 괴롭히고 학대해도 되는 장애물로 간주하며, 심한 경우

거리낌 없이 죽이기까지 한다.

실제로 히틀러와 같은 초단절형 인간은 대체로 보복적이고 가학적 성향이 강해 다른 사람을 학대하며 그들이 고통을 받는 모습을 지켜보는 데서 즐거움을 얻는다. 스탈린이나 마오쩌둥처럼 극단적 경우에는 사람들이 고문을 당하게 하거나 고문당하는 장면을 지켜보기를 즐기기도 한다. 이러한 성격의 파괴적 측면은 또한 갈등과 혼란을 조성하고 전쟁을 일으키도록 부추긴다.

초단절형 인간이 정의나 평등에 관심이 없다는 점은 굳이 언급할 필요도 없다. 공감 능력이 없기 때문에 이들은 타인의 권리나 억압이나 불평등에 아무 관심이 없다. 도덕에 대한 개념이 있다면 그 개념은 순전히 **자기중심적**이다. 선하고 옳고 보상을 받을 만한 것은 무엇이든 그들의 이익에 부합하고, 욕구와 목표를 충족하는 데 도움이 돼야 한다. 나쁘거나 잘못된 것, 가차 없이 처벌을 받아야 하는 것은 무엇이든 그들의 욕망을 좌절시키거나 욕망과 충돌한다.

극단적 경우에는 이처럼 **왜곡된 도덕감**이 실제인지 아닌지의 문제로까지 확장된다. 극도로 단절된 사람은 현실과의 연결감이 느슨하기 때문에 자기기만적인 경향을 보인다. 이들은 다른 사람뿐만 아니라 **현실 자체와도 단절**돼 있다. 따라서 실제 사건이 자신의 욕망이나 야망에 부합하지 않거나 자신의 도덕적 틀에 비춰 잘못된 경우, 그런 일이 일어나지 않은 것처럼 행동하기도 한다. 부정적 정보는 속임수이거나 적들이 음모의 일부로 조작한 것으로 취급한다.

악한 본성은 타고나는가

오랜 세월에 걸쳐 신학자와 철학자, 과학자들은 악의 기원에 대한 고민을 거듭해 왔다. 왜 어떤 사람은 의도적으로 다른 사람에게 고통을 줄 뿐만 아니라 그 행위를 즐기는 것처럼 보일까? 몇몇 기독교인이 믿는 대로 악은 악마의 영향력으로 생긴 결과일까? 몇몇 과학자가 믿는 대로 유전적 요인이나 비정상적 신경 기능 때문에 생기는 일일까? 아니면 몇몇 심리학자가 믿는 대로 사회적 조건화의 결과일까? 예를 들어 아이가 도덕적 가치를 배우지 못하고 폭력과 잔인함을 정상으로 여기면서 자랐을 때 나타나는 현상일까?

그런데 이 문제는 생각보다 간단하다. 친절과 이타심, 공정성과 정의 등 우리가 일반적으로 인간의 선함이라고 부르는 특성은 심리적 연결이 빚어낸 결과다. 본질적으로 선함이란 다른 사람의 고통을 느끼고 그의 입장에서 생각하는 공감 능력을 바탕으로 생겨난다. 반대로 우리가 일반적으로 악이라고 부르는 잔인함과 무자비함, 착취와 억압과 같은 양상은 심리적 단절에서 비롯된다.

단절은 두 가지의 주요한 방식으로 악한 행동을 유발한다. 첫 번째는 공감 능력이 부족한 경우로 단절된 사람은 다른 사람의 고통을 느끼지 못하거나 그의 관점에서 생각할 수 없다. 두 번째 요인은 초단절형 인간이 경험하는 극심한 분리 상태다. 즉, 이들은 지속적으로 자신이 불완전할 뿐만 아니라 스스로 취약하고 보잘것없다고 느낀다. 이러한 감정 때문에 권력과 부를 축적해 타인을 지배하려는 욕구가 생기는 것이다. 본질적으로 이들은 권력을 얻어 자기 자신을 강화하거나 완성하려고 한다. 동시에 이들의 분리감은 좌절감과 불만을 불러일으킨다. 그 결과 마치 세상에 복수라도 하려는 듯 갈등과 혼란을 조성하려는 욕망과 더불어 일반적인 악의의 감정이 싹트게 된다.

이기심도, 이타심도 선택일 뿐

놀랍게도 인간 본성이라고 부르는 것은 스탈린과 히틀러의 사이코패스적인 악에서부터 간디와 넬슨 만델라, 마틴 루터 킹의 이타적인 선에 이르기까지 매우 광범위한 범주에 걸쳐 있다. 나는 이 사실을 **'연결의 연속체**The Contiumm of Connection**'**라고 직접 만든 모델로 설명한다 (아래 그림 참조).

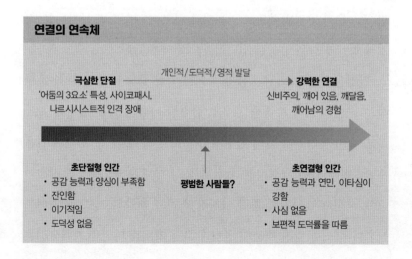

연결의 연속체

개인적/도덕적/영적 발달

극심한 단절 → **강력한 연결**
'어둠의 3요소' 특성, 사이코패시, / 신비주의, 깨어 있음, 깨달음,
나르시시스트적 인격 장애 / 깨어남의 경험

초단절형 인간 / **평범한 사람들?** / **초연결형 인간**
· 공감 능력과 양심이 부족함 / · 공감 능력과 연민, 이타심이
· 잔인함 / 강함
· 이기적임 / · 사심 없음
· 도덕성 없음 / · 보편적 도덕률을 따름

연속체의 맨 왼쪽에는 극심한 단절 상태가 있다. 사이코패스적 특성과 나르시시스트적 특성이 강한 사람이 여기에 해당한다. 히틀러를 비롯해 여러 잔인한 독재자와 함께 연쇄 살인범, 폭력적인 사디스트를 비롯해 기타 극심한 범죄자가 여기에 포함될 수 있다. 다시 말해, 인간의 악이 자리하는 지점이다.

연속체의 맨 오른쪽에는 강력한 연결 상태가 있다. 주로 공감 능력이 무척 뛰어나고 이타심이 강한 사람들이 해당된다. 다시 말해, 인간의 선함이 있는 곳이다. 이러한 '**초연결형 인간**hyper-connected people'은 자연 세상과 동물 그리고 다른 생명체, 심지어 우주 전체와도 강한 연결감을 형성한다. 유난히 강력한 경우에는 자신이 전 세계와 '하나됨'을 느끼기까지 하며 분리감sense of separation(자신을 '내면에 간힌 자아'로, 바깥 세상은 두뇌 바깥에 있는 '외부 세계'로 인식하며 생기는 감정—옮긴이)이라고는 전혀 없다.

사람에게는 누구나 자신만의 정신적 공간에서 살아가는 누군가라는 존재, 즉 정체감이 있다. 하지만 초연결형 인간의 자아감은 부드럽고 유동적이다. 이들의 정체감은 자기의 정신적 공간에 뿌리를 두고 있지만 외부로도 확장된다. 사람을 비롯해 생명체는 누구나 동일한 근본적 의식 또는 존재를 공유하기 때문에 서로 깊이 연결돼 있다는 느낌을 받는다. 자아감이 부드럽고 유동적이기 때문에 초연결형 인간은 앞에서 설명한 상호 연결성을 강하게 느낄 수 있고 공감 능력과 이타심도 강하다. 반면 초단절형 인간은 매우 단단하고 경직돼 있으며 굳건한 자아가 자신의 정신적 공간을 둘러싸고 있다.

이들은 다른 사람과의 근본적 연결을 느끼지 못한다.

초연결형 인간은 영성과 관련된 표현으로 '깨어 있는' 사람이라고 할 수 있다. 이 대목에서 이 책은 심리학자로서의 나의 연구와 이전 저서들과도 연결된다. 나는 오랜 연구를 통해 영적으로 깨어 있는 상태의 주요 특징 중 하나는 다른 사람이나 생명체, 자연 또는 우주 전체에 걸친 강력한 연결감이라는 사실을 알게 됐다. 다른 주요 특징으로는 높은 수준의 연민과 이타심이 있다. 점진적 과정 또는 갑작스럽고 극적인 변화로 영적 깨어남을 경험하는 사람들은 세상에서 최대한 많이 '얻으려는' 축적의 방식에서 세상에 최대한 많이 '베풀려는' 기여의 방식으로 전환하게 된다. 이런 의미에서 '깨어 있음wakefulness' 혹은 깨달음은 초단절 상태와 정반대다.

1장에서 살펴보겠지만, 심리학자는 종종 인격 장애personality disorder라는 용어를 사용해 초연결형 인간을 설명하며 그들에게 사이코패시 혹은 자기애성 인격 장애와 같은 질환이 있다고 진단한다. 따라서 사이코패시나 나르시시스트적 인격 장애는 연결의 연속체에서 정신적 깨어남과는 정반대에 위치한 상극이라고 할 수 있다.

● ● ●

사람은 대부분 연결의 연속체에서 중간 즈음, 정신병과 깨어 있음의 양극단 사이 어딘가에 위치한다. 우리는 선과 악의 결합체이며, 이기적인 동시에 이타적이기도 하다. 우리는 날마다, 기분에 따라, 상황에 따라 다르게 행동한다. 초연결의 순간에는 공감하고 연민을 느끼며 이타적으로 행동한다. 초단절의 순간에는 자신의 필요와 욕망에 좌우돼 이기적으로, 잔인하게 행동한다. 때로는 연결의 연속체에서 우리의 위치가 시시각각 변하기도 한다. 예를 들어 기분이 좋지 않은데 누군가 나를 짜증 나게 한다고 상상해 보라. 그럴 때는 상대를 모욕하거나 심지어 밀거나 발로 차는 등 공격적으로 대응할 수 있다. 쉽게 말해 자신이 화가 났다는 사실을 표현한다. 그러다 갑자기 공감과 연결의 상태로 변한다. 자신이 고통을 일으켰음을 느끼고 자신의 행동에 부끄러움을 느끼며 사과를 한다.

연결의 연속체에서 우리의 위치는 단순히 우리가 얼마나 지쳤는지, 얼마나 스트레스를 받았는지에 따라 달라질 수 있다. 연구에 따르면 사람들은 긴장이 풀리고 평온할 때 더 공감을 잘하고 더욱 이타적이라고 한다.[3] 다시 말해 주변 세계와 더 잘 연결되는 것이다. 위기나 긴급 상황에서는 연속체의 다른 지점으로 이동할 수도 있다. 사고와 자연재해, 심지어 전쟁과 같은 긴급 상황은 종종 사람들에게 충동적인 이타심을 불러일으킨다. 그 결과 사람들은 용감하고 영웅적인 행동을 수없이 하게 된다. 또한 위급한 시기는 공동체 전체에 강한 유대 효과를 형성하여 공동체가 더 높은 수준의 통합을 이루게 이끌기도 한다.[4]

또 다른 관점에서 보자면 삶의 다른 시기에 연결의 연속체에서 우리의 위치가 변하기도 한다. 어떤 사람은 개인적 야망과 목표를 내려놓으면서 더욱 연결이 잘되고 이타적인 사람이 된다. 다른 노년층의 경우는 반대의 현상이 발생해 더욱 냉소적이고 자기중심적으로 변하기도 한다.

연결의 연속체에서 우리의 위치는 성별에 따라서도 달라질 수 있다. 상당수 예외가 있지만 일반적으로 여성이 남성보다 연결의 연속체에서 약간 더 멀리 나아가는 경향이 있다. 일반적으로 남성이 여성보다 더 단절돼 있는 것처럼 보이지만 정확히 설명하기는 어렵다. 다만 여성의 공감 능력과 이타심이 더 높다는 점은 연구 결과로 충분히 입증된 바 있다. 이러한 공감 능력의 차이는 어릴 때부터 뚜렷하게 나타난다. 아이들의 놀이 스타일에 관한 연구에서는 여자아이가 남자아이보다 차례를 양보할 가능성이 훨씬 높고, 남자아이가 훨씬 더 큰 경쟁심을 보인다는 결과가 나왔다. 성인이 된 여성이 남성보다 자선 단체에 두 배 넘게 더 많이 기부한다는 연구 결과도 있다.[5] 이러한 경향은 여성보다 남성이 사이코패스적 특성을 보일 가능성이 훨씬 높다는 사실에서도 명확하게 나타난다.[6] 심리학자 사이먼 배런 코언Simon Baron-Cohen은 신경학적 용어를 사용해 다음과 같이 주장했다. "여성의 뇌는 원래 공감하도록 타고나 있다. 남성의 뇌는 주로 이해하고 시스템을 구축하는 쪽에 맞춰져 있다."[7]

우리가 연결의 연속체에서 자신의 위치를 일정 부분 '통제'할 수 있다는 점 역시 중요하다. 책의 후반부에서 살펴보겠지만, 힌두교와 불교의 영성, 중국의 도교, 기독교와 유대교의 신비주의에 이르기까지 전 세계의 모든 영적 전통과 여정의 핵심 주제 중 하나는 분리를 초월해 연결과 결합을 향해 나아가는 것이다. 사실 인류의 모든 전통과 여정이 '연결의 여정'을 추구하는 것이나 마찬가지다. 또한 이러한 전통은 우리가 이기적 욕망과 개인적 야망을 내려놓고 자아라는 중심에서 벗어나게 한다. 그리고 어려움에 처한 사람들을 돕고 선의를 베푸는 봉사의 삶을 따르도록 이끈다.

다시 말해 앞서 말한 전통의 맥락에서든, 보다 자발적이거나 절충적인 방식으로든 영성 개발의 주요 목표는 연결의 연속체에서 더 멀리 뻗어 나가는 것이다.

이 책에 담은 이야기

이 책의 구성은 기본적으로 연결의 연속체 자체를 그대로 따른다. 극심한 단절의 상태에서 시작해 연결성이 점점 높아지는 상태를 향해 나아갈 것이다.

책의 첫 번째 부분에서는 극도로 단절된 성향에 대해 자세히 알아본다. 1장에서는 심리학자들이 일반적으로 사이코패시와 나르시시스트적 인격 장애 같은 인격 장애로 설명하는 초단절 상태를 살펴본다. 오늘날 대부분의 심리학자는 이러한 장애가 서로 상당 부분 겹치고 구별하기 어렵다는 점에 동의한다. 따라서 인격 장애는 흔히 사이코패스적·나르시시스트적·마키아벨리적 특성이라는 '어둠의 3요소dark triad'로 설명한다. 하지만 나는 '**단절 장애**disorders of disconnection'라는 더욱 일반적인 용어를 사용하도록 하겠다.

2장에서는 단절과 범죄 사이의 연관성을 검토할 것이다. 단절 장애를 겪는 사람이 불우한 환경 출신이라면 그 사람은 공감 능력이 떨어지고 양심이 없어서 범죄자가 될 수밖에 없는 처지나 마찬가지다. 또한 많은 범죄가 사회적 박탈, 환경적 조건 또는 약물 중독에서 비롯된 '얕은 단절shallow disconnection' 상태와 관련이 있으며, 이런 상태가 공감과 양심의 일시적 차단 현상을 일으킨다는 사실을 알게 될 것이다. 또한 테러리스트들의 선택적 단절에 대해서도 살펴볼 것인데, 이들은 특정 집단을 향한 공감을 차단하도록 조장하는 사상을 흡수한 사람들이다.

그러나 초단절형 인간은 보다 평범한 직업 경로를 따르기도 한다. 3장에서는 일부 초단절형 인간이 기업 세계에 끌린다는 점을 이야기할 것이다. 기업 세계는 경쟁이 치열하고 위계적이며, 권력과 부가 최고위층에 집중돼 있기 때문에 이들을 끌어당긴다. 초단절형 인간은 무자비함과 교묘한 기술을 이용해 위계질서에서 높은 위치를 빠르게 차지해 자신이 갈망하는 권력과 부를 얻는다.

4장부터 7장까지는 초단절형 인간이 대다수의 평범한 사람들에게 고통을 가하는 주요 방법인 정치권력에 대해 알아본다. 초단절형 인간은 권력에 대한 열망이 강하기 때문에 정치에 매력을 느껴 상원의원과 장관, 주지사와 고문, 대통령이나 총리가 되는 경우가 많다. 이들은 무자비한 데다 공감 능력이 부족하기 때문에 비교적 쉽게 정치권력을 획득할 수 있다. 결과적으로 국가 및 지방 단위의 정부 관료는 종종 사이코패스적, 나르시시스트적 특성을 보이는 어둠의 3요소 특성의 인물들로 구성된다.

이것이 바로 초단절형 인간으로 이뤄진 정부, 즉 '**병리주의**'(이 새로운 개념은 4장에서 자세히 설명한다)의 문제다. 나는 이 문제가 인류 역사에서 **가장 심각한 문제**라고 본다. 가장 높은 권력을 차지하는 자리에 오른 사람이 권력을 맡겨서는 안 되는 유형의 사람일 때가 종종 있다. 넬슨 만델라나 토머스 제퍼슨 같은 리더가 있는가 하면 히틀러와 스탈린, 사담 후세인처럼 무자비하고 부도덕하며 무질서한 리더도 있다. 이들은 자신의 국가와 더 넓은 세계에 큰 피해를 입혔다. 전쟁과 억압, 불의, 심지어 현대의 환경 파괴에 이르기까지 인류 역사를 가득 채운 잔인함과 고통의 상당 부분은 이와 같은 초단절형 인간의 행동 때문에 일어났다.

4장에서는 병리주의의 문제를 역사적 배경과 함께 전반적으로 검토한다. 나는 근대 이전 시기에는 사회적 이동성이 낮고, 권력에 세습적 특성이 있어 리더와 통치자가 초단절 상태에 빠질 가능성이 다소 적었다고 분석한다. 5장에서는 20세기 병리주의의 파괴적 영향을 살펴본다. 전통적 사회 구조가 붕괴되고 민주적 시스템이 무너지면서 전 세계에 걸쳐 초단절형 인간이 사회의 주도권을 장악했다. 그 결과 20세기는 역사상 가장 폭력적이고 잔인한 세기가 되고 말았다. 6장에서 더 알아보겠지만 21세기에는 아프리카와 남미에서 독재 정권의 수가 줄어드는 것과 같이 몇 가지 희망적 징후를 엿볼 수 있다. 그러나 유럽과 북미처럼 전통적으로 민주주의 국가가 주를 이뤘던 지역에서는 오히려 병리주의에 더욱 가까운 방향으로 움직이고 있다. 특히 히틀러와 스탈린, 마오쩌둥과 같이 사이코패스적 특성이 강한 리더와는 대조적으로 새로운 초단절형 리더들이 등장했는데, 이들은 나르시시스트적 특성이 강하다.

7장에서는 초단절형 인간의 성격 특성이 정치에서 어떻게 입증되는지 살펴본다. 초단절형 리더는 국가주의적이며 권위주의적일 수밖에 없다. 국가는 이들만의 독특한 정체성의 연장선에 있다. 이들은 자기 자신의 권력을 강화하기 위해 국가의 위신과 권력을 높이는 데 집착한다. 항상 강경 정책을 고수하고 소수자를 박해하며 권리와 시민의 자유를 박탈한다. 항상 언론을 쥐락펴락하고 반대 의견을 억압하려 한다. 이들이 보이는 모든 **파시즘적 행동**은 나르시시스트적이고 사이코패스적인 특성의 불가피한 결과다. 초단절형 리더의 특성은 언제나 시간이 점점 흐르면서 더욱 강해져서 극단적인 권위주의와 억압을 초래한다. 또한 시간을 거듭하며 점점 더 편집증에 빠지는 경향이 있다. 따라서 이런 리더가 권력을 더 오래 유지할수록 더욱 악의적이고 파괴적인 성향을 띠게 된다.

8장에서는 초단절형 인간이 권력과 명성을 향한 욕구를 충족하기 위해 사용하는 고차원적 수단인 종교와 영성에 대해 알아본다. 특히 고립된 지역 공동체에서 초단절형 인간이 어떻게 영적 스승 또는 컬트 리더cult leader로서의 지위를 확립해 지배와 존경의 욕구를 만족시키는지 설명할 것이다. 추종자들의 무조건적 숭배는 초단절형 인간이 나르시시스트적 특성을 충족시키기에 완벽한 수단이다.

9장에서는 많은 사람이 왜 그렇게 초단절형 인간에게 기꺼이 충성을 바치는지에 대해 논의한다. 영성과 정치 분야 양쪽에서 초단절형 리더가 그토록 큰 매력을 발휘하는 이유는 무엇일까? 영적 스승이 끔찍하게 행동하는 사례가 셀 수 없이 많은데도 이들을 흠모하는 추종자는 스승의 부패와 부도덕성을 부정하거나 그럴듯한 이유로 옹호한다. 추종자들의 무조건적 숭배를 꺾을 수단은 없어 보인다. 마찬가지로 많은 사람이 아무리 부패하고 무능할지라도 초단절형 정치인에게 강한 매력을 느끼곤 한다. 나는 이 현상을 '**포기 증후군**'의 관점에서 설명하고자 한다. 이 증후군은 절대적 부모형 인물이 우리 삶을 통제하도록 하는, 마치 어린 시절의 무책임한 상태로 돌아가고 싶어 하는 충동을 일컫는다.

서로 연결된 세상을 위하여

10장에서는 개인의 심리에서 약간 벗어나 사회적 관점에서의 단절을 검토한다. 연결의 연속체는 사회에도 적용될 수 있다. 연결의 연속체에서 얼마나 멀리 이동했는가라는 측면에서 사회적 진보를 측정할 수 있다는 사실을 알게 될 것이다.

먼저 인류의 선사시대로 거슬러 올라가 우리 조상이 수만 년 동안 이어 온 단순한 수렵 채집 생활 방식을 살펴볼 것이다. 나는 인류학 및 고고학 연구에 기반을 두고 우리 선사시대의 조상이 가까이에 있는 주변 환경이나 공동체와 분리됐다는 감각 없이 연결된 상태로 살았다고 주장하는 바다. 이 방식은 지배적이고 권력에 굶주린 사람들이 권력을 장악하지 못하도록 보장하는 조치를 비롯해 사회

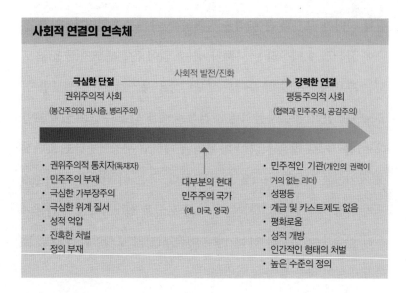

사회적 연결의 연속체

사회적 발전/진화

극심한 단절 → **강력한 연결**
권위주의적 사회 평등주의적 사회
(봉건주의와 파시즘, 병리주의) (협력과 민주주의, 공감주의)

* 권위주의적 통치자(독재자)
* 민주주의 부재
* 극심한 가부장주의
* 극심한 위계 질서
* 성적 억압
* 진혹한 처벌
* 정의 부재

대부분의 현대
민주주의 국가
(예. 미국, 영국)

* 민주적인 기관(개인의 권력이 거의 없는 리더)
* 성평등
* 계급 및 카스트제도 없음
* 평화로움
* 성적 개방
* 인간적인 형태의 처벌
* 높은 수준의 정의

적·성적 평등주의 및 권력 분담 관행에 반영됐다.

그러나 어느 순간, 단절로의 추락이 발생한다. 그 원인은 부분적으로 농업이 출현하고 정착지 및 마을이 발달하면서 좌식 생활 방식으로 전환된 것과 관련이 있을 수 있다. 하지만 아마도 가장 근본적 원인은 심리적 변화, 즉 보다 개인화된 자아감의 개념 발달과 관련이 있을 것이다. 단절로의 추락은 이내 심각한 수준으로 치달았다. 18세기 초까지 대부분의 전근대 사회는 극도로 단절돼 있었으며 잔인함과 폭력, 사회적 억압의 수준이 아주 높았다.

사회적 연결의 연속체 반대편으로 이동하면 평등하고 민주적이며 평화로운 현대의 연결형 사회를 접하게 된다. 이러한 사회는 대체로 사이코패스적이나 나르시시스트적 특성을 보이지 않는 책임감 있고 양심적인 인물들이 이끈다. 단절형 사회와 달리 여성의 사회적 지위가 높고 리더 역할을 맡는 여성도 자주 등장한다. 지난 300여 년 동안 많은 사회, 특히 유럽에서 연결성이 증가하는 추세를 보이며 연민과 민주주의, 평등과 같은 성향도 더욱 높아졌다. 전 세계 인구의 대부분이 여전히 단절형 사회에서 살고 있지만, 그래도 희망을 품게 할 만한 몇 가지 근거가 존재한다.

이 책의 후반부에서는 연결의 연속체를 따라 더 멀리 나아간다. 11장에서는 이타주의 현상을 훑어본다. 가장 순수한 의미에서 이타주의는 연결의 결과라고 할 수 있다. 인간 사이의 근본적 연결은 공감을 불러일으키고, 나아가 다른 사람의 고통을 덜어 주고 싶은 충동이 생기게 한다. 종종 이러한 연결이 분리감으로 가려지기도 하지만, 연결의 순간에 우리는 자신의 고통을 완화하려는 충동을 느끼는 것과 같은 방식으로 타인의 고통을 덜어 주고 싶은 충동을 느낀다.

이에 따라 우리는 인간 사이의 근본적 연결의 본성에 대해 논의하게 된다. 우리가 연결돼 있다면 그 연결의 근거는 무엇일까? 우리가 서로의 고통과 아픔 또는 서로의 기쁨을 느낄 때, 이와 같이 공유되는 경험의 근거는 무엇일까? 현대 서구 문화에 널리 퍼져 있는 유물론적 세계관에서는 인간은 근본적으로 분리돼 있다고 가정한다. 이 세계관에서 인간은 생물학적 기계이며 이기적 유전자로 구성돼 있고 자신의 몸과 두뇌 안에 갇혀 있는 존재로 간주된다. 하지만 내가 보기에 인간의 근본적인 상태는 분리가 아니라 '연결'이다.

12장에서는 강력한 공감과 연민의 감각을 지속적으로 느끼며 타인에게 봉사하고 타인을 도우면서 사는 초연결형 인간에 대해 알아본다. 고통과 억압을 완화하고 정의와 복지를 증진하기 위해 영향력을 사용하는 초연결형 리더들의 몇 가지 사례를 찾아볼 것이다. 13장에서는 초연결성hyper-connection이 명확하게 나타나는 주요 방식인 영성에 대해 살펴본다. 연결은 영성을 대표하는 특징과도 같다. 영적 경험은 본질적으로 연결의 경험이며 요가와 도교, 불교 같은 영적 전통은 우리를 연결의 연속체에서 더 먼 곳으로 이끈다.

마지막 장에서는 개인적·사회적으로 연결을 향해 나아가기 위한 몇 가지 실용적인 방법에 대해 논의한다. 우리가 개인적·사회적으로 진보라고 생각하는 것은 **연결을 향한 움직임**이라는 주장을 내세울 것이다. 연결성을 높이기 위한 이러한 움직임은 인류의 생존에 있어 가장 큰 희망이다. 연결 없이는 나 자신과 상호 간, 세상과 조화롭게 살아갈 수 없게 된다.

• • •

마지막으로 한 가지 주의사항이 있다. 이 책의 처음 몇 장은 읽기에 그리 유쾌한 내용은 아닐 것이다. 인간 본성의 가장 어두운 측면과 인간의 가장 잔인하고 폭력적인 행동 유형을 탐구할 것이기 때문이다. 하지만 후반부에서는 어둠이 걷히고 빛이 드러난다. 이런 식으로 이 책의 구성은 분리에서 연결로, 악에서 선으로 나아가는 인간의 발전 양상 그 자체를 반영한다.

차례

1장
이해하기 힘든 상식 밖의 리더

DISCONNECTED

CONNECT

LEADERSHIP

EGO

PATHOCRACY

DEMOCRACY

DISCONNECTED

—

초단절형 인간은 다른 사람에게 공감할 수 없기 때문에 이타적 행동을 할 수가 없다. 이들에게는 깊은 공감이란 것이 전적으로 부족하다. 바로 이런 면이 단절 장애를 정의하는 무자비함과 착취, 잔인함의 근거다.

한 가지 사고 실험으로 시작하겠다. 이 사고 실험에서 다른 사람의 입장이 돼 보기 바란다. 당신이 비교적 평범한 사람이라면 분명 다른 사람의 감정을 민감하게 느낄 것이다. 내 친구가 슬프면 나도 슬프다. 친구가 행복하면 나도 덩달아 기분이 좋아진다. 그리고 고의든 실수든 다른 사람에게 상처를 주면 죄책감이 들어 사과하거나 보상하고 싶은 마음이 들 것이다. 물론 이루고 싶은 욕망과 야망이야 있겠지만, 가차 없이 자신의 욕망과 야망만을 뒤쫓지는 않는다. 당신의 욕망과 야망이 다른 사람에게 상처를 주고 그를 괴롭힐 가능성이 있다면 이를 버리거나 조정할 것이다.

자, 이제 당신이 이러한 특성이 부족한 사람이라고 상상해 보라. 주변 사람이 관계를 끝냈거나 키우던 반려동물이 죽어 슬퍼할 때 그를 위로하기가 어렵다. 상대의 감정을 이해하기 어렵고 어떻게 반응해야 할지 잘 모른다. 상대에게서 좋은 소식을 들었을 때 그 사람의 행복을 함께 나누지 못한다. 왠지 다른 사람이 다른 종족의 구성원처럼 멀고 낯설게 느껴진다. 직접 겪어 본 적이 없기 때문에 그의 강렬한 감정이 당황스럽기만 하다.

여기에 더해 당신은 자신감이 아주 강한 사람이다. 다른 사람은 두려움과 죄책감, 부끄러움에 사로잡혀 있는 것 같지만 당신은 그런 감정에 영향을 받지 않는 듯하다. 어떤 행동을 하거나 말을 하고 싶은 충동을 느끼면 결과 따위는 신경 쓰지 않고 바로 행동에 옮긴다. 주변 사람은 당신의 단순 명쾌함과 결단력에 깊은 인상을 받는 것 같고, 당신은 그들을 통제할 수 있다는 것을 알게 된다. 다른 사람을 조종하고 매혹시키며 대체로 상대방이 당신의 요구를 따르도록 설득할 수 있다. 당신은 스스로 남보다 우월하다고 느끼며 통제감을 즐기게 된다.

무엇보다 다른 사람에게 상처를 주는 데 전혀 거부감이 없다는 점에서 심각한 문제다. 당신은 다른 사람을 지각이나 감정이라고는 없는 물건처럼 바라본다. 다른 무생물에게 하듯이 자신이 원하는 대로 그를 이용하고 학대한다. 다른 사람이 당신에게 조금이라도 가치가 있다면 그 이유는 단지 당신의 욕망이나 야망을 충족하는 데 도움을 주는 **수단**으로서나, 권력과 존경을 향한 욕구를 충족하도록 돕는 **추종자**로서의 가치일 뿐이다.

• • •

이런 사람의 내면세계를 상상해 봤다면 그것은 자신이 그런 유형의 사람이 아니라는 뜻이다. 방금 설명했듯이 극심한 단절 상태에 있는 사람들은 다른 사람의 입장에서 생각하기가 불가능하다. 그들은 자신의 내면에 단단히 갇혀 있어서 자신의 관점 외에 다른 사람의 관점으로 세상을 보지 못한다. 자기 안에 완전히 갇혀서 다른 사람의 감정이나 경험을 아예 느끼지 못한다.

인간이라면 누구나 자연스럽게 어느 정도의 분리를 경험한다. 우리 대부분은 자신이 자기 몸과 뇌 안에 사는 누군가라는 느낌을 받는다. 우리 자신의 생각과 감정은 나의 정신적 공간 안에서 일어나고 세상의 사건은 나의 영역을 벗어난 저 밖 어딘가에서 일어나는 것 같다. 이러한 분리감은 고립감과 불완전함을 일으켜 불편하게 다가올 수 있다. 전작 『자아폭발』에서 나는 이런 상태를 **자아 분리**ego-separation 라고 불렀다. 그리고 외로움과 지루함 같은 심리적 문제, 전쟁과 가부장제, 성적 억압 같은 사회적 문제의 근원에 자아 분리가 존재한다고 주장했다. 하지만 우리의 일반적 분리감은 우리를 완전히 단절시킬 정도로 강력하지는 않다. 우리 대부분은 여전히 타인에게 공감하고 책임을 지려 한다. 가끔 이기적이거나 무책임하게, 심지어 잔인하게 행동하더라도 연민과 이타심 역시 발휘할 수 있다.

그러나 소수 사람에게는 이러한 일반적 자아 분리가 극단으로 치닫는다. 이들은 독방에 갇힌 죄수처럼 자신의 정신적 세계 안에 갇힌 채 자기만의 충동과 욕망에만 몰두한다. 이들에게는 자기 마음 밖의 세계란 그림자가 드리운 비현실적인 공간이며, 이에 대한 책임감이 거의 없다. 다른 사람이란 그들이 아무런 애착도 느끼지 못하는 외계 생명체와도 같다. 이들에게 오로지 자신의 욕망과 야망을 성취하는 것만이 중요할 뿐이다.

외부 세계에 무감각한 '초단절형' 사람들

전통적인 심리학에서 이와 같은 초단절형 인간은 일반적으로 사이코패시나 나르시시스트적 인격 장애와 같은 인격 장애를 겪고 있는 것으로 설명된다.

사이코패스적 성격을 최초로 연구한 주요 인물로는 1941년『정상성의 가면Mask of Sanity』을 출간한 미국 심리학자 허비 클레클리Hervey Cleckley를 들 수 있다. 클레클리의 연구 결과는 캐나다 심리학자 로버트 헤어Robert Hare가 1980년대에 고안한 유명한 사이코패스 테스트의 기초가 됐다. 클레클리는 사이코패스가 효율적이고 감정 없는 기계라고 칭했다. 덧붙여 친밀한 관계를 형성할 수 없고 자기 자신을 제외하고는 어느 누구도 사랑할 수 없는 사람이라고 설명했다. 이들의 관계는 대체로 존중과 신뢰, 사랑 같은 건강한 감정보다는 **조작과 착취**를 기반으로 한다.

클레클리는 죄책감과 수치심, 당황스러움 같은 자기 조절 메커니즘이 평범한 사람의 행동을 억제해 서로에게 해를 끼치거나 범죄를 저지르는 행동을 억제하게 한다고 말했다. 반면 사이코패스에게는 이러한 메커니즘이 부족하기에 파괴적인 방식으로 행동할 가능성이 훨씬 더 높다. 사이코패스는 심각하게 비정상적임에도 불구하고 대체로 정상적인 사람으로 가장해 일반적 행동을 모방하고 매력과 카리스마로 다른 사람을 조종하려 든다.

　나르시시스트적 인격 장애의 특성은 사이코패스적 특성과 어느 정도 겹치는 부분이 있다. 이 인격 장애도 사이코패시처럼 피상적인 매력, 공감 능력의 부족, 다른 사람을 사랑하거나 존중하지 못하는 능력과도 관련이 있다. 우월감과 특권의식sense of entitlement(자기가 더 나은 대우를 받을 자격이 있다고 믿는 태도—옮긴이)이 있고, 타인을 조종하고 착취한다는 점 역시 동일하다. 하지만 사이코패스와 달리 나르시시스트는 존경과 관심에 욕구가 강하다. 나르시시스트는 호감을 사고, 자신이 존경받고 부러움을 산다고 느끼고 싶어 하며 이러한 욕구가 그 사람의 행동 중 일부를 조절한다. 또 죄책감이나 수치심은 없지만 타인의 판단을 두려워해 다소 제약을 받는다. 즉, 사이코패스와 마찬가지로 나르시시스트도 스스로 다른 사람보다 우월하다고 느끼며 다른 사람을 착취하고 조종하고 싶어 한다. 하지만 다른 사람이 자기를 좋아해 주기를 바라기 때문에 공격적이고 잔인하게 행동할 가능성은 적다.

　이처럼 사이코패시와 나르시시즘은 유사한 면이 있으므로 두 질환 사이에 명확하게 선을 긋기는 어렵다. 실제로 오늘날 심리학자는 일반적으로 사이코패시와 나르시시스트적 특성을 세 번째 특성인 마키아벨리즘과 함께 결합해 연구한다. 세 가지 특성은 성격 특성 중에서 '어둠의 3요소'라는 개념으로 알려지게 됐고 사이코패스적 특성을 발견할 때마다 자연스럽게 나르시시스트적 특성과 마키아벨리적 특성도 함께 발견되기 마련이다. 단, 세 가지 특성의 강도는

서로 다르며, 특히 한 가지 특성이 더 우세할 수 있다.[1]

하지만 내가 개인적으로 사이코패시나 나르시시즘을 비롯해 반사회적 인격 장애나 소시오패시 같은 관련 용어는 제쳐 두고 그저 단절 장애로 표현하는 방식을 선호한다. 구체적으로는 사이코패시나 나르시시스트와 같은 꼬리표를 붙이기보다 단순히 초단절형 인간이라는 용어를 사용한다. 결국 사이코패시와 나르시시스트 또는 어둠의 3요소 같은 일반적 성격의 가장 큰 특징은 **극심한 단절**이다. 단절은 정신 이상과 나르시시즘의 근본적 원인이며 공감 능력이 부족하고 자기중심적이며 진정한 관계를 형성하지 못한다는 공통적인 증상을 보인다.

문제는 공감의 부재다

어떤 사람에게 공감 능력이 부족하다는 것은 그 사람의 단절성이 겉으로 드러나는 주요한 방식이다. 공감은 다른 사람의 입장이 돼 그 사람의 관점에서 세상을 바라보는 능력으로도 설명된다. 공감 능력은 다른 사람의 감정을 읽을 줄 아는 것의 측면에서 설명되기도 한다. 예를 들어 실험 참여자에게 서로 다른 쌍의 눈동자 사진을 보여 주고 그 눈동자에 드러난 감정을 추측하게 하는 유명한 공감 테스트가 있다.[2]

하지만 공감은 단순한 인지 능력이나 상상력에만 해당하지 않는다. 다른 사람이 경험하는 것을 느끼는 능력이기도 하다. 그러므로 공감을 얕은 공감과 깊은 공감의 측면에서 생각해 볼 수 있다. 얕은 공감은 다른 사람의 감정을 '추측'하거나 '읽는' 것이고 깊은 공감은 실제로 그 사람의 감정을 '감각하는' 것을 말한다. 깊은 공감은 다른 사람의 마음 공간으로 들어가는 능력이다. 이때 나와 다른 사람 사이의 분리감이 사라진다. 나의 정체성이 상대방의 정체성과 합쳐져 상대방이 겪고 있는 감정을 어느 정도 느낄 수 있게 된다.

다시 말해 깊은 공감은 **연결의 경험**이다. 이 경험을 영적 경험이라고까지 여길 수 있다. 영성은 분리를 초월해 더 넓고 깊은 현실과 연결되는 것이기 때문이다. 이런 의미에서 공감은 인간이 경험할 수 있는 가장 흔한 유형의 영적 경험일 것이다.

얕은 공감과 깊은 공감은 어느 정도는 독립적으로 작용한다. 초단절형 인간은 깊은 공감까지 경험할 수는 없더라도 다소간의 얕은 공감을 키울 수는 있다. 연습과 경험을 통해 다른 사람의 표정과 일반적 행동을 바탕으로 그가 어떤 감정을 느끼고 있는지 추측할 수 있다. 그런데 반대로 어떤 사람은 깊은 공감 능력은 뛰어난데 얕은 공감 능력이 부족할 수 있다. 예를 들어 자폐증이 있는 사람은 가끔은 공감 능력이 부족하다고 묘사된다. 하지만 이들의 경우는 단지 얕은 공감 능력이 부족한 것일지 모른다. 이들은 사회적 신호를 읽기가 어렵고 다른 사람에게 적절한 방식으로 반응하는 데 어려움을 느껴 이따금 감정이 메마르고 무례한 사람처럼 보일 수 있다. 동시에 다른 사람의 감정을 잘 알아차리고 사람이나 동물이 곤경에 처했을 때 강력하게 반응한다는 점에서 공감 능력이 뛰어나고도 할 수 있다.

공감, 특히 깊은 공감은 이타주의의 원천이다. 다른 사람의 고통을 느끼면 그 고통을 덜어 주기 위해 행동하고 싶다는 충동이 일어난다. 다른 사람이 어려움에 처했을 때 그와 같이 느끼고 그를 돕고 싶다는 욕구가 생기기 때문이다. 추후 살펴보겠지만 이러한 원리가 '모든' 이타적 행동에 적용되지는 않는다. 어떤 이타적 행동에는 이기적 동기가 감춰져 있을 수 있다.

반면 초단절형 인간은 다른 사람에게 공감할 수 없기 때문에 이타적 행동을 할 수가 없다. 이들에게는 깊은 공감이란 것이 전적으로 부족하며 바로 이런 면이 단절 장애를 정의하는 무자비함과 착취, 잔인함의 근거다. 로버트 헤어는 사이코패스적 성향의 강간범을 예로 든다. 이 강간범은 자신이 피해자에게 일으키는 공포와 트라우마를 느끼지 못한다. 그는 다음과 같이 말한다. "저들이 겁에 질려 있군요. 그렇죠? 하지만 전 정말 이해가 안 돼요. 저도 겁을 먹은 적이 있기는 하죠. 하지만 불쾌하지 않았어요."[3] 다시 말해 그가 범죄를 저지를 수 있었던 것은 그에게 다른 사람과 연결되는 능력이 없었기 때문이다. 그리고 이는 초단절형 인간이 저지르는 그 어떤 잔인한 범죄에서도 마찬가지다.[4]

초단절형 인간은 **공감과 양심이 결여**돼 있기 때문에 그들이 다른 사람을 착취하고 학대하는 일을 막을 수 있는 내부적 제어 장치가 없다. 극단적인 경우에는 고문하고 살인하기도 한다. 처벌당할지 모른다는 두려움, 권력이나 부를 잃을지 모른다는 두려움, 나르시시스트의 경우에는 타인의 존경을 잃을지 모른다는 두려움 같은 외부적 제어 장치가 있을 수는 있다. 하지만 내부적 제어 장치가 없다면 도덕성과 책임감, 정의에 관련된 인간의 모든 관념이 사라져 버린다.

감정을 두려워하는 존재일 뿐

초단절형 인간은 다른 사람의 감정을 경험하거나 이해할 수 없기 때문에 감정 표현을 나약함이나 비겁함으로 간주하고 깎아내린다. 강인함과 무자비함은 우월한 남성적 특성으로 여기는 반면, 감정과 연민은 열등한 여성적 특성으로 간주한다. 소위 진짜 남자는 대담하고 냉정한 반면, 부드러운 남자는 공감 능력이 뛰어나고 섬세하다. 이러한 견해에 따라 초단절형 인간은 여성을 약하고 열등한 존재로 보며 가부장적이고 남성 우월주의적 경향을 보인다. 나중에 다시 살펴보겠지만, 단절형 사회가 대체로 여성에게 매우 억압적인 이유는 바로 이와 같은 이유 때문이다. 마찬가지로 초단절형 인간은 정치 지도자가 되면 항상 자신의 강인함과 감정이 부족한 면을 자랑스러워하고 권위적인 독재자가 된다.

초단절형 인간에게 감정과 공감 능력이 부족하다는 점은 큰 자산이며, 높은 권력을 차지하도록 돕는다. 이들은 감정이 없어서 두려움을 거의 또는 전혀 경험하지 않기 때문에 다른 사람이 멀리하려는 위험을 감수하고 직시할 수 있다. 그리고 공감 능력이 없기 때문에 권력을 추구하기 위해 다른 사람을 조종하고 괴롭히는 데 아무 거리낌이 없다. 자신의 목적에 도움이 될 만한 사람이 있으면 그를 이용하고 조종한다. 반면 목적에 방해가 된다면 괴롭히고 제거한다.

초단절형 인간이 두려움이 없다는 사실은 이들이 평범한 사람의 존경과 충성심을 얻는 주요 원인 중 하나다. 실패하거나 당혹감에 빠질까 두려워 행동하는 데 어려움을 느끼는 사람은 초단절형 인간이 그런 부분에 지장을 받지 않고, 자신의 생각을 거리낌 없이 말하며 다른 사람에게 맞서거나 그들을 무안하게 만드는 성향을 높이 산다. 자기 행동에 대해 계속 고민하느라 시간이 오래 걸리는 사람은 초단절형 인간의 빠른 의사 결정 능력에도 감탄한다. 그래서 초단절형 인간은 종종 용기 있고 자신감이 넘치며 결단력 있는 사람으로 보이기도 한다. 그러나 누군가에게 하나의 특성이 없다고 해서 반드시 그 반대의 특성이 있다고는 할 수 없다. 겁이 없다고 해서 반드시 용기가 있는 것은 아니다. 사실 초단절형 인간은 그저 감정에 서툰 사람에 불과하다. 그들의 용기 있어 보이는 모습은 감정적으로 공허한 상태에 지나지 않는다.

권력, 부, 성공을 향한 강박

초단절형 인간의 가장 뚜렷한 특징 중 하나는 **권력과 부, 성공을 향한 강박적 욕구**다. 이들이 무척 위험하고 파괴적인 주요 이유다. 이들은 사업에서나 정치에서나 일단 높은 권력을 손에 쥐고 나면 권력을 악의적으로 사용해 평범한 사람들에게 엄청난 고통을 일으킨다.

초단절형 인간의 삶은 주로 '축적'을 향한 욕구에 따라 좌우된다. 이들은 끊임없이 자신의 삶에 더 많은 것을 보태야 한다는 욕구를 느낀다. 기본적 수준에서는 더 많은 돈과 보석, 자동차와 옷 등의 물질적 소유물을 의미할 수 있다. 더 많은 업적과 성공, 명성, 더 높은 사회적·직업적 지위 또는 더 많은 연애 상대를 의미할 수도 있다. 보다 일상적 수준에서는 동료와 또래로부터 지속적 관심과 존경을 받고 싶다는 요구와 더불어 항상 관심의 중심이 되고 싶다는 욕구를 의미하기도 한다. 초단절형 기업 재벌이나 CEO에게 축적의 욕구는 더 많은 기업이나 부동산을 인수하는 것을 의미할 수 있다. 초단절형 정치 지도자에게는 더 많은 국가적 명성과 영토, 또는 파시스트 독재로 이어지는 더 많은 개인적 권력을 의미할 것이다.

이러한 축적을 위한 투쟁은 지나치게 소모적이기 때문에 삶의 다른 측면을 위한 여지를 거의 남기지 않는다. 그래서 대부분의 초단절형 인간은 이상할 정도로 **편협**하고 **피상적**이며 **문화적 관심사나 취미도 거의 없거나 전혀 없다.** 표면적 필요와 욕구에 사로잡혀 성격의 더 깊은 측면을 발전시키지 못하기 때문에 이들은 이상할 정도로 '공허한' 사람으로 보이기까지 한다. 여행과 창의성, 자기계발이나 휴식에도 관심이 없다. 흡사 마약 중독자처럼 오로지 축적과 관심에 대한 갈망을 충족하는 데만 관심을 보인다. 안타깝게도 이들은 다른 사람보다 더 열심히, 더 오래 일하기 때문에 종종 아주 큰 성공을 거두기도 한다. 예를 들어, 사업계의 초단절형 거물인 로버트 맥스웰

Robert Maxwell은 BBC 라디오 프로그램 〈무인도 디스크Desert Island Discs〉에 출연했을 때, 음악에 관심이 없어서 가족에게 자기 대신 음악을 골라 달라고 부탁했는데, 실제로 그의 한 지인은 이렇게 말했다. "그에게는 취미도, 사적인 활동도, 친구도 없었다."[5]

이런 측면은 초단절형 인간이 대체로 외롭고 고립된 인물인 이유의 일부이기도 하다. 이들은 문화나 여행에 관심이 없듯이 다른 사람에게도 관심이 없다. 취미를 배양하기 위해 시간을 투자하지 않는 것과 마찬가지로 관계를 키우는 데도 시간을 투자하지 않는다. 전쟁에서 군인을 지휘하는 장군처럼 실용적 목적으로만 다른 사람과 관계를 맺을 뿐이다. 그 결과 이들의 관계는 그저 피상적이기만 할 뿐, 친밀하지도 다정하지도 않다. 극심한 자아 분리성 때문에 이들에게 외로움은 근본적인 조건이나 다름없다. 어느 하루 단 한 순간도 고독한 시간을 보내지 않더라도 이들은 항상 혼자다.

이 측면은 초단절형 인간에게 공통으로 나타나는 또 다른 특성과도 관련이 있다. 이들은 고독과 무기력한 상태를 끔찍하게 싫어한다. 맥스웰의 지인이 하는 말을 다시 한번 인용해 보겠다. "그 무엇보다 그를 움직이게 하는 원동력은 아무리 무의미한 일이더라도 활동을 하려는 욕구였어요.[6] 그 어떤 것보다 아무것도 하지 않고 혼자 있는 것을 두려워했지요." 초단절형 인간은 혼자 있거나 무기력해질 때, 극도의 불안감 때문에 고통스럽고 불안한 느낌을 받는다. 이들은 내면의 불화를 겪지 않기 위해 활동적이어야 하고, 다른 사람과 어울려야 한다는 강박적인 욕구를 느낀다.

초단절형 인간의 또 다른 특징 중 하나는 투쟁을 좀처럼 멈추지 않으며 전혀 만족하지 않는다는 점이다. 이들은 도무지 만족할 줄 모른다. 아무리 큰 권력이나 많은 부를 얻더라도 이들에게는 결코 충분하지 않다. 전 세계 모든 신문의 1면을 장식한다고 해도 대중에게 충분한 관심을 얻었다고 느끼지 못한다. 지구상의 건물과 회사를 모조리 소유한다고 해도 재산이 충분하다고 느끼지 못한다. 과장해 말하면 이들은 곧바로 다른 행성에 부동산을 건설하려는 계획을 세우려 들 것이다. 아무리 많은 성과를 얻고 재산을 쌓아도 만족하지 못한다. 그들이 경험하는 유일한 행복이라고는 단기간의 쾌락, 즉 다른 사람을 이기거나 모욕을 주거나 상처를 줬을 때 느끼는 이기주의적 쾌감뿐이다. 이런 순간을 제외하고는 끊임없이 불안과 불만 속에서 살아간다.

그들은 자신이 정상이라고 여긴다

사실 초단절형 인간이 권력과 부를 축적하려는 욕망은 극심한 분리감에서 비롯된다. 무의식적으로 자신감과 자기 만족의 이미지를 투사하더라도 전체에서 떨어져 나온 조각처럼 **불완전**하다고 느낀다. 따라서 자기를 완성하려는 위한 방법으로 권력과 지위, 부를 갈망하게 된다.

이런 이유로 초단절형 인간은 결코 만족하거나 안심하지 못한다. 아무리 큰 권력과 관심, 거대한 부를 축적해도 여전히 **결핍감**이 남아 있기 때문이다. 나이가 들수록 권력과 부를 축적하기 위해 더욱 극단적 방법을 시도할 수밖에 없게 된다. 약물 중독자가 비슷한 수준의 쾌락을 얻기 위해 계속 약물 복용량을 늘려야 하는 것과 마찬가지다. 가끔은 극단적 전략이 실패를 거듭하면서 환멸과 괴로움이 커지기도 한다. 이러한 감정은 주로 타인을 향한 증오와 공격성으로 표출된다.

『자아폭발』에서 설명했듯이 축적에 대한 욕구는 거의 모든 인간에게 공통적으로 나타난다. 우리 대부분은 어느 정도의 자아 분리를 경험한다. 따라서 누구나 어느 정도의 결핍감이 있다. 이러한 결핍감은 불필요한 물건을 사고 필요 이상으로 돈을 모으고 더 많은 성공과 권력을 얻기 위해 노력하는 현대 생활의 광적인 물질주의를 부채질한다. 그러나 대부분의 사람은 축적의 욕구를 아주 극단적일 정도로 느끼지 않으며 공감과 양심을 통해 완화한다.

축적의 욕구가 얼마나 강한지는 우리가 얼마나 단절돼 있는지와 관련이 있다. 즉, 어떤 사람이 얼마나 단절돼 있는지는 축적 욕구가 얼마나 강한지를 보고 판단할 수 있다. 맥스웰이나 도널드 트럼프처럼 누군가가 부와 권력, 명성을 축적하는 데 자신의 삶을 바친다면 극심한 단절 상태에 살고 있다는 확실한 신호다. 반대로 이 책의 후반부에서 살펴보겠지만 초연결형 인간은 권력과 부를 향한 욕구를 거의 느끼지 않는다.

한 가지 덧붙이자면 초단절형 인간과 정상적인 사람 사이에는 명확한 구분선이 **없다**는 사실을 기억해야 한다. 심리학자들은 가

꿈 사이코패스를 언급할 때 그 사람이 마치 다른 종의 구성원인데 우리 사이에 숨어 몰래 돌아다니는 것처럼 이야기한다. 더 적긴 하지만 나르시시스트에게도 그렇다. 이러한 태도는 필립 딕의 유명한 소설인 『안드로이드는 전기양의 꿈을 꾸는가Do Androids Dream of Electric Sheep?』를 떠올리게 한다. 훗날 영화 〈블레이드 러너〉로 각색된 소설 속 안드로이드들은 실제 인간과 구별하기가 좀처럼 불가능하다. 완벽하게 정상적인 인간처럼 보이고 또 그렇게 행동한다. 단, 이들 역시 초단절형 인간처럼 공감 능력이 부족하다. 감정적 유대감을 형성할 수 없고, 다른 사람의 감정을 느끼거나 다른 사람의 관점에서 세상을 볼 수 없다. 소설의 주인공 릭은 안드로이드를 찾아내기 위해 고용된 일종의 탐정 같은 인물이다. 그는 사람들에게 공감 테스트를 해서 그들이 안드로이드인지 아닌지를 확인하고 테스트에서 실패하면 죽인다.

하지만 단절 장애는 이와는 다르다. 어떤 사람에게 존재하거나 존재하지 않는 물리적 상태가 아니다. 단절 장애는 아주 가벼운 상태부터 극단적 상태에 이르기까지 다양하다. 어떤 상황이나 사건이 계기가 될 때까지 잠재돼 있을 수도 있다. 예를 들어 어떤 사람은 리더 역할을 맡거나 어느 정도 성공을 거둘 때까지 초단절형 특성을 보이지 않을 수 있다. 그러다 어떤 지점에 이르면 권력이 머릿속으로 비집고 들어와 나르시시즘적이고 무감각하게 행동하기 시작한다. 사실 단절적 특성은 권력과 성공을 경험할 때 강화되게 마련이다. 나중에 더 자세히 살펴보겠지만 이 문제는 특히 종교 지도자들이 소속 집단의 영적 스승으로 자리 잡을 때 번번이 발생한다.

왜 초단절형 인간이 되는가

초단절의 원인은 무엇일까? 어떤 사람은 특정한 신체적 조건을 타고나는 것처럼 선천적으로 공감의 능력과 양심이 부족한 채로 태어나는 것일까? 아니면 어릴 적 경험과 환경 때문에 발생하는 것일까? 그것도 아니면 두 가지를 결합한 결과일까? 즉, 타고난 단절적 성향에 환경적 경험까지 더해져 그 성향이 강화되는 것일까?

대부분의 연구진은 사이코패시가 적어도 부분적으로는 유전된다고 생각한다. 하지만 사이코패시와 특정한 유전적·신경학적 장애 사이에는 뚜렷한 관계도 없다. 최근 한 연구에서 지적하듯이 "(사이코패시의) 유전적 배경은 불명확하다. 근본적인 분자 메커니즘은 알려지지 않았다"[7] 이와는 달리 단절 장애에 미치는 환경적 측면은 매우 명확하다. 간단히 말해 단절 장애는 **어린 시절에 겪은 부정적 경험**과 밀접한 관계가 있는 것으로 보인다. 어린 시절 트라우마를 경험했거나 오랜 기간 관심과 애정을 충분히 받지 못한 사람은 단절 장애를 겪을 가능성이 높다.

이는 영국 정신과 의사 존 볼비John Bowlby의 애착 이론attachment theory과 관련이 있다. 1930년대와 1940년대에 고아원과 기타 기관에서 자란 아이들을 연구한 볼비는 모성 박탈 이론maternal deprivation hypothesis을 개발했다. 그는 아이와 엄마 같은 존재 사이의 애착이 깨지면 아이의 사회적·정서적·지적 발달에 손상이 일어난다고 주장했다. 보다 구체적으로 볼비는 애착이 부족한 사람은 다른 사람과 공감하지 못하거나 의미 있는 관계를 형성하지 못하며 감동 결여성 인격 장애affectionless psychopathy를 겪게 된다는 사실을 발견했다.[8]

이 문제는 초단절형 인간에게 흔히 나타나는 주제다. 연쇄 살인범에서 다른 강력 범죄자, 초단절형 정치 지도자나 기업계 거물에 이르기까지 이들에게서 하나같이 어린 시절 트라우마와 방임의 패턴을 발견할 수 있다. 어떤 경우에는 부모의 알코올 중독이나 약물 중독, 정신적 또는 신체적 질병, 부모 중 한 명 이상의 사망으로 이런 패턴이 발생했다. 신체적·성적 학대로 심각한 트라우마를 겪을 때도 있었다. 덜 심각한 경우로 가혹한 처벌, 감정과 애정이 결핍된 권위주의적이고 공포스러운 어린 시절의 환경과 관련이 있을 수 있다. 특권층 출신의 어린 아이가 안정감이나 자율성의 감각이 발달하기 전에 집에서 멀리 떨어진 기숙사에 들어갔을 때도 발생할 수 있다. 일반적으로 어린 시절에 심각한 트라우마를 겪을수록 더 심하게 단절된다. 앞으로 살펴보겠지만 대부분의 연쇄 살인범은 폭력적인 알코올 중독자 아버지를 두었던 히틀러와 무솔리니 같은 가장 잔인한 독재자가 그렇듯이 혼란스럽고 폭력적인 성장기를 보냈다.

어린 시절에 트라우마를 겪은 사람이 전부 초단절형 인간이 된다는 뜻은 아니다. 하지만 분명 그럴 가능성이 높아지기는 한다. 간단히 말해 인생의 전반부에 공감과 애정을 거의 받지 못한 사람은 일반적으로 인생의 후반부에 공감을 경험하고 감정을 표현하는 능력에 어려움이 생긴다. 어떤 아이는 박탈감과 트라우마에 대한 방어 기제로 자신을 폐쇄closing in하는 방식으로 대응하며, 무의식적으로 다른 사람과 세상으로부터 자신을 단절한다. 이런 사람은 다른 사람과 정서적 유대 관계를 형성하지 않는다. 이런 태도는 더 큰 고통과 트라우마의 원인이 될 수 있다. 또한 자신의 감정과 트라우마를 일으킨 경험에 대한 기억을 억압함으로써 '자기 자신'으로부터도 단절된다. 정서적 고통과 다른 사람으로부터 스스로 보호하기 위해 일종의 갑옷을 만드는 것이다. 이 갑옷은 삶의 어려움에 대처하는 데 도움이 되며 자율성과 자기 충족감을 주기도 한다. 그래서 어린 시절에 트라우마를 겪은 몇몇 청소년은 마치 유독 자기가 성숙한 것처럼 자신감과 독립성을 내보인다.

그런가 하면 박탈감과 트라우마를 겪은 어떤 아이는 사실상 자기도 모르게 공감하는 능력을 차단해 버린다. 한번 차단된 공감 능력은 그 상태를 그대로 유지한다. 심리적 갑옷은 한번 만들어지면 보통 그 자리에 그대로 머물러 결국 영구적으로 단절된 상태가 된다. 초단절성은 주로 이런 방식으로 이뤄진다.[9]

단절된 세상도 원인이다

아이의 양육 외에도 더욱 광범위한 범위에서 초단절의 원인이 되는 몇 가지 사회적 요인이 있다. 서론에서 언급했듯이 연결의 연속체는 개인뿐 아니라 사회에도 적용될 수 있다. 그리고 초단절 사회에서 초단절형 인간이 생길 가능성이 훨씬 더 높다. 이런 경향은 다시 어린 시절의 박탈감과 트라우마의 이야기와 연결된다. 초단절 사회에는 자녀 양육 방식이 가혹하고 권위적이며 애정과 감정이 결핍돼 있다는 특징이 있다. 따라서 개개인의 단절이 더욱 심각해질 수밖에 없다. 게다가 단절형 사회는 위계질서가 강하고 가부장적이다. 폭력과 전쟁이 빈번하게 발생하고 정의롭고 민주주의적 성향도 부족하다. 이 모든 요인으로 공감 능력이 부족하고 무자비하고 무정한 사회 분위기가 형성되며 이러한 분위기가 사이코패스적·나르시시즘적 특성을 조장한다.

단절형 사회에서는 단절의 특성을 '중시한다'는 점에도 주목할 필요가 있다. 이런 사회에서 아이들, 특히 남자아이는 거칠고 무감각한 사람으로 자란다. 공감과 감수성을 나약함의 신호로 간주하도록 배운다. 공감과 감수성은 여성성과 연관돼 평가절하되는 반면, 무자비함은 남성의 자질로 보고 이상화한다. 이는 일부 단절형 사회에서는 단절과 관련된 특성이 성공을 가져다주기 때문이다. 경쟁적이고 위계적인 사회에서 태어났다면 사이코패스적 특성과 나르시시스트적 특성이 뚜렷한 장점이 될 수 있다. 무자비하고 경쟁적인 태도는 성공과 권력, 부를 얻는 데 도움이 될 것이다. 공감과 양심은 사실상 방해가 돼 다른 사람을 조종하고 이용하는 능력을 떨어뜨릴 수 있다.

인간의 본성은 연결에 있다

지금까지 설명한 모든 내용으로 미뤄 볼 때 초단절성이 유전적 진공 상태에서 나타나는 것만은 아니라는 점을 알 수 있다. 사람들이 단절에 빠지기 쉽게 만드는 생물학적 요인이 있을 수는 있지만 대체로 초단절성은 타고나는 것이 아니라 '만들어진다'.

이런 사실은 중요하다. 단절이 인간이 타고나는 특성이 아님을 알려 주기 때문이다. 몇몇 심리학자와 과학자는 극도의 단절을 인간의 본질적이고 가장 자연스러운 상태로 본다. 연쇄 살인범을 다룬 최근의 연구서 『카인의 후예Sons of Cain』에서 캐나다 역사학자 피터 브론스키Peter Vronsky는 모든 인간에게는 살인자가 될 수 있는 능력이 있지만, 살인의 원초적 본능은 뇌의 보다 발달된 부분으로 조절된다고 주장한다. 달리 표현하자면 우리는 제대로 된 양육을 받고 사회화를 거치면서 연쇄 살인범이 될 가능성에서 벗어난다. 그러나 양육과 사회화라는 조건에 문제가 생기면 살해 본능이 자유롭게 표출된다.[10] 저명한 과학 저술가 리처드 도킨스는 그의 저서 『이기적 유전자』에서 인간을 완전한 단절 상태에서 살아가는 무자비한 '생존 기계'로 묘사하면서 이와 비슷한 주장을 했다.

생존 기계에게 (자기 아이나 친척이 아닌) 또 다른 생존 기계는 바위나 강물, 음식 덩어리처럼 그저 환경의 일부다. 방해가 되거나 이용할 수 있는 무언가일 뿐이다. (…) 자연 선택에서는 환경을 최대한 활용하는 방식으로 자신의 생존 기계를 제어하는 유전자를 선호한다. 여기에는 같은 종이든 다른 종이든 모든 생존 기계를 최대한 활용하는 것이 포함된다.[11]

도킨스는 사실상 모든 인간 그리고 일반적으로 모든 생명체는 사이코패스적이며, 서로를 이용하고 학대하려는 본능적 충동이 있다고 말한다. 그는 연쇄 살인범이 다른 사람을 아무 가치도 없는 무생물로 간주한다는 관점이 근본적으로 사실이라고 주장한다. 우리는 서로에게 그저 '물건'일 뿐이다. 도킨스에 따르면 우리의 유일한 희망은 친절하고 이타적인 태도를 **학습해** 근본적으로 타고난 사이코패스적 기질을 극복하는 것이다. 그는 이 방식이 모든 문명사회의 기초라고 믿는다.

다행히도 이 모든 주장은 가정에 불과하다. 사이코패스적 특성이 제 기능을 다하지 못한 양육과 부정적인 사회적 영향에서 비롯된다는 사실은 그런 특성이 타고나는 것이 아님을 뜻한다. 초단절성은 인간 본성에 문제가 생겼을 때 발생하는 것이지 인간 본성이 있는 그대로 표현될 때 발생하는 것이 아니다. 즉 인간 본성의 표현이 아니라 본성이 왜곡돼 드러난 것이다. 결국 단절은 **일탈적 현상**이다. 인간은 독립된 생물학적 기계가 아니며 각자의 생존과 번식에만 관심이 있지도 않다. 우리는 근본적으로 서로 연결된 존재이며 선천적으로 서로를 돌보려는 성향이 있다. 우리는 선천적으로 사이코패스가 아니라 엠패스empath, 즉 **공감하는 존재**다.

2장

선 넘는 선택과 행동을 하는 이유

DISCONNECTED

CONNECT

LEADERSHIP

EGO

PATHOCRACY

DEMOCRACY

DISCONNECTED

우월감과 특권의식이 있다는 것은 초단절형 인간들에게 지름길을 택하는 경향이 있음을 의미한다. 그들은 부와 권력을 갈망하며 비상식적이고 불법적인 수단을 동원해서라도 지금 당장 부와 권력을 차지할 자격이 자신에게 있다고 여긴다.

1장을 시작하며 이야기한 사고 실험으로 돌아가 보도록 하자. 당신은 초단절형 인간이며 공감 능력과 죄책감, 수치심이 부족하고 자신감이 넘치며 스스로 남들보다 우월하다고 느낀다. 아직 젊고 학교나 대학을 졸업하는 마지막 해가 되어 앞으로 평생 무엇을 해야 할지 결정해야 하는 시기가 됐다고 상상해 보라. 어떤 진로를 택하겠는가? 어떤 직업이 가장 매력적으로 느껴지겠는가? 자신의 성격에 가장 잘 맞는 직업은 무엇이겠는가? 진로 상담사를 찾아가 성격 검사를 받으면 내가 가진 어둠의 3요소 특성을 알아볼 수도 있다. 상담사가 내 존재에 대해 약간 불안하다고 느낄 수도 있지만, 그래도 의무감에 나를 도우려 할 것이다. 그렇다면 상담사가 어떤 직업을 추천할까?

아마도 누군가를 돌보는 직업은 어울리지 않을 것이다. 공감 능력이 없다면 좋은 보모나 간호사, 교사가 될 수 없다. 전기 기사나 자동차 정비공과 같은 기술직이나 육체노동을 하는 직업도 맞지 않을 것이다. 이런 직업은 대체로 위계질서를 따르며 우월한 위치에 오를 기회가 거의 없기 때문이다. 하지만 몇 가지 더 나은 직업 선택의 기회가 열려 있다. 그중 세 가지 주요 분야 선택지가 있는데 바로 **범죄와 사업, 정치**다. 이 장에서는 첫 번째 선택지인 범죄를 다루도록 하겠다.

　범죄는 전통적 의미의 직업이 아니다. 분명 진로 상담사가 추천하는 직업도 아닐 것이다. 그러나 부분적으로는 사회적·경제적 배경의 영향으로 많은 초단절형 인간이 범죄의 삶에 이끌린다. 연구에 따르면 범죄는 사이코패스적 특성과 나르시시스트적 특성 모두와 밀접한 관련이 있다. 수감자를 대상으로 연구한 결과에 따르면 일반 인구 중 0.1퍼센트에서 1퍼센트에게 사이코패스적 특성이 있는 반면, 수감자의 15퍼센트에서 25퍼센트에게 사이코패스적 특성이 있는 것으로 나타났다.[1] 사이코패스적 특성은 재활 수준이 낮은 것과도 관련이 있다. 사이코패스적 특성을 보이는 범죄자는 자신의 방식을 바꾸고 법을 지키는 시민이 되는 경우가 극히 드물다. 어쩌면 사이코패스적 특성의 수감자는 종종 매력적으로 보이는 데다 아마도 교도관이나 가석방 심사위원회 등을 조종하는 방법을 알고 있어 다른 사람보다 더 일찍 석방될 수도 있다. 하지만 이들이 재수감될 가능성이 더 높다.

죄를 저지르는 한 끗 차이

초단절형 인간이 범죄자가 될 가능성이 높은 이유는 무엇일까? 이

질문에 답하려면 우리 대부분이 범죄를 저지르지 않도록 막는 것이 무엇인지 생각해 봐야 한다. 아무리 배가 고파도 우리는 대부분 지나가는 사람을 흉기로 위협해 지갑을 훔칠 생각은 절대로 하지 않을 것이다. 가난해서 파산할 지경에 이르더라도 다른 사람의 은행 계좌나 자기가 일하는 회사에서 돈을 훔치려 하지도 않을 것이다. 아무리 성적 좌절감에 시달린다 해도 평범한 남자는 여자를 폭행하거나 강간할 생각은 절대로 하지 않는다.

우리는 왜 위에서 언급한 범죄 행위를 저지르지 않는 것일까? 반대로 어떤 사람은 도대체 무엇 때문에 위와 같은 범죄를 저지르는 것일까? 물론 범죄에는 여러 가지 복잡한 사회학적·심리적 이유가 있지만 내가 보기에는 가장 근본적이고 중요한 요인이 있다. 바로 **공감 능력의 부족**이다. 이것이 초단절형 인간이 범죄자가 되고 마는 주요 이유다.

대부분의 범죄에는 다른 사람에게 해를 끼치는 행위가 포함된다. 예를 들어 돈이나 물건을 훔치거나 신체적 폭력을 가하고 그들을 다치게 하거나 죽이기까지 한다. 우리 대부분은 공감과 양심 때문에 이러한 유형의 행동에 반발한다. 일반적으로 남을 고통스럽게 만들고 싶어 하지 않는다. 그들의 고통을 '느낄' 수 있기 때문이다. 우리의 행동으로 다른 사람이 힘들어하면 괴로움과 불편함을 느낀다. 아무 생각 없이 혹은 우연히 타인에게 해를 끼친 경우에도 죄책감과 수치심을 느낀다.

반면 다른 사람에게 공감하지 못하면 그들을 상대로 범죄를 저지를 가능성이 훨씬 더 높다. 다른 사람의 고통을 느끼지 못하기 때문에 상대를 해치는 데 아무 거리낌이 없다. 실수로든 고의로든 다른 사람에게 상처를 줬을 때 죄책감이나 수치심을 느끼지 않는다. 그렇다고 해서 모든 범죄자에게 선천적으로 공감 능력이 없다는 말은 아니다. 환경적 요인이나 중독 때문에 일시적이고 표면적으로 공감 능력이 차단된 것일 수도 있다.

따라서 공감 능력 부족과 범죄 사이에 밀접한 연관이 있다는 연구 결과가 나온 것도 당연하다. 낮은 수준의 공감 능력은 경미한 청소년 비행에서 살인에 이르기까지 모든 유형의 범죄와 관련이 있다. 반대로 연구에 따르면 공감 능력이 높은 사람은 범죄를 저지를 가능성이 적다.[2] 남성이 대부분의 범죄를 저지른다는 점도 주목할 만하다. 영국에서는 남성이 여성보다 범죄로 체포될 확률이 일곱 배 가까이 높으며, 수감자 중 여성은 5퍼센트에 불과하다.[3] 특히 여성은 폭력이나 성범죄를 저지를 확률이 훨씬 낮다. 연구에 따르면 연쇄 살인범의 약 90퍼센트가 남성이며 성범죄자의 약 95퍼센트가 남성이다.[4]

이러한 성별 차이에 대해서는 수많은 이유가 제기됐다. 예를 들어 남성이 유전적으로 위험을 감수하고 폭력을 행사하는 경향이 있다는 점, 남성의 사회적 지위가 높아 범죄를 저지를 기회가 많다는 점, 사법 시스템이 여성에게 더 관대하다는 점 등이 있다. 하지만 무엇보다 여성의 공감 능력이 높다는 점이 가장 중요한 요인이다. 즉, 여성은 타인에게 고통을 줄 가능성이 더 낮다. 따라서 범죄, 특히 폭력적 범죄를 저지를 가능성도 더 낮다.

하지만 공감 능력이 부족하다는 점이 초단절형 인간이 범죄자가 될 가능성이 높은 유일한 이유는 아니다. 사실 초단절형 인간의 거의 모든 특성이 그들이 범죄를 더 잘 저지르게 이끈다. 양심의 가책과 죄책감, 죄의식 등 조절과 관련된 감정이 부족하다는 것이 주요 요인이라 할 수 있다. 이러한 감정은 다른 사람에게 해를 끼친 행동에 대한 회고적 공감 반응retrospective empathic response이다. 우리가 죄책감을 느끼는 순간은 자신이 일으킨 피해를 인식하고 양심과 도덕의 기준에 미치지 못했을 때다.

충동성과 무모함, 거만함과 특권의식 같은 다른 초단절형 특성도 마찬가지다. 충동적이고 무모하다는 것은 초단절형 인간이 쉽게 분노하고 격렬한 감정에 사로잡힌다는 뜻이다. 우월감과 특권의식이 있다는 것은 이들에게 지름길을 택하는 경향이 있음을 의미한다. 이들은 다른 사람들처럼 천천히 성공을 향해 나아가야 할 이유를 찾지 못한다. 부와 권력을 갈망하며 **비상식적**이고 **불법적**인 수단을 동원해서라도 지금 당장 부와 권력을 차지할 자격이 자신에게 있다고 여긴다.

공감, 죄책감, 수치심을 잃다

공감 능력이 부족한 사람일수록 더 심각한 범죄를 저지를 가능성이 높다. 초단절형 인간은 공감과 죄책감, 수치심이 전혀 없으며 살인과 폭력 범죄, 강간과 기타 종류의 성적 학대 같은 가장 심각한 유형의 범죄를 저지른다.

1976년, 당시 캘리포니아 클레어몬트 대학원의 박사 과정 학생이었던 심리학자 새뮤얼 스미시먼Samuel Smithyman은 강간에 대한 최초의 심리학 연구를 실시했다. 그는 신문에 다음과 같은 내용의 광고를 실었다. "당신은 강간범입니까? 신원을 보호하기 위해 연구진이 전화로 인터뷰합니다." 그는 어떤 반응도 기대하지 않았지만 광고를 보고 검거되지 않은 강간범 50명이 신청을 했고 상세한 인터뷰를 진행했다. 그는 자신의 박사 학위 논문에 「미검 강간범The Undetected Rapist」이라는 제목을 붙였다. 스미시먼은 강간범의 개별 요인이 너무 다양해 어떤 일반화도 할 수 없다는 사실을 알게 됐다. 강간은 특정한 사회적 배경이나 지위와도 연관이 없어 보였다. 그는 지인의 아내를 강간한 예술가, 여자 친구를 강간한 컴퓨터 프로그래머, 수차례 강간을 저지른 학교 경비원을 인터뷰했다. 그들의 유일한 공통점은 양심의 가책과 피해자에 대한 관심이 부족하다는 것밖에 없어 보였다. 심지어 강간을 심각한 범죄로 여기지 않는 것 같았다.[5]

이보다 더욱 최근의 연구도 스미시먼의 연구 결과를 뒷받침한다. 강간은 인종과 계급 또는 결혼 여부와 같은 인구통계학적 특성과는 관련이 없어 보인다. 그러나 특정한 성격 특성, 특히 공감 능력 부족과 나르시시즘, 여성을 향한 적대감과는 밀접한 관련이 있다. 매우 나르시시스트적인 남성이 여성에게 거절당한 후 복수로 강간을 저지른다는 점에서 뒤의 두 가지 요인은 서로 관련이 있다. 현대의 인터넷 시대가 열리고 대중이 강간 포르노에 노출된다는 점도 한 가지 요인이 된다. 그렇지만 연구에 따르면 강간 포르노를 시청하는 남성이 공감 테스트에서 높은 점수를 받은 경우, 성폭행을 저지를 가능성이 훨씬 낮다는 점 역시 중요하다.

어떤 진화심리학자는 강간이 진화적 적응이라고 주장하기도 한다. 진화심리학은 현대인의 행동 특성을 과거 인류가 유전적으로 적응해 온 결과라고 설명하는 학문 분야다. 진화심리학은 인간의 공통적 특성이 전부 진화적 또는 유전적 이유로 선택된 것이라고 가정한다. 이러한 관점에서 강간은 지위가 낮은 남성이 상호 합의로 성적 파트너를 구하지 못해 선택하는 필사적인 번식 시도로 간주돼 왔다.[6] 하지만 이 이론은 터무니없을뿐더러 불쾌감마저 준다. 대다수의 남성은 성적 파트너를 구하지 못하더라도 결코 강간까지 저지르지는 않는다. 강간은 번식을 향한 유전적 충동 때문이 아니라 공감 능력의 부재에서 비롯된다. 모든 사회인구학적 특성을 뛰어넘는 강간범의 가장 큰 특징은 **극도의 심리적 단절**이다.

광기와 단절 사이

모든 유형의 범죄자 중에서 연쇄 살인범은 가장 극심한 단절의 지점을 대표한다. 연결의 연속체 측면에서 보면 연쇄 살인범은 사이코패스 중 가장 사이코패스적이고, 단절된 사람 중 가장 단절된 사람으로 왼쪽에서 가장 먼 지점에 서 있다.

지난 장의 마지막 부분에서 언급했듯이 연쇄 살인범의 가장 뚜렷한 특징은 다른 사람을 무생물로 취급한다는 점이다. 이들에게 다른 사람의 생명을 파괴하는 것은 더 이상 쓸모가 없는 물건을 부수는 행위나 다름없다. 피해자가 겪는 고통과 아픔은 고장 난 기계가 삐걱거리는 소리만큼이나 무의미하다. 그래서 일반적으로 연쇄 살인범은 잡힌 후에도 양심의 가책을 느끼지 않는다. 피해자의 목숨에 아무 가치가 없다고 생각하기 때문이다. 1950년 10건의 살인으로 유죄 판결을 받은 후에도 15건의 살인을 더 저질렀다고 인정한 독일의 연쇄 살인범 루돌프 플라일Rudolf Pleil은 살인을 자신의 '취미'로 여기며 다음과 같이 주장했다. "제가 한 일은 요즘처럼 지나치게 여자가 넘쳐 나는 상황에서 그렇게 큰 피해라고까지 할 순 없죠. 어쨌든 전 즐거운 시간을 보냈어요." 마찬가지로 1970년대에 적어도 33명의 남자아이와 젊은 남자를 살해한 미국의 연쇄 살인범 존 웨인 게이시John Wayne Gacy는 피해자에 대해 "그들은 쓸모없고 하찮은 게이와 펑크족 무리였을 뿐이었다."라고 언급했다.

다시 말해 연쇄 살인은 다른 사람과의 공감적 연결이 완전히 결핍됐을 때만 가능하다. 어린 시절의 트라우마와 단절 사이의 연관성을 고려할 때, 대부분의 연쇄 살인범이 범죄와 중독 및 사이코패스적 문제를 겪은 불안정한 가정에서 심각하게 학대받았다는 사실은 그리 놀랍지 않다. 한 연구에 따르면 연쇄 살인범의 50퍼센트가 어린 시절 심리적 학대를 경험했고, 36퍼센트는 신체적 학대를, 26퍼센트는 성적 학대를 경험했다.[7] 데이비드 버코위츠David Berkowitz, 테드 번디Ted Bundy, 조엘 리프킨Joel Rifkin과 같은 연쇄 살인범은 어머니에게서 거부당하거나 버림받았으며, 또 다른 연쇄 살인범인 에드먼드 켐퍼Edmund Kemper는 어머니에게 고통과 학대, 심지어 고문을 당하기까지 했다. 영화 〈몬스터〉에서 배우 샤를리즈 테론이 연기한 여자 연쇄 살인범 에일린 워노스Aileen Wuornos는 네 살 때 어머니에게서 버림받고 할아버지의 손에서 물리적·성적 학대를 받으며 자랐다. 즉, 연쇄 살인범의 사례는 어린 시절에 정서적 박탈감에 시달리고 학대받은 경험이 많을수록 더욱 단절됨으로써 더 폭력적이고 잔인한 사람이 될 가능성이 높다는 것을 극명하게 보여 준다.

공감 능력이 완전히 결핍됐을 때 살인을 저지르는 일도 가능하지만, 연쇄 살인범의 '실제' 동기는 일반적 증오심이나 굴욕감, 권력과 관심을 향한 욕구일 수도 있다. 한 여성에게 거절당한 후 비이성적으로 여성 전체를 상대로 복수하는 강간범처럼 어떤 연쇄 살인범은 동료에게 굴욕감이나 수치심을 느낀 후 인간 전체를 상대로 비이성적 복수를 하려고 들 수 있다. 서문에서 초단절성은 **불완전함**과 **무의미**의 감각을 만들어 내고 사람들은 권력과 지위, 부를 **축적**해 이 감각을 완화하려고 한다고 언급했다. 따라서 연쇄 살인범은 다른 사람의 생명을 빼앗을 수 있는 궁극적 권력을 행사하려는 방편으로 살인을 저지르기도 한다.

연쇄 살인범의 충동은 명성이나 유명세에 대한 욕구로 나타나기도 한다. 매우 불안정하고 미성숙한 젊은 남성이 세상에 이름을 남기고 싶다는 절박한 욕구에 사로잡혀 연쇄 살인범이 되는 경우가 있다. 1966년 로버트 스미스Robert Smith라는 이름의 열여덟 살 학생은 애리조나의 한 미용실에서 일곱 명을 살해했다. 그가 경찰에 진술했듯이 그저 "알려지고, 이름을 알리고 싶었다."는 이유 때문이었다. 존 레논을 살해한 마크 데이비드 채프먼Mark David Chapman도 경찰에 범행동기로 존 레논을 쏜 사람으로 알려지기 위해서라고 밝혔다.

많은 사람이 연쇄 살인범은 미쳤다고 생각하지만, 보통은 그렇지 않다. 어둠의 3요소 특성이 있는 사람이 대체로 그렇듯이 대부분의 연쇄 살인범은 정신병이나 정신분열증을 앓고 있지 않다. 1960년대와 1970년대 초에 열 명을 살해한 에드먼드 켐퍼는 경찰에 자수했고, 1급 살인 혐의로 여덟 건의 기소를 당했다. 그의 피해자가 대부분 대학생이었기 때문에 남녀 공학 살인마로도 알려져 있다. 그의 변호인은 그가 사이코패스라고 호소했지만 세 명의 법정 정신과 의사는 그가 법적으로 **제정신**이라고 판단했다. 의사들은 그가 자신의 행동을 완전히 인지하고 있으며, 자신이 얻은 악명을 즐기고 있는 것처럼 보인다고 밝혔다. 마찬가지로 영국의 연쇄 살인범 피터 서트클리프Peter Sutcliffe는 1970년대 후반 13명의 여성을 살해해 '요크셔 리퍼'(매춘부 연쇄 살인범으로 유명한 잭 더 리퍼의 이름을 따서 요크셔 리퍼라고 부른다―옮긴이)로 알려지게 됐다. 그의 법률팀도 사이코패스라는 이유를 들어 그를 옹호했다. 서트클리프는 과거 도굴꾼으로 일했으며, 여자들을 죽이라고 지시하는 유령의 목소리를 들었다고 주장했다. 그러나 정신과 의사들은 사이코패시에 대한 증거를 찾지 못했고 변론은 기각됐다.

대부분의 연쇄 살인범과 평범한 사람과의 차이점은 그들이 미쳤다는 것이 아니라, 다른 인간 그리고 세상 그 자체로부터 **완전히 단절**돼 있다는 것이다.

그들은 왜 무분별해지는가

단절의 관점에서만 이해할 수 있는 또 다른 유형의 폭력적 범죄는 바로 '테러리즘'이다. 어릴 적 어머니와 함께 기차역에서 초콜릿을 먹으며 쓰레기를 버릴 곳을 찾던 기억이 난다. 나는 어머니에게 "어디서 휴지통 못 봤어요?"라고 물었다. 그러자 어머니가 대답했다. "기차역에는 이제 쓰레기통이 없단다. IRA(아일랜드 공화국군) 때문에 다 없애 버렸지. 거기가 폭탄을 넣는 장소 중 하나거든."

1970년대 영국에서 자란 사람이라면 늘 IRA의 폭탄 테러 위협으로 불안감에 시달렸다. 항상 긴장감에 휩싸여 특이해 보이는 소포에 주의해야 했다. 당시에는 거의 매달 폭탄 테러가 있었다. 어머니가 강조했듯이 IRA는 사람들이 많이 모이는 기차역과 런던 지하철을 자주 표적으로 삼았다.

IRA는 북아일랜드에서 영국의 통치를 끝내겠다는 명분을 내세웠다. 하지만 IRA에 동조하던 사람조차도 그들이 벌인 몇몇 공격의 무차별적 잔인함에 경악을 금치 못했다. 1974년 11월 버밍엄의 중심가에 있는 술집 두 곳에서 폭탄 테러가 발생해 21명이 사망하고 182명이 부상당하자 분노하는 사람이 늘어났다. 1987년에는 북아일랜드 에니스킬린의 현충일 행진에서 폭격이 일어나 11명이 사망했는데 주로 나이 든 남성들이었다. 1993년에도 리버풀 인근의 작은 마을 워링턴에서 쓰레기통에 있던 폭탄이 터져 어린아이 두 명이 사망하고 56명이 부상당하는 사건이 발생해 비슷한 분노를 불러일으켰다.

폭탄 테러 공격은 IRA에 대한 지지를 약화시켰다. 사람들은 북아일랜드에서의 갈등 기간으로 알려진 분쟁을 끝내기 위해 단호한 노력을 쏟았다. 1990년대 중반 IRA와 영국 정부 간에 평화 협상이 시작됐고 1998년에 '성 금요일 협정'으로 알려진 휴전 협정이 체결됐다. 그러나 이내 스스로 진짜 IRA라고 칭하는 반체제 공화주의 단체가 내전 역사상 가장 끔찍하고 잔인한 행위를 저질렀다. 토요일 오후 북아일랜드의 작은 마을 오마의 혼잡한 쇼핑 지역에서 거대한 차량 폭탄이 폭발해 29명이 사망하고 229명이 부상을 입었다. 아이러니하게도 당시에 벌어진 테러에 반발해 성 금요일 협정에 대한 지지가 높아졌다. 그 후로는 가끔 실제 IRA와 다른 반체제 단체의 소규모 공격이 있음에도 불구하고 평화가 유지되고 있다.

하지만 안타깝게도 곧 종류가 다른 테러, 즉 알카에다와 같은 단체의 종교적 테러가 등장했다. 영국에서는 2005년 런던 지하철과 버스에서 자살 폭탄으로 52명이 사망한 런던 7·7 폭탄 테러와 함께 시작됐다. 최근 들어 2017년에는 나의 고향 맨체스터에서 끔찍한 테러 공격이 있었다. 21년 전 IRA가 거대한 폭탄을 터뜨린 곳에서 불과 몇백 미터 떨어진 장소인 맨체스터 아레나에서 아리아나 그란데

Ariana Grande의 콘서트가 끝난 후 자살 폭탄 테러범이 폭탄을 터트렸다. 당시 범행으로 22명이 사망했다. 사망자 대부분은 부모가 데리러 오기를 기다리던 어린아이와 청소년이었다. 폭파범은 살만 아베디Salman Abedi라는 스물두 살의 남성이었다. 그는 전 세계 서방 세력에게 살해당한 이슬람교도를 위한 복수로 이교도를 죽이고 싶어 했다. 아베디의 한 친척은 이렇게 전했다. "이슬람교 아이들이 여기저기서 죽어 가는 모습을 보고 복수를 원했던 것 같다. 미국이 시리아의 아이들에게 폭탄을 투하하는 것을 보고도 복수하고 싶어 했다."

심신 미약이 아닌 자기 선택

연쇄 살인범과 마찬가지로 테러리스트를 단순히 심리적으로 혼란스럽거나 정신이 나간 사람으로 생각하는 것은 실수다. 테러리스트가 정신분열증이나 정신 이상의 징후를 보일 수 있지만 이것은 일반적 패턴이 아니다. 1970년대 독일의 적군파 테러리스트부터 IRA 조직원, 현대의 알카에다 같은 단체의 조직원까지 테러리스트 집단 구성원을 연구한 심리학자는 이들이 편집증이나 망상을 보이기보다 심리적으로 안정돼 있다는 사실을 거듭 발견했다.[8] 테러리스트와 심리적으로 정상적인 사람을 구분하는 특징은 정신력의 부족이 아니라 공감 능력의 부족이다. 테러리스트는 연쇄 살인범처럼 피해자에 대한 공감 능력이 완전히 결여돼 있다. 그래서 다른 사람을 자신의 명분을 위해 마음대로 희생할 수 있는 무생물로 취급한다. 테러리즘의 근본 원인은 일반적 범죄의 원인과 같다. 즉, **단절**이다.

테러리스트 중에 연쇄 살인범과 같은 유형의 초단절형 성격을 가진 사람도 있기는 하지만, 테러리즘을 이해하는 가장 좋은 방법은 '선택적' 단절이라는 측면에 있다. 테드 번디나 피터 서트클리프 같은 일반적 의미의 연쇄 살인범은 연결과 공감을 모두 아우르는 결핍을 경험한다. 이들은 가까운 사람, 심지어 자신의 가족과도 연결되지 못한다. 그런데 대부분의 테러리스트는 자신이 속한 민족 또는 종교 집단과 유대감을 형성한다. 테러리스트가 속한 집단은 그들에게 정체성과 소속감을 제공하며 그들은 다른 구성원에게 충성심을 느낀다. 때로는 집단의 다른 구성원에게 이타적으로 행동하기까지 하며, 그들의 요구에 민감하게 반응하기도 한다. 하지만 이들의 공감은 그 이상 뻗어 나가지 않는다. 자신이 속한 집단 외부의 모든 사람, 특히 적으로 인지하는 하나 이상의 집단 구성원과는 완전히 단절돼 있다. 이들에게 다른 집단의 구성원은 비인간적 존재이며, 자신의 대의를 위해 얼마든지 살해할 수 있는 대상이다.

정치적 또는 종교적 사상이 다른 집단에 대한 **공감과 양심을 차단하도록** 사람들을 부추길 때 선택적 단절이 발생한다. 이슬람 극단주의와 관련된 급진화 과정이 바로 이러한 선택적 단절을 목표로 삼는다. 극단주의 사상을 추종하는 사람은 추상적이고 개념화된 방식으로 세상을 바라보고 인간을 뚜렷한 범주로 구분하도록 강요당한다. 예를 들어 특정 국가나 정치 또는 종교 집단을 '전부' 증오하고 적대적 집단이 자신의 집단을 고통에 빠지게 만드는 데 책임이 있다고 생각하도록 세뇌당한다. 이런 사상을 흡수함으로써 인간 경험의 즉각성, 특히 다른 인간의 현실로부터 멀어지게 된다. 쉽게 말해 자신의 적을 개인이 아니라 추상적이고 개념적인 게임의 구성 요소로 간주한다.

이처럼 추상적 개념에서는 적대 집단의 구성원은 '누구라도' 집단 전체의 범죄에 따라 처벌을 받을 수 있다. 예를 들어 오사마 빈라덴과 알카에다 조직은 걸프전 같은 미국의 외교 정책이 중동 이슬람교도의 죽음에 책임이 있다고 주장했다. 따라서 미국에 대한 보복으로 어떤 미국 시민이라도 정당하게 살해할 수 있다고 여겼다. 이미 살펴본 바와 같이 맨체스터 폭파범 살만 아베디 역시 이러한 논리를 따랐다. 1999년 체첸 테러리스트가 모스크바 아파트 단지를 폭파해 300명 이상이 사망했을 때 이집트계 영국인 극단주의 이슬람 리더 아부 함자Abu Hamza 역시 체첸에서의 러시아의 범죄 정책에 대한 이슬람의 복수로써 그 공격이 정당하다고 선언했다.

정체성에 대한 심리적 갈망

2014년 시리아에서 지하디 존Jihadi John으로 알려진 한 영국인 청년이 여러 서구 언론인과 국제 구호원을 살해한 사건이 발생했다. 지하디 존은 네 명으로 구성된 테러 집단의 일원이었다. 집단 구성원이 모두 영국식 억양을 사용한 탓에 인질은 그들을 '비틀스'라고 부르며 한 명 한 명에게 실제 비틀스 멤버의 이름을 붙였다. 존의 경우는 존 레논이었다. 당시 아시아계 영국 청년들은 이슬람 국가를 위해 싸우고자 시리아로 꾸준히 이동하고 있었다. 일부 추정에 따르면 500명이 극단주의 단체의 '지하디스트jihadis'(이슬람 근본주의에 따라 무장 투쟁을 하는 사람―옮긴이)가 되기 위해 시리아나 이라크로 떠났다. 당시 영국 총리였던 데이비드 캐머런David Cameron은 젊은이들에게 주입된 이슬람 극단주의의 치명적 서사 때문에 일어난 현상이라고 비난했다.

분명 극단주의 사상과 그 사상의 전파자는 테러리즘에 일정 부분의 책임이 있다. 그러나 캐머런의 설명은 지나치게 단순하다. 사람들이 극단주의 사상에 취약해 기꺼이 이를 받아들이려 하는 심리적 이유를 무시하기 때문이다. 테러리스트의 가장 일반적 유형은 오랫동안 소외감과 박탈감에 시달리고 통합과 정체성에 문제를 겪은 사람들이다. 특히 대개 오랫동안 실존적으로 불안정한 상태로 지내왔으며 방향 감각을 잃고 혼란스러움을 겪은 젊은 남성들이다. 이들에게는 종종 사소한 범죄를 저지른 과거가 있다.

아무리 좋은 환경에 있더라도 청소년기와 성인 초기는 심리적으로 어려운 시기일 수 있다. 해당 시기에 사람들은 자신을 별개의 개인으로 인식하게 되고 자신의 고유한 심리적 단절을 인지하게 된다. 또한 취약성과 연약함을 느끼는 경우가 많아서 정체성과 소속감에 대한 욕구가 생긴다. 청소년의 경우 종종 갱단에 가입하거나 패션이나 팝 그룹의 추종자가 되기도 한다. 특정 집단에 소속되면 분리감을 완화하고 정체성을 강화하는 데 도움이 되기 때문이다. 특히 두

개의 다른 문화 사이에 끼어 어느 쪽에도 온전히 속하지 않는 이민자 가정 출신을 비롯해 정체성이 불안정한 젊은 남성이 종교적 극단주의에 이끌리는 것도 유사한 이유로 설명된다.

2015년 유럽에서 현대 최악의 잔혹 행위 중 하나를 저지른 테러리스트의 경우 역시 마찬가지다. 당시 파리에서 이글스 오브 데스 메탈Eagles of Death Metal이라는 밴드의 콘서트가 끝난 후 90명이 살해당했다. 조사에 따르면 테러범들의 대체적 인적 사항은 사회에서 자신의 자리를 찾지 못하고 삶의 의미와 목적이라는 개념 없이 여기저기 떠도는 사람들이었다. 마찬가지로 살만 아베디도 맨체스터와 리비아를 오가며 어린 시절을 보냈다. 그가 10대였을 때 아버지는 리비아에 영구적으로 정착한 반면, 그는 번번이 동생과 함께 맨체스터에 남아야 했다. 그때부터 그는 거칠어졌으며 술을 많이 마시고 대마초를 피우며 자주 싸움을 벌이는 등 비행을 일삼았다.

이렇게 소외된 사람에게 테러리스트 단체는 유사한 생각을 하는 사람들의 공동체와 더불어 신념과 공동의 목표, 가족 같은 구조를 제공한다. 일상생활에서 스스로 아무 특색이 없고 보잘것없다고 느낄 수 있는 사람들에게 지위의식sense of status도 부여한다. 집단의 사상은 소외된 개인에게 확실성을 느끼게 하고 집단의 목표는 목적의식을 제공한다. 집단에서 느끼는 모든 심리적 이점이 너무 큰 나머지 사람들은 이를 얻기 위해서라면 살인도 불사할 마음을 먹는다. 실제로 무의식적 수준에서 사람들은 자기 안의 심리적 불화를 해소하기 위해 스스로 사이코패스적 살인마가 되도록 허용한다.

그러므로 테러리즘은 단절에 대한 역설적 방식의 반응이다. 만약 단절된 사람이 정체성과 확신을 얻기 위해 선택한다면 끔찍하고도 잘못된 시도를 하는 셈이다.

깊은 단절은 회복이 어렵다

하지만 나는 범죄를 저지르는 사람은 누구나 선천적으로 초단절형 인간이라고 단정하고 싶지는 않다. 일부 경미한 범죄는 내가 '얕은 단절'이라고 부르는 것과 관련이 있다. 얕은 단절은 사회적 조건화나 중독으로 단절 상태가 발생하지만 뿌리가 깊지 않고 적절한 상황에서는 극복할 수 있다.

예를 들어 범죄가 사회적 박탈감 및 빈곤과 밀접한 관련이 있다는 사실은 분명하다. 위계적 사회에서 사회적·경제적 지위가 낮은 집단은 기회와 교육, 고용과 사회적 이동성이 부족하므로 항상 범죄를 더 많이 일으킨다. 대체로 혼잡하고 불우한 도시 환경에서도 마찬가지다. 무자비함을 조장하고 공감과 이타주의 같은 관계적 특성을 평가절하하는 적대적 환경에서도 범죄가 잉태된다.

사회적 조건화는 분명 중요한 요소다. 어린 시절 받은 학대와 정서적 박탈의 영향 외에도 만약 아이가 불법적 행동을 정상적이고 바람직한 것으로 여기고 부모와 또래가 이 행동을 자주 보여 주는 가정 또는 사회에서 자란다면 범죄에 연루될 가능성이 높다. 사회 학습 이론에서도 알 수 있듯이 부모와 또래의 행동을 그저 관찰하기만 해도 아이에게 그 행동이 부호화된다.

이러한 환경에서는 안정적이고 애착에 기반한 양육을 받은 사람이라도 단절적 특성을 보일 수 있다. 그러나 단절의 특성이 그저 피상적 수준에 그칠 수도 있다. 적절한 양육을 받은 경우에 해당하는 사람은 공감 능력과 양심이 일시적으로 차단돼 있고 표면적 무감각에 둘러싸여 비행과 범죄를 일으킬 수 있다. 감옥에 수감된 사람의 상당수가 여기에 해당할 가능성이 높다. 하지만 이들이 사이코패스적·나르시스트적 성향을 드러내더라도 단절의 특성은 뿌리 깊지 않고 얕다.

이들이 가정환경과 동료에게서 멀어져 있을 때 공감 능력을 켜는 것은 그리 어렵지 않을 수 있다. 실제로 전 세계의 수많은 사법 시스템에서는 **회복적 정의**restorative justice 프로그램을 채택해 이를 유도한다. 회복적 정의에서는 범죄자를 피해자 또는 피해자의 친척과 접촉시켜 자신의 행동이 미치는 영향을 이해하도록 돕는 것을 목표로 삼는다. 회복적 정의 프로그램 중 범죄자가 피해자의 관점에서 범죄를 이해하도록 돕는 공감 세미나와 범죄자를 위한 공감 교육이 대표적이다.

범죄자 중에는 자신이 일으킨 고통에 대해 직접 들으면서 공감과 죄책감을 느끼는 경우도 있다. 대체로 적대적 환경에서 자랐거나 사회적으로 범죄를 정상적인 것으로 여기도록 사회적으로 조건화된 범죄자는 자신의 충동과 욕구 너머를 볼 수 있는 능력이 전혀 없다. 그들에게 피해자와의 만남은 자기 몰입을 깨뜨리는 사건이나 마찬가지다. 그제야 이들은 피해자의 관점을 받아들이고 자신의 행동이 가져올 결과를 직시하게 된다. 바로 이런 과정을 통해 회복적 정의 프로그램은 성공적으로 그리고 현저하게 재범률을 낮춘다. 한번 공감의 스위치가 켜지면 계속 켜져 있는 경우가 많으며 향후 범죄 행동을 억제하는 역할을 한다.

몇몇 테러리스트에게 적용될 수 있는 중요한 사례다. 테러리스트 중 일부는 분명 '깊이' 단절된 개인이며, 사이코패스적 특성을 타고났다. 종교적 극단주의라는 틀을 자신의 잔인성을 표현하는 데 유리한 환경으로 활용할 뿐이다. 같은 논리가 취약한 젊은이 무리를 자신의 대의에 끌어들여 잔혹 행위를 저지르게 만드는 극단주의 선동가와 사상가에게도 적용된다. 그러나 일부 젊은 극단주의자의 단절은 그렇게 뿌리 깊지 않을 수 있다. 자신의 심리적 불화와 사상 아래 여전히 타고난 공감 능력이 존재할 수 있다. 젊은 극단주의자 중 상당수가 광신주의로부터의 성장을 겪는다는 사실이 이를 뒷받침한다. 아마 20대 후반쯤 되면 자신이 더 이상 취약하고 연약하다고 느끼지 않고 정체성과 확실성, 목적에 대한 심리적 욕구도 더 이상 예전처럼 강하지 않기 때문일 것이다. 그래서 폭력 행위를 저지르고 싶다는 충동을 잃게 된다. 대부분의 젊은 갱단원이 20대 후반이 되면 갱단으로부터 성장하는 것과 유사하다. 그러나 연쇄 살인범에게서 살인을 저지르려는 욕구가 결코 사라지지 않듯이 초단절형 테러리스트 역시 폭력 행위에 대한 충동을 절대 잃지 않는다.

범죄의 많은 부분이 약물 중독과 관련이 있다는 점을 기억하는 것도 중요하다. 약물이나 알코올에 대한 지나친 욕구는 종종 얕은 단절 상태를 일으킨다. 중독은 사람의 자연스러운 공감 능력을 무기력하게 만든다. 더불어 중독되지 않았더라면 불가능했을 무감각한 행동을 하게 만든다. 다시 말해 중독은 일시적 단절 장애를 실질적으로 유발한다. 이때 장애는 사이코패스적이나 나르시시스트적 특성을 동반한다. 중독자의 공감 능력과 양심은 중독으로 적어도 대부분 차단되며, 중독자는 타인의 욕구를 무시하고 무자비하고 자기중심적으로 변해 버린다. 그 결과 중독을 충족하려는 욕구에 휘말려 범죄를 저지르게 된다. 그러나 대체로 중독에서 벗어나면 공감 능력과 양심이 회복되며 종종 자신의 행동에 크게 후회하며 보상하려는 열망이 생긴다.

• • •

테러리스트가 그렇듯이 많은 범죄자에게는 분명 얕고 일시적인 특성과 달리 깊이 뿌리내린 사이코패스적·나르시시즘적 특성이 있다. 불우한 사회적·경제적 배경에서는 마약 거래와 갈취, 강도와 폭력의 삶에 깊이 빠져든 강력한 범죄자가 나올 가능성이 높다. 그리고 단절의 상태가 깊을수록 회복하기가 더 어렵다. 물론 얕은 단절과 깊은 단절을 명확하게 구분할 수는 없지만 적어도 그 깊이가 다양하다고는 말할 수 있다. 깊은 단절에 빠진 사람들이 회복에 성공하는 경우는 드물다. 이들은 피해자의 관점을 취하거나 범죄의 결과를 고려할 수 없어 회복적 정의 프로그램도 거의 도움이 되지 않는다. 돌이킬 수 없을 정도로 단절돼 있는 이들이 공감 능력을 다시 회복시키기는 거의 불가능하다.

3장

기업 리더들은 착하지 않다

DISCONNECTED

CONNECT

LEADERSHIP

EGO

PATHOCRACY

DEMOCRACY

DISCONNECTED

사회에 초단절형 CEO가 만연하다는 사실은 현대 사회의 가치와 구조가 단절적 특성을 얼마나 선호하는가를 보여 준다. 자본주의 사회에서 '성공'하려면 외골수이고 자기중심적이며 무감각하고 계산적인 태도로 힘든 결정들을 마다하지 않아야 한다. 매력과 카리스마로 다른 사람을 조종하고 무자비하게 기회를 활용해야 한다.

지난 장에서는 특히 사회적·경제적 수준이 낮은 계층에 속하는 초단절형 인간이 어떻게 사회의 최하층 계급이 되는지 살펴봤다. 이들은 법과 관습을 뛰어넘어 정상적 사회와 동떨어져 살기 때문에 종종 권위와 갈등을 빚기도 한다. 하지만 가끔은 반대의 경우도 있다. 특히 교육과 사회적 기회를 활용할 수 있는 특권층 출신인 경우, 초단절형 인간이라도 정상적 사회의 일부가 될 가능성이 아주 크다. 실제로 초단절형 인간이 사회적으로 가장 높은 지위에 올라 리더 역할을 맡거나 심지어 막강한 실세가 되기도 한다.

지난 장의 시작 부분에서 언급했던 진로 상담사 이야기로 잠시 돌아가 보도록 하자. 의뢰인에게 단절 장애가 있다는 사실을 인지했다면 상담사가 그에게 사업을 하거나 기업에서 경력을 쌓으라고 하는 것이 가장 좋은 충고가 될 수 있다. 기업 세계는 초단절형 인간의 반사회적 충동을 표출하기에 이상적인 장소다. 무자비함과 잔인하다는 이유로 처벌을 받는 대신 후한 보상을 받을 가능성이 높기 때문이다.

기업 세계는 초단절형 인간이 지배와 부를 향한 욕구를 충족시키기에 적절한 최적의 장소라 할 수 있다. 또한 이들에게 성공으로 가는 빠르고 쉬운 길을 제공한다. 사업 및 기업은 고위급 관리자가 막강한 권력을 누리며 수천 명의 직원을 통제하는 위계적 환경이므로 이들에게 완벽하게 어울린다. 실제로 연구에서도 단절 장애가 있는 사람이 사업계의 상위 계층에 매력을 느낀다는 사실이 확인된 바 있다. 대학 수준에서도 이러한 성향이 선명하게 드러난다. 연구에 따르면 사이코패스적 특성이 있는 사람은 사업 및 상업 분야의 학위를 선호하는 것으로 나타났다.[1] 이와 관련해 샌디에이고 대학교의 사이먼 크룸Simon Croom 교수는 기업 고위 관리자의 12퍼센트가 사이코패스적 특성을 보인다고 주장했다.[2] 기업 내 사이코패스 현상을 연구한 세계 최고의 연구자 중 한 명인 호주의 경영학 교수 클라이브 보디Clive Boddy는 직원의 약 3분의 1이 직장 생활 중 약 한 번 이상 사이코패시 성향의 리더의 관리를 받은 적이 있다는 사실을 밝혔다. 보디는 또한 직장 내 괴롭힘의 3분의 1에서 4분의 1이 기업 내 사이코패스가 일으키는 것으로 추정했다.[3]

탐욕스럽고 부도덕한 CEO들

지난 장에서 범죄자가 더 단절돼 있을수록 잔인해지고 폭력성이 강해지는 경향을 살펴봤다. 또한 연쇄 살인범일수록 그러한 경향이 정점에 이른다는 사실을 알았다. 비슷한 방식으로 기업 범죄자 역시 더 많이 단절될수록 더 부유해지고 성공하는 경향이 있다. 또한 그 정점에는 탐욕스럽고 부도덕한 CEO와 재벌이 있다.

1991년 의문의 죽음을 맞이한 체코계 영국인 사업계 거물 로버트 맥스웰이 전형적인 예다. 맥스웰은 여러 가지 면으로 인상적 인물이다. 그는 극도로 불우한 환경에서 태어나 온전히 의지력만으로 자신을 완전히 재창조했다. 무척이나 무자비하고 교활할 뿐만 아니라 지배를 갈망하며 엄청난 사회적 불이익을 극복해 동시대의 가장 저명한 사업가 중 한 명이 됐다.

1923년, 맥스웰은 체코슬로바키아의 가난한 유대인 가정에서 태어났다. 그의 인생 후반기를 보면 어린 시절에 겪은 가난과 아버지의 학대가 트라우마로 강하게 남았다는 점도 충분히 이해가 된다. 심지어 그는 너무 배가 고파서 개를 잡아먹었다고도 한다. 제2차 세계대전이 발발했을 때 열여섯 살이었던 맥스웰은 프랑스로 망명한 체코슬로바키아 군대와 함께 싸운 후 영국군 연대에 입대했다. 전쟁이 끝날 무렵 대위의 자리에 올랐고 이후 용맹함을 인정받아 무공 십자 훈장을 받았다. 그러나 그가 군인으로서 보인 모습에도 초단절적인 면이 드러난다. 그는 마을 광장에서 시장을 처형하는가 하면 평범한 독일인을 살해하고 항복하려는 병사들에게 총을 쏘는 등 동료 영국 군인들을 충격과 공포에 빠뜨렸다.

전쟁이 끝난 후 영국에 정착한 맥스웰은 출판업자가 돼 여러 출판사와 신문을 소유하게 됐다. 서로 다른 여러 회사를 설립하고 인수해 자신의 회사를 일일이 추적하기 어려울 정도였다. 마침내 어학원과 TV 방송국, 축구 클럽까지 소유하게 됐다. 심지어 MTV의 주식도 소유했다. 그런데 그의 사업상 거래 방식은 속임수와 괴롭힘 투성이었다. 직원을 조롱하고 모욕했으며 매우 의심한 나머지 그들이 얼마나 불충실하고 무례한지 감시하기 위해 신문사 사무실에 도청기를 설치하기까지 했다. 전기 작가인 존 프레스턴John Preston이 지적했듯이 맥스웰은 "다른 사람에게 모욕을 주고 공개적으로 난도질하기를 대단히 즐겼다. 마치 자기를 새로 채우기 위해 정기적으로 희생자를 먹어 치워야 하는 것 같았다".[4]

맥스웰은 부를 과시하기를 좋아했으며 짧은 여행이라도 영국 전역을 헬리콥터를 타고 돌아다녔다. 어디를 가든 국가 원수처럼 대접받기를 기대했고 충분한 예우를 받지 못하면 분노를 터트렸다. 위엄을 유지하기 위해 정치인과의 친교를 즐겼고 루마니아의 니콜라이 차우셰스쿠Nicolae Ceausescu와 같은 동유럽 공산주의 독재자와도 절친한 사이가 됐다. 직접 정치의 길에 나서 영국 노동당에 입당한 후 1964년부터 1970년까지 의원으로 일했지만 지방 선거에서 낙선한 일도 주목할 만하다.

또 초단절형 인간은 좀처럼 배우자에게 충실하지 않다. 공감과 양심이 결여됐다고 표현해도 좋을 것이다. 심지어 이들은 혼외정사를 마땅히 해야 할 자격이 있다고 느낄 만큼 거만하다. 이들에게 유혹은 정복과 권력의 문제이기 때문에 잔뜩 부풀려진 자존감을 유지하는 데 도움을 준다. 맥스웰은 확실히 이와 같은 유형에 속했다. 아내에게 기본적으로 불성실했고 끊임없이 아내를 무시하며 굴욕감을 주기도 했다.

자녀들에게도 비슷한 태도를 보였다. 맥스웰은 하루 15시간씩 일하고 자주 여행을 다녔던 탓에 아이들과 함께 보내는 시간이 거의 없었다. 어쩌다 함께 있을 때에는 계속해서 아이들을 꾸짖는 가혹하고 엄격한 교사처럼 굴었다. 내 친구 서지 베딩턴 베렌스Serge Beddington-Behrens는 아버지가 맥스웰의 가까운 친구여서 어릴 적에 맥스웰의 저택을 종종 방문했다. 그곳에서 서지는 번번이 비뚤어진 늙은 괴물이 자기 아이들에게 호통을 치고, 아이들 모두 그에게 겁을 먹는 모습을 목격하곤 했다.

2021년, 맥스웰의 딸 길레인은 그녀의 연인 제프리 엡스타인 Jeffrey Epstein이 성적으로 학대할 어린 여자아이들을 모집하고 밀거래하는 일을 도운 혐의로 유죄 판결을 받았다. 길레인 맥스웰 또한 공감과 양심이 완전히 결여됐음을 보여 준다. 그녀의 소름 끼치는 행동은 어린 시절의 경험에서 겪은 단절의 결과로 보인다. 맥스웰의 사례는 어린 시절에 겪은 트라우마로 초단절 상태가 된 사람들이 종종 자녀에게 트라우마를 대물림하고, 자녀 역시 초단절형 인간이 되는 과정을 보여 준다. 이처럼 단절은 한 세대에서 다음 세대로 **대물림**된다.

맥스웰은 말년에 사업상 거래에서 막대한 빚을 졌다. 그는 결국 거액의 대출을 받고 갚지 못하는 신세가 됐다. 훗날 그의 죽음의 원인을 두고서 자살인지 사고로 인한 익사인지 추측하는 사람도 있다. 그가 자신의 가장 유명한 신문사인 『데일리 미러Daily Mirror』의 연금 기금에서 수억 파운드를 횡령한 것이 사망 후 밝혀졌기 때문이다.

● ● ●

이 밖에도 버나드 메이도프Bernie Madoff, 리먼 브라더스의 전직 CEO 딕 풀드Dick Fuld, 프레드 굿윈Fred Goodwin 등 비슷한 행동 유형을 보인 초단절형 기업인의 사례가 널리 알려져 있다(또 다른 예로는 로버트 맥스웰과 유사한 점이 많은 도널드 트럼프가 있다. 하지만 현재 트럼프의 주요 역할은 정치인의 역할이므로 그의 사례는 6장에서 다루기로 한다). 스코틀랜드 왕립 은행의 CEO였던 굿윈은 로마 황제가 영토를 확장하듯이 다른 회사를 강박적으로 인수하며 왕립 은행의 영역을 전 세계로 확장했다. 그는 3억 5천만 파운드(약 6,342억 원)짜리 회사 본사와 거대한 펜트하우스 사무실을 마련하기도 했다. 주변에서는 그가 과대망상증을 보이고 무모하게 행동하며 허영심에 찬 프로젝트에 돈을 낭비한다며 비난했다. 그의 동료는 그에게 두려움을 느꼈다고 증언했다. 또한 그가 피해자를 찾으려는 끊임없는 욕구에 시달리는 불한당이라고 설명했다. 그는 다른 사람의 실수를 인정하거나 공감하고 연민하는 모습을 보여 주지 못했다. 한 전직 동료는 이렇게 말했다. "정말이지 그가 연민을 느끼는 모습을 한 번도 본 적이 없는 것 같아요. (…) 그에게는 도무지 연민이라고는 없나 봐요." 또 다른 동료는 다음과 같이 평했다. "프레드는 문제나 사건이 발생하면 피해자를 찾아서 호되게 처벌하는 데 더 관심이 있었죠."[5]

굿윈은 초단절형 인간의 전형처럼 모욕에 매우 민감했고 자신을 무시했다고 느낀 사람에게 복수하기를 즐겼다. 그는 불편한 질문을 하는 직원들의 명단을 작성해 '끝장낼 사람'이라고 표현하기도 했다. 점차 직원들은 그의 분노를 살까 두려워 껄끄러운 문제를 언급하지 않게 됐다. 결국 스코틀랜드 왕립 은행이 2,400만 파운드(약 421억 원)의 손실을 입으며 무너지고 영국 납세자에게 구제 금융을 받아야 하는 상황에 놓이면서 굿윈의 은행 경력은 갑작스레 막을 내렸다. 당시 그는 1,600만 파운드(약 289억 원)의 연금을 받고 은퇴했다. 맥스웰과 굿윈 같은 초단절형 인간은 자신감으로 오해되는 무모함과 결단력으로 오해되는 무자비함 그리고 교묘한 매력 덕분에 기업 위계질서에서 빠르고 쉽게 승승장구한다. 공감 능력이 뛰어나고 도덕적인 사람은 타인에게 해를 끼치기를 꺼리지만 초단절형 전문가는 자신의 앞길을 가로막는 사람을 거리낌 없이 짓밟는다.

•••

또 다른 요인으로 초단절형 인간이 과대망상과 우월감을 갖고서 스스로 권력을 차지할 '자격이 있다'고 느낀다는 점이 있다. 자신에게 불륜을 저지를 자격이 있다고 생각하는 것과 마찬가지다. 이들은 자기가 다른 사람보다 더 똑똑하고 유능하다고 생각한다. 평범한 사람을 뛰어넘어 권위와 권력을 누릴 위치에 오를 자격이 있다고 느낀다.

극단적으로 단절된 사람은 스스로 결코 실수를 하지 않으며 잘못된 결정을 내릴 수 없다고 여긴다. 방대한 전문 지식을 소유하고 있다고 믿지만 실제로는 그렇지 않다.

그러나 초단절형 인간이 권력자의 자리에 오르는 보다 근본적인 이유, 그들이 권력을 그토록 자주 손에 쥐는 이유는 무엇보다 권력과 부, 성공에 대한 **절박한 욕구** 때문이다. 극심한 자아 고립을 겪는 이들은 끊임없이 축적하려는 **강박적 욕구** 때문에 기업 위계질서의 정상에 오른다.

하지만 초단절형 인간은 겉보기에 자신감과 결단력이 있어 보일지 몰라도 최악의 리더가 되고 만다. 기업 내 사이코패스들은 항상 기업에 치명적 영향을 미친다. 갈등과 불신을 일으키고 무자비한 경쟁과 괴롭힘 문화를 조장해 직원의 사기와 회사의 평판에 흠집을 낸다. 그 결과 직무 만족도가 낮아지고 생산성이 저하되며 직원 이직률이 높아지게 된다. 이런 상황이 벌어지는 이유 중 하나로 사이코패스적이고 나르시시스트적인 특성 외에 초단절형 사업가가 딱히 업무에 능수능란하지 않다는 점을 들 수 있다. 대체로 이들은 유달리 똑똑하거나 민첩하지 않다. 안타깝게도 권력을 향한 욕망과 지능 및 능력 간에는 아무 연관 관계가 없다. 자신의 능력과 결단력을 밑거름 삼아 천천히 정상에 오르는 사업계 리더나 정치계 리더가 있는 반면 초단절형 리더는 다른 사람이 자신을 너무 무서워해 막지 못한다는 사실을 알고 그들을 밀어내어 맨 앞에 줄서는 깡패처럼 무자비함과 교활함으로 정상까지 파고들 뿐이다.

초단절형 인간이 힘을 갖는 이유

동시에 일반적 범죄 행위에서처럼 초단절형 리더의 성공에 대한 사회적 측면을 고려하는 것도 중요하다. 현대 사회에서 초단절형 인간이 성공하는 것은 우리 사회가 위계적이고 경쟁적이기 때문이다. 서로가 연결돼 있고 평등주의적인 사회에서는 초단절형 인간이 권력과 부를 차지할 기회를 얻지 못할 것이다. 또한 위계질서가 작동하는 사회와 동일한 수준의 권력을 제공하지 않으므로 비기업 거물이나 CEO(또는 이후 살펴볼 정치인)가 되려는 욕구도 느끼지 않을 것이다.

동시에 초단절형 CEO가 사회에 만연하다는 사실은 현대 사회의 가치와 구조가 얼마나 단절적 특성을 '선호'하는지도 보여 준다. 날씨나 경기장이 어느 한 팀에게만 유리하게 작용하는 스포츠 경기처럼 우리 사회의 조건은 초단절성에 완벽하게 유리하다. 개인주의·자본주의 사회에서 성공하려면 외골수이고 자기중심적이며 무감각하고 계산적인 태도로 기꺼이 희생하고 힘든 결정을 마다하지 않아야 한다. 매력과 카리스마로 다른 사람을 조종하고 무자비하게 기회를 활용해야 한다. 회사 주주나 이사가 이상적 CEO의 자질을 나열할 때는 주로 무자비함과 경쟁심, 압박 속에서의 냉정함, 빠른 의사결정 능력 등을 꼽는다. 이런 자질은 초단절형 인간의 특성과 매우 밀접하게 일치하는 경우가 많다. 이런 환경에서는 초단절형 인간이 리더의 자리에 오를 수밖에 없다.

마찬가지로 높은 권력자의 자리에 오르면 개인의 인격에 해로울 수 있다는 점도 기억해야 한다. 경쟁적이고 위계적인 사회에서 높은 지위에 권력이 집중되면 종종 단절적 특성을 촉발하거나 강화하는 효과로 이어진다. 단절된 사람은 대체로 권력을 획득하고 난 후 더욱 단절된 모습을 보인다. 또한 과거에는 비교적 공감 능력이 뛰어나고 책임감이 강해 보였던 사람, 즉 능력이나 타인의 선택을 기반으로 리더가 된 사람도 권력을 얻게 되면 무감각해지고 나르시시스트적 특성을 드러내기도 한다.

심리학 이론에서는 이를 '리더십의 함정leadership trap'이라고 설명한다.[6] 집단이 함께 노력해 성공을 거둔 상황에서도 리더가 공로와 찬사를 독차지하며 나르시시즘적 성향을 드러내는 것이다. 이때 리더는 자신과 다른 사람과의 지위가 다르다는 점을 인식하고는 스스로 남들보다 특별하고 우월하다고 생각하기 시작한다. 이를 본 집단의 다른 구성원은 분노를 느끼게 된다. 결국 집단의 창의적 역학 관계가 깨지고 궁극적으로 성공을 가로막게 된다.[7]

약 20년 전쯤에 나는 한 대학에서 난독증과 다른 학습 장애가 있는 학생을 평가하는 아르바이트를 했다. 학장은 키 크고 잘생긴 남자였는데, 학장이라는 고위직에 비해 유난히 젊어 보였다. 첫 만남부터 그에게 경계심이 들었다. 쏘아보는 듯한 매서운 시선이 나를 불안하게 만들어 그를 피하기 위해 최선을 다했다. 그와는 매주 열리는 교직원 회의에서 유일하게 만날 수 있었다. 그는 교직원 앞에서 팔을 내저으며 왜 대학 성적이 좋지 않은지 불평하곤 했다. 동료에게 들은 바에 따르면 그는 경영진 회의에서 주먹으로 탁자를 내리치며 목청껏 외쳤다고 한다. "더 잘해야 합니다! 성과를 더 높여야 돼요."

얼마 후 학장은 괴롭힘 혐의로 정직 처분을 받았다. 나는 전혀 놀라지 않았다. 정작 내가 놀란 것은 그를 몇 년 동안 알고 지낸 동료와 이야기를 나눌 때였다. 그녀가 내게 말했다. "그분께 그런 일이 생기다니 안타까워요. 참 좋은 분이셨고, 정말 친절하시고, 대하기도 편했는데요." 다른 사람도 내게 비슷한 이야기를 들려줬다. 그는 학장이 되기 전에는 과학을 가르치는 강사였으며 학생과 동료에게 인기가 많았다. 수업과 관련해 혁신적 아이디어를 생각해 내고 다른 강사와 공유하는 것으로도 유명했다. 그는 강사로서 탁월한 모습을 보인 덕분에 빠르게 승진할 수 있었다. 그런데 그의 또 다른 오랜 동료가 내게 말했다. "하지만 학장이 되고 나더니 달라졌어요. 우리 중 한 사람이 되어서는 안 된다는 듯이 우리 모두와 거리를 두더군요. 그리고 그의 성격에서 지금처럼 끔찍하고 억압적인 면이 드러났지요."

이런 변화는 내가 직장 생활에서 겪은 또 다른 사례를 들 수 있을 만큼 분명 자주 일어나는 현상이다. 아마도 **불안함**과 관련이 있을 것으로 보인다. 미숙한 사람이 권위가 있는 자리로 떠밀려 가면 이들은 종종 자신이 위험에 노출되고 고립돼 있다는 느낌을 받는다. 위계적 조직 구조에서는 자신과 직원 사이에 지나치게 먼 거리가 생긴다. 그리고 그가 느끼는 **불안정함**은 권위주의와 괴롭힘으로 모습을 드러낸다.

19세기 영국의 역사가이자 정치가인 액턴 경Lord Acton의 유명한 말에 권위주의에 대한 경고가 고스란히 담겨 있다. "권력은 부패하게 마련이며, 절대 권력은 절대적으로 부패한다." 액턴 경은 이어서 보다 명확하게 설명한다. "위대한 사람은 거의 항상 나쁜 사람이다." 여기서 위대하다는 표현을 사용한 데 불만이 있을 수도 있다. 사실 액턴 경은 유명하거나 주목할 만한 인물이라는 의미에서 위대하다는 표현을 사용한 것이다. 권력은 처음부터 부패한 사람을 끌어들이므로 상황은 훨씬 더 악화된다. 그러므로 이미 부패한 사람이 더욱 부패해지기 마련이다. 내 표현을 쓰자면 단절된 사람들이 더욱 **단절**된다.

학장의 예에서 알 수 있듯이 단절된 리더 및 관리자의 문제는 사업가나 기업 세계뿐만 아니라 사회 전반에 걸쳐 나타난다. 위계 구조가 있는 대부분의 조직에서 단절된 사람이 높은 지위에 오르는 경향이 있다. 인격 장애 진단을 받을 정도로 심각하게 단절되지 않았더라도 공감과 양심의 수준이 낮은 사람은 관리직이나 리더 자리에 끌릴 수밖에 없다. 교장의 자리까지 오를 수 있는 학교와 학장 또는 부학장이 될 수 있는 대학, 병원과 로펌 그리고 시의회에서도 마찬가지다. 일반적으로 사회 전체와 개별 조직 내에서 지위가 높을수록 초단절형 인간이 그 자리를 차지할 가능성이 높다.

모든 리더가 권력의 함정에 빠지는가

물론 그렇다고 해서 기업 및 정치계의 리더와 관리자가 하나같이 초단절형 인간이라는 뜻은 아니다. 그리고 리더와 관리자라고 해서 모두 권력을 획득한 후 리더십의 함정에 빠지는 것도 아니다. 리더는 세 가지 일반적 범주, 즉 **초단절형 리더, 비자발적 리더**involuntary leaders, **이타적 리더**로 구분할 수 있다.

사회 전반에는 장점이나 특권, 또는 두 가지의 조합으로 자신의 개인적 의도와 크게 상관없이 권력을 얻는 '비자발적 리더'가 꽤 많다. 비자발적 리더에는 공로형 리더와 특권형 리더, 두 가지 유형이 있다. '공로형' 비자발적 리더는 특별히 강력한 야망 없이 재능과 성실성을 기반으로 차근차근 조직의 계층 구조를 따라 올라간다. 이들은 보통 리더로서 상당히 관대하고 효율적인 모습을 보인다. 다른 직원에게 책임감을 느끼며 대체로 협조적이고 다가가기 쉽다. 다시 말해 연결된 사람들이며 공감과 양심이 있다.

'특권형' 비자발적 리더는 주로 부와 교육, 인맥과 영향력 등의 이점을 통해 자신의 지위에 오른다. 근대 이전의 군주가 특권형 비자발적 리더의 대표적인 예다. 현대 사회에서 특권형 비자발적 리더는 엘리트 사립학교와 대학을 졸업하고, 다른 권력자나 영향력 있는 인물과 줄이 닿은 집안 출신인 경우가 많다. 특권은 사람들에게 교육과 부에 더 많이 접근할 기회를 제공한다. 따라서 특권을 누린 사람이 고위직으로 이어지는 자격을 갖출 가능성이 더 높다. 또한 특권층 배경의 사람, 예를 들어 영국에서 사립학교를 거쳐 옥스퍼드나 케임브리지 대학교를 졸업한 사람은 종종 타고난 우월감과 자신감에 힘입어 높은 지위에 오를 수 있다는 기대를 품곤 한다. 두 가지 유형의 비자발적 리더 모두 권력 때문에 타락하기 쉽다. 그중에서도 특권형 비자발적 리더가 그럴 가능성이 더 높다.

사회 전반에는 분명 '이타적인 리더'도 상당히 많다. 이들은 눈앞의 상황을 개선하고 고통을 완화하려는 욕구와 동기를 품기도 한다. 이런 리더는 교육과 법률, 환경 혹은 인종 관계 등 특정 분야에 대해 열정적으로 애착을 느끼며 이상주의 또는 이타적 사명감으로 높은 지위에 오르는 경우가 많다. 이들이 권력을 잡으면 변화의 매개체가 되거나 적어도 그러려고 노력하고 변화를 꺼리는 보수적 세력과 자주 부딪힌다. 이타적인 리더는 '연결형 리더'라고도 불린다(이 내용은 12장에서 더 자세히 살펴본다).

이타적인 리더와 초단절형된 리더는 접근 방식이 완전히 정반대이기 때문에 조직 내에 공존할 경우 번번이 갈등을 일으킨다. 이타적 혹은 연결형 리더는 직원을 존중하고 공정하게 대하며 신뢰감과 소속감을 바탕으로 긍정적 분위기를 조성하려 한다. 이들은 권력을 향한 심리적 욕구가 없기 때문에 직원에게 자율성을 부여하고 아이디어를 제공하도록 장려한다. 지배적 위치를 누리고 모든 기회를 이용해 자신의 권력을 내세우는 초단절형 리더의 권위주의와는 대조적이다. 초단절형 리더는 직원이 열등감과 불안감에 빠지게 하는 것을 즐긴다. 비자발적 리더나 이타적인 리더라면 초단절형 리더가 벌일 수 있는 최악의 과잉 행동으로부터 직원을 보호하는 것이 바람직하다. 하지만 단절형 리더는 자신이 위협적이라고 인지하는 이타적인 리더와 비자발적 리더를 깎아내리고 제거하려고 하는 경우도 흔하다.

초단절형 리더와 이타적인 리더 사이에서 관계의 본질은 사회 전체가 얼마나 단절돼 있는지에 따라 달라진다. 사회가 더욱 단절될수록, 사회 구조가 더욱 위계적이고 경쟁적일수록 연결형 이타적인 리더의 수가 더 적을 것이다. 그리고 연결형의 이타적인 리더가 등장하더라도 단절된 리더의 마키아벨리즘에 파묻혀 금세 사라질 가능성이 높다.

다음 장에서는 초단절형 리더가 훨씬 더 많이 나타나며, 가장 큰 해악을 끼치는 분야를 살펴보겠다. 단절 장애가 있는 사람들에게 잘 어울리는 세 번째 직업 분야는 바로 **정치**다.

4장

문제적 소수가 권력을 잡았을 때

DISCONNECTED

CONNECT

LEADERSHIP

EGO

PATHOCRACY

DEMOCRACY

DISCONNECTED

———

인격 장애가 있는 개인이 리더 역할로 부상할 때 사회가 병리주의로 전환되기 시작한다. 구성원들은 그 리더와 추종자 무리의 잔인함과 무책임함에 경악을 금치 못한다. 하지만 간혹 심리적으로 정상인 사람도 리더의 충동성을 결단력으로, 나르시시즘을 자신감으로, 무모함을 대담함으로 착각한다.

Disconnected

공산주의 국가에서 심리학자는 위험한 직업으로 전락하기 쉽다. 다른 직업도 마찬가지겠지만 공산주의 국가에서는 심리학자가 자신의 전문성을 국가의 선전을 위해 활용하지 않는다면 당국과 충돌할 위험이 있기 때문이다. 예를 들어 폴란드의 심리학자 안제이 로바체브스키Andrzej Lobaczewski는 정치권력이 어떻게 오용될 수 있는가를 주제로 연구한 탓에 유독 심한 박해를 받았다.

로바체브스키는 나치와 스탈린 치하의 소비에트 연방에서 고통받으며 어린 시절을 보냈다. 그는 히틀러와 스탈린처럼 무자비하고 불안정한 개인은 정치권력에 강하게 끌리고, 종종 국가 정부를 형성한다는 사실을 깨달았다. 그가 권력과 정신 이상 같은 인격 장애 사이의 관계를 연구하며 만들어 낸 용어가 바로 **병리주의**다. 로바체브스키의 표현에 따르면 병리주의는 병리적 소수파가 정상적인 사람들로 이뤄진 사회를 통제하는 정부 체제를 말한다.[1] 직접 병리주의 체제하에 살았던 경험을 토대로 그는 큰 위험에도 불구하고 이 주제를 연구했다. 결국 폴란드 당국에 체포돼 고문을 당했고, 1980년대 미국으로 탈출해서야 평생의 업적인 『정치적 악의 연구Political Ponerology』를 출간했다.

로바체브스키에 따르면 인격 장애가 있는 개인이 리더 역할로 부상할 때 사회가 병리주의로 전환되기 시작한다. 지배 계급의 어떤 구성원은 리더와 그 추종자 무리의 잔인함과 무책임함에 경악을 금치 못한다. 하지만 간혹 심리적으로 정상인 사람도 리더의 문제적 성격에 매력을 느낀다. 이들은 리더에게서 카리스마를 느낀다. 리더의 충동성을 결단력으로, 나르시시즘을 자신감으로, 무모함을 대담함으로 착각한다.

곧 사이코패스적 특성이 있는 다른 사람이 등장해 권력과 영향력을 얻을 기회를 알아차리고 병리주의에 동참한다. 동시에 책임감 있고 도덕적인 사람은 사임하거나 가차 없이 쫓겨나며 차차 정부에서 물러나게 된다. 그러면 정부 정체는 불가피한 과정을 거쳐 공감과 양심이 병적으로 부족한 사람들로 가득 차 버린다. 결국 소수의 초단절형 인간이 심리적으로 정상적인 다수의 사람을 지배하는 권력을 장악하고 만다.

정부의 병리적 현상은 이내 **전염병**처럼 일반 대중에게 퍼진다. 병리주의는 호소력 있고 단순한 사상을 제시하며 위대한 미래에 대한 개념을 내세우는 동시에, 자신들이 제시한 위대한 미래를 가로막는 적을 물리치거나 제거해야 한다고 주장한다. 정부는 선전을 활용해 적을 향한 증오심을 부추기고 리더에 대한 인격 숭배를 강요한다. 일반 대중은 대중 운동에 동참한다는 쾌감을 느끼며 이 쾌감이 곧 충성심과 자기희생을 불러일으킨다. 이때 영광스러운 미래로 향하는 운동의 과정에 뒤따르는 현재의 희생은 대수롭지 않게 치부된다. 또한 대중 운동은 고문과 대량 살인을 포함한 개인의 잔혹한 행위를 부추긴다.

병리주의자는 한번 리더가 되고 나면 오직 자신의 권력을 강화하고 넓히고 보호하는 데 전념하며 타인의 복지는 거의 고려하지 않는다. 그러나 로바체브스키는 파시즘이 결코 영구적이지 않다는 점도 지적했다. 파시즘은 결국 **실패할 운명**이다. 심리적으로 정상적이고 공감과 양심이 있는 대다수 국민이 그들의 잔인함과 비도덕성에 공감할 수 없기 때문이다. 로바체브스키가 몸소 경험한 두 가지 병리주의, 나치 독일과 폴란드의 공산주의 정권은 분명 그 사례에 해당한다.

병리주의란 무엇인가

병리주의는 잘 알려지지 않은 개념 중 하나다. 하지만 일단 알고 나면 한눈에 세상을 이해하는 데 도움이 될 것이다. 예전에 병리주의에 관한 글을 쓴 적이 있는데, 당시 나는 이 주제가 독자로부터 "정말 공감해요!"라는 반응을 이끌어 내는 주제 중 하나라는 것을 알게 됐다. 병리주의는 인류 역사 곳곳에 빠짐없이 등장했으며 오늘날에도 여전히 세계를 힘들게 하는 혼란과 고통의 상당 부분을 설명하는 데 확실히 도움이 된다.

정부에는 서로 다른 많은 형태가 있다. 예를 들어 민주주의는 말 그대로 국민에 의한 통치를 의미한다. 군주나 독재자처럼 절대 권력을 갖춘 한 사람의 통치를 의미하는 독재주의도 있다. 또 다른 형태는 과두정치로 극도로 부유하고 영향력 있는 소수가 통치하는 정부를 말한다. 병리주의는 매우 흔하기 때문에 정부 형태의 목록에 반드시 추가해야 한다. 일부 시스템과도 분명히 겹치는 부분이 있다. 예를 들어 과두정치와 독재주의도 병리주의로 분류할 수 있다.

병리주의는 독재와 파시즘의 세계로 우리를 이끈다. 독재자는 초단절형 인간으로 자신의 교활함과 잔인함을 이용해 국가의 리더가 되려 한다. 독재 정권은 좀 더 넓은 정부 형태로 초단절형 리더를 중심으로 여러 초단절형 인간이 무리를 이룬다. 파시즘은 일관된 정치 철학이라기보다는 권력을 차지한 초단절형 인간의 행동과 정책을 설명하는 용어일 뿐이다. 파시즘에는 권위주의와 민족주의, 언론의 자유 탄압, 소수 집단을 상대로 한 억압 등의 특성이 있다. 이 모든 특성은 초단절형 인간의 단절적 성격 특성과 반드시 결부된다.

동시에 병리주의가 독재자 및 파시스트 정권에서만 나타나지는 않는다는 사실을 기억해야 한다. 단절의 정도와 마찬가지로 병리주의에도 정도의 차이가 존재한다. 특히 어느 정도 민주주의가 정착된 국가에서는 병리주의의 정도가 덜 극단적일 수 있다. 한 국가의 민주적 제도와 시스템으로 온전한 독재 정권의 출현을 막을 수도 있겠지만, 여전히 좀 더 온건한 형태의 병리주의가 형성될 여지가 있다. 이러한 정부는 표면적으로는 선거와 의회 토론, 법안 표결 등 민주주의의 원칙을 따른다. 하지만 정부가 대중매체의 지지를 받을 경우 정부에게 유리한 시기에 민주주의를 은밀하게 전복하고 우회할 수 있다. 다음 장에서 설명하겠지만, 21세기에는 은밀한 형태의 병리주의가 흔해졌다. 이는 으레 나르시시스트적 특성이 우세한 리더와 관련이 있다. 반면 20세기의 병리주리는 주로 사이코패스적 특성이 만연한 리더와 관련이 있다.

세상을 채운 갈등은 대체로 평범한 사람으로 이뤄진 집단보다는 악의적으로 행동하고 권력과 명성을 추구하는 서로 다른 병리주의적 정권 사이에서 발생한다. 언론인이 러시아와 이란 혹은 중국과 같은 국가의 사악한 행동에 대해 이야기할 때, 이들은 그저 해당 국가의 정부를 구성하는 소수의 초단절형 인간의 행동과 태도를 언급할 뿐이다. 전쟁은 대다수의 평범한 사람이 전쟁을 원해서가 아니라 정부를 구성하는 소수의 초단절형 인간이 악의와 권력욕으로 전쟁을 도발하기 때문에 발발한다. 물론 정부가 시민에게 집중적으로 선전할 경우 적어도 한동안은 대중의 지지를 받기도 한다.

히틀러와 스탈린은 어떻게 만들어졌나

로바체브스키가 직접 겪은 나치 독일과 소비에트 러시아의 두 가지 독재 체제를 간략히 살펴봄으로써 병리주의의 개념을 설명해 보겠다.

나치 독일은 민주주의가 얼마나 빠르고 쉽게 파시즘으로 변질되는가를 보여 주기에 적절한 사례다. 1920년대와 1930년대 초, 독일은 의회와 선거에 기반해 작동하는 민주주의 국가였다. 오랜 세월 사람들은 나치당을 극단적 비주류파로 여겼을 뿐 이를 심각하게 생각하지 않았다. 1928년 선거에서 나치당은 전국 득표율의 단 2.6퍼센트를 얻는 데 그쳤다. 그런데 1929년 월스트리트 대폭락 이후 독일 경제가 불황에 빠지고 말았다. 경제가 불안정해지자 대중의 불만이 커졌다. 나치는 이때를 포착해 날카로운 정치적 본능과 선전 기술을 악용했다. 1932년 선거에서 나치는 득표율을 37퍼센트까지 끌어올렸다. 히틀러는 가장 많은 표를 얻은 당의 리더로서 총리가 됐다. 이 시점부터 독일은 병리주의로 추락하기 시작했다. 독일의 민주주의는 너무 허약해 히틀러처럼 심각한 정신 장애를 겪는 사람의 무자비함과 잔인함을 이겨 낼 수 없었다.

그의 생전에도 심리학자들은 히틀러에게 정신 장애가 있다고 확신했지만, 당시에는 그의 의견이 정신 분석적 언어로 표현됐다. 1943년 미국 정신분석학자 월터 랭어Walter Langer는 히틀러에 대한 심리 분석을 준비해 달라는 요청을 받았다. 그러자 그는 히틀러를 신경증 환자이며 사이코패스인 동시에 마조히즘 및 정신분열증 경향이 있는 사람으로 묘사했다. 최근에는 여러 심리학자가 사이코패시와 나르시시즘, 편집증 등의 중대한 특성을 제시한 바 있다. 물론 히틀러의 주요한 특징 중 하나는 과대망상이었다. 그는 자신이 신의 뜻을 이루고 새로운 문명을 창조할 메시아적 역할을 부여받은 역사상 가장 위대한 독일인이라고 믿었다. 지나가는 말로 스스로 '독일

최고의 건축가는 아니더라도 최고의 건축가 중 한 명'은 될 수 있었다고도 했다. 정확한 원인이 무엇이든 히틀러의 초단절성은 아마도 트라우마와 학대에 시달린 어린 시절과 관련이 있을 것이다. 그의 아버지는 폭력적인 알코올 중독자였고, 그의 어머니는 과거 세 명의 자녀를 잃고 깊은 트라우마를 겪었다.

그러나 우리는 이미 병리주의가 리더 개개인의 문제만은 아니라는 사실을 확인했다. 권력을 차지한 초단절형 인간이 다른 초단절형 **인간을 끌어당기는 것**이 병리주의의 기본 법칙 중 하나다. 히틀러가 끌어들인 측근 몇몇은 틀림없이 그 자신보다 훨씬 더 단절된 사람들이었다. 요제프 괴벨스Joseph Goebbels, 라인하르트 하이드리히Reinhard Heydrich, 하인리히 힘러, 한스 프랑크Hans Frank 같은 인물은 분명 현대 심리학자들이 심각한 사이코패스라고 진단할 만하다. 다른 맥락에서 보면 이들은 연쇄 살인범이었을 수도 있다. 물론 그들은 훨씬 더 파괴적인 의미의 대량 살인범으로 수백만 명의 무고한 사람을 죽음으로 내몰았다. 힘러는 가장 열성적 나치, 이를테면 가장 사이코패스적이고 단절된 사람의 엘리트 집단인 나치 친위대의 수장이었다. 나치 친위대는 체육관에서 운동에 관심이 있는 사람을 끌어들이는 것 같은 방식으로 사이코패스적 특성이 있는 사람들을 끌어모았다. 친위대의 활동 무대는 조직적이고 사회적으로 승인된 환경에서 잔인함과 폭력적 충동을 발현할 수 있는 장소였다. 독일 전역에 걸쳐 증오와 잔인함을 표출할 기회를 활용하려는 초단절형 인간이 모여들었다.

히틀러를 비롯해 그처럼 단절된 측근은 매우 신속하게 민주주의를 해체하고 시민의 자유를 억압했다. 또한 반대 세력의 원천을 봉쇄하고 정부와 언론을 완전히 통제하기 시작했다. 1933년의 이른바 전권위임법Ermächtigungsgesetz은 히틀러에게 의회의 동의를 구하거나 독일 헌법을 따르지 않고도 행동할 수 있는 권한을 한시적으로 부여했다. 물론 그 권한은 무기한으로 지속됐다. 로바체브스키의 설명대로 이후 다른 초단절형 인간이 등장해 병리주의 정부에 동조했다. 반면 도덕적이고 책임감 있는 사람은 살해되거나 밀려났으며 대부분은 너무 겁에 질려 우려를 표명하지도 못했다.

로바체프스키도 설명했듯이 정부의 병리 현상은 언론과 나치의 교묘한 선전의 도움을 받아 곧 일반 대중에게 퍼져 나갔다. 국가 지도자를 숭배하는 사이비 종교적 현상과 함께 제1차 세계대전 이후 독일이 잃어버린 영토를 빠르게 정복하면서 위대한 미래를 향해 나아간다는 국가적 단결감이 고조됐다. 그 결과, 원래는 심리적으로 정상이던 평범한 수백만 명의 독일인이 인류가 저지른 가장 극악무도한 범죄에 많게든 적게든 연루되고 말았다.

• • •

스탈린과 소비에트 연방의 병리주의는 1917년 러시아혁명 이후 차르주의 러시아의 낡은 사회 질서가 무너지면서 시작됐다. 러시아에는 민주적 시스템이나 제도라고 할 만한 것이 없어서 권력을 향한 강렬한 욕망을 품은 초단절형 인간의 잔인함에서 아무 보호도 받을 수 없었다. 히틀러와 달리 스탈린은 민주주의 해체 작업에 착수할 필요가 없었다. 무자비한 교활함과 잔인함으로 경쟁자를 박해하고 제거함으로써 누구도 그를 몰아낼 수 없을 정도로 굳건한 권력을 차지하기만 하면 됐다.

스탈린은 히틀러와 비슷한 수준의 거만함과 사이코패스적 잔인함을 갖추고 있었다. 그러한 성향은 히틀러와 마찬가지로 폭력적인 알코올 중독자였던 아버지, 그리고 19세기 후반 조지아에서 보낸 어린 시절 동안 그를 둘러싼 폭력과 사회적 불안정성과 관련이 있을 것이다. 하지만 스탈린은 히틀러와 중요한 면에서 상당히 달랐다. 그는 편집증적 성향이 더 심해 수많은 동료를 살해하기에 이른다. 또 히틀러에게는 없던 면도 있었는데 루스벨트와 처칠을 비롯한 외무 장관은 그가 매력적일 뿐만 아니라 농담을 던지고 친절을 베풀며 친근하고 유쾌한 사람으로 여겼다. 이와는 대조적으로 히틀러는 공식적인 자리에서 무뚝뚝하거나 사납게 호통을 치거나 화를 낼 때가 더 많았다.

스탈린 이전의 공산주의 볼셰비키당은 레닌이 이끌었다. 그 역시 매우 단절된 성격이었다. 혁명 후 레닌은 즉시 공포 분위기를 조성하기 시작했고 공산주의 대의 앞에 충성심이 부족하다고 여겨지는 사람을 가두는 범죄자 수용소를 만들었다. 실제로 공포감을 주기 위해 사람들을 종종 무차별적으로 범죄자 수용소로 보내기도 했다. 또한 비밀경찰 조직을 만들어 기소나 재판 없이 누구든 총살할 수 있는 권한을 부여했다. 1924년, 레닌이 자연사로 사망하자 볼셰비키당의 고위급 간부 사이에서는 권력 투쟁이 시작됐다. 전부 초단절형 인간이었지만, 그중에서 스탈린만큼 무자비하고 교활한 사람은 없었다. 스탈린은 빠르게 다른 사람을 제압한 후 그들의 암살을 꾀하기 시작했다.

스탈린 정권의 잔학 행위는 그야말로 무시무시했다. 히틀러와는 달리 스탈린의 잔학 행위는 주로 자국민을 대상으로 자행됐다. 1930년부터 1933년까지 짧은 기간 동안 스탈린은 잔인한 집단화 정책을 펼쳤고 개인이 소유한 농장을 강제로 국가 소유의 코뮌으로 전환시켰다. 그사이 수백만 명의 러시아인이 굶주림과 질병으로 사망하고 수많은 고아가 발생했다. 그중 수십만 명의 어린아이가 굴라크gulags(레닌이 만들고 스탈린이 대규모로 확장한 수용소)에 수용됐다. 1937년과 1938년의 대숙청 기간 동안 약 70만 명의 러시아인이 불충성 혐의로 처형됐다. 증거가 없는 경우도 많았다. 스탈린이 펼친 정책으로 빚은 굶주림 혹은 정치적 숙청과 수용소 운영 등과 같은 직·간접적 원인으로 살해당한 러시아인은 보수적으로 계산해도 2천만 명으로 추정된다.[2]

히틀러와 마찬가지로 스탈린도 심각한 사이코패스적 특성이 있는 다른 초단절형 인간의 도움과 사주를 받았다. 그중 한 명인 비밀경찰 책임자 라브렌티 베리야Lavrenti Beria는 수많은 무고한 사람을 죽음에 이르게 한 굴라크를 통제하고 숙청 작업을 담당했다. 베리야는 자신의 경호원과 함께 모스크바 거리를 돌아다니며 여성을 납치해 강간을 일삼던 성범죄자였다. 그의 대리인인 블라디미르 데카노조 프Vladimir Dekanozov도 베리야의 전철을 밟으며 경호원이 지켜보는 가운 데 자신의 리무진 안에서 종종 여자를 강간하곤 했다.

역사적으로 군주들은 어떠했는가

인류의 역사를 간단하게 살펴보면 병리주의가 항상 정부의 흔한 지 배 체제였다는 사실을 알 수 있다. 이집트와 수메르의 초기 문명부 터 고대 로마, 유럽 문명의 중세부터 현대에 이르기까지 안타깝게도 사회는 종종 초단절형 인간이 통치해 왔다. 그럼에도 전근대 세계에 서는 병리주의가 최근보다 덜 만연했다고 주장할 근거가 있다. 특히 병리주의가 절정에 달했던 20세기 후반에 비하면 더욱 그렇다.

고대 로마의 시민이라면 누구나 스탈린이나 히틀러처럼 사이코 패스적 특성이 있는 황제의 통치를 받을 가능성이 높았다. 두 번째 황제인 티베리우스Tiberius(서기 14~37년 통치)는 스탈린 못지않게 편 집증이 심했고 자신에게 불충하다고 생각하는 사람은 가차 없이 처 형했다. 또한 그는 성노예를 둔 연쇄 강간범이기도 했다. 티베리우스 의 뒤를 이은 칼리굴라Caligula(서기 37~41년 통치)도 자신을 신이라고 선포하고 적을 무참하게 살해한 것으로 유명하다. 네로 황제 이후 27년 만에 집권한 도미티아누스Domitian 황제 역시 자신을 신으로 모 시라고 요구했다. 로마의 역사가 디오 카시우스Cassius Dio는 도미티아 누스의 사이코패스적 특성을 명확하게 설명한다. "그는 대담하고 금세 화를 낼 뿐 아니라 배신에 능통하고 비밀스러웠다. 벼락처럼 난데없이 폭력을 행사하며 사람들을 공격한 다음 신중하게 고민한 끝에 다시 상처를 입힐 때가 잦았다."[3]

그런가 하면 적절한 공감 능력과 양심이 있고 합리적이며 현명한 황제도 있었다. 역사가는 서기 96년부터 180년까지 84년간 고대 로마를 통치한 다섯 명의 훌륭한 황제를 가리켜 '5현제'라고 일컫는다. 우연찮게도 이 시기는 로마 제국의 권력과 번영이 정점에 달했던 시기였다. 훌륭한 황제 중 한 명인 마르쿠스 아우렐리우스는 그리스 철학자 플라톤이 구상한 철학자이자 왕이라는 이상을 보여 준 드문 사례다. 지금도 영성 분야에서 고전으로 읽히는 그의 유명한 『명상록』에서 묘사한 대로 아우렐리우스는 불교와 유사하게 수용과 분리를 강조하며 금욕주의 철학을 따랐다. 아우렐리우스는 황제 역할에서도 금욕주의 원칙을 구현하려고 노력했다. 또한 단순하게 살면서 불평 없이 자신의 의무를 받아들이고 다른 사람을 존중했다. 고대 역사가 헤로디아노스Herodian는 그에 대해 이렇게 썼다. "황제 중 유일하게 말이나 철학적 교리에 대한 단순한 지식이 아니라 나무랄 데 없는 성품과 절제된 삶의 방식을 통해 배움의 증거를 보여 줬다."[4]

아우렐리우스의 롤모델 중 한 명은 로마 시대 초기의 훌륭한 황제 중 한 사람인 안토니누스 피우스Antoninus Pius(서기 138~161년 재위)였다. 아우렐리우스는 자신의 저서에서 피우스를 겸손하고 관용적인 사람이며 평범한 사람들의 삶을 개선하는 데 앞장섰다고 묘사한다. 그는 많은 송수로와 도로, 다리를 건설했다. 로마 제국에 자연재해가 발생하면 백성들을 고려해 피해 지역의 세금을 유예하기도 했다.

근대 이전 유럽의 군주 중에서는 좋은 군주와 나쁜 군주의 비율이 다소 낮긴 하지만 이와 비슷한 혼합 패턴이 나타났다. 유럽 군주제는 대부분 병리주의에 물들었다고 할 수 있다. 예를 들어 영국의 헨리 8세는 비록 잔인함이 덜 드러나긴 했지만 아마도 스탈린이나 히틀러만큼이나 상당히 단절된 군주였을 것이다. 헨리 8세는 가학적이고 편집증이 심했다. 역사가들은 그가 통치한 36년 동안 약 6만 명을 처형한 것으로 추정하고 있다. 또한 두 명의 부인을 처형하고 수백 개의 수도원을 약탈하고 파괴한 것으로도 유명하다. 극심한 단절에서 비롯된 일종의 자기중심주의로 헨리 8세는 단순히 아내 중 한 명과 이혼하기 위해 가톨릭교회와 결별하고 영국 국교회를 설립했다.

하지만 로마 황제와 마찬가지로 어떤 군주는 상당히 합리적이고 점잖으며 적절한 공감과 양심이 있는 것으로 보인다. 영국 군주 중 15세기에 총 40년 동안 통치한 헨리 6세는 정말 좋은 사람이었던 것 같다. 전쟁에는 관심이 거의 없었다. 무엇보다 경건한 종교인이었으며 예의 바르고 친절한 것으로 명성이 높았다. 당시의 첨예한 환경을 고려하면 그의 공감 능력과 감수성은 전사였던 아버지 헨리 5세와 비교해 약점으로 해석됐다. 그의 품위는 다른 지배층 사이에서는 인기가 없던 탓에 결국 그는 왕위에서 쫓겨나 처형당하고 말았다.

조지 3세(1760~1820년까지 60년간 재위)도 미국 독립전쟁을 촉발하는 역할을 했음에도 불구하고 품위와 공감 능력으로 평판이 자자했다. 상원의원 존 애덤스John Adams는 그의 친근함과 친절함, 자녀들에게 애정을 쏟는 모습에 깊은 인상을 받았다. 왕실의 일원이었던 소설가 패니 버니Fanny Burney도 그의 친절함과 공정성에 대해 언급했다. 그는 교양 있는 사람이었으며 문학과 과학에 관심이 깊었다. 또한 왕의 역할을 매우 진지하게 받아들였으며 정부 정책을 철저하게 검토해 몇몇 장관을 괴롭혔다. 다만 말년에 정신 질환을 앓은 탓에 그의 명성이 다소 흐려졌다. 최근까지 영국 군주였던 엘리자베스 2세 역시 청렴하고 도덕적인 인물로 보인다. 분명 왕실은 구시대적인 제도이고 나 또한 왕실 지지자는 아니지만 여왕의 사명감과 책임감, 품위 있게 처신하는 방식에는 큰 감명을 받았다.

유럽 전역에서 공정하고 품위 있는 왕으로 명성이 높았던 다른 왕도 있다. 대표적으로 18세기의 소위 계몽 군주라고 불리는 왕들이 포함된다. 가장 좋은 예는 아마 오스트리아의 요제프 2세일 것이다. 요제프 2세는 지적이고 세련된 사람으로 음악가와 화가, 철학자의 후원자로 활동했다. 또한 농민의 세금을 감면해 줬고 종교적 갈등이 여전히 만연했던 시기에 종교적 관용을 장려했다.

또 다른 예는 러시아의 마지막 황제인 니콜라스 2세다. 역사가는 대체로 니콜라스 2세를 온화하고 선량한 사람으로 묘사한다. 그는 아내와 가족과 조용히 시간을 보내기를 좋아했다. 그에게 닥친 일을 생각하면 아이러니하고도 슬프게도 헨리 6세처럼 그는 공정하고 정의로웠지만 황제의 역할에 적합하지 않았다. 주변의 혼란스럽고 격렬한 정치적 분위기에 대처할 능력도 갖추지 못했다. 정적에게는 가차 없이 대하고자 노력했지만 결국 실패에 그쳤고 1918년 레닌의 명령에 따라 가족 모두와 함께 처형당했다.

계급사회에서 초단절형 인간이 적은 이유

20세기 이전에는 병리주의가 흔치 않았던 데는 그럴 만한 이유가 있다. 실제로 당시에 품위 있고 책임감 있는 몇몇 리더가 존재했다. 근대 이전의 사회는 위계질서가 강했고 권력은 대개 후천적으로 획득하기보다 부모로부터 세습됐다. 그러다 보니 소수의 사람만이 권력에 접근할 수 있었다. 로마 황제와 마찬가지로 리더의 역할이 세습되지 않을 때조차 통치자는 소수의 엘리트 집단에서 선출됐으며 그 구성원 자체도 세습이 이뤄졌다. 지배 계급 전체가 동질적이고 독립적인 집단이었으며 그 안에서 태어나지 않으면 집단에 소속될 수 없었다.

이러한 사회에서는 사회적 이동성이 거의 없거나 전혀 없었다. 다른 계급 간의 경계선이 뚜렷했고 그 선을 넘기가 매우 어려웠다. 농민으로 태어나면 평생을 농민으로 살아야 했고 자녀 역시 농민이 됐다. 농민이 농사를 짓는 땅을 소유한 상류층이나 귀족은 선천적으로 그 지위를 얻었고 동물이 다른 종의 일원이 될 기회가 없는 것처럼 농민은 그 대열에 합류할 기회가 없었다.

세습 권력을 뒤엎을 유일한 방법은 군사력뿐이었다. 예를 들어 현재의 왕이 마음에 들지 않고 스스로 왕이 돼야 할 정당한 이유가 있다고 여기는 등 권력을 쟁취하겠다는 절박한 욕구가 있다면 군대를 조직해 반란을 일으킬 수 있고 반란이 내전으로 이어질 수 있다. 하지만 이런 경우에조차 권력이 바뀌면 귀족이나 상류층의 다른 구성원에게 권력이 넘어갈 뿐이었다. 농민이 권력의 자리에 가장 가까이 다가가는 방법은 원하든 원치 않든 지주의 부름을 받아 왕이나 왕위를 찬탈하려는 자를 위해 싸우는 것뿐이었다.

나는 불의와 억압, 불평등이 심했던 근대 이전의 사회를 낭만적으로 묘사하거나 옹호하고 싶지 않다. 사회적 위계질서는 그 자체로 단절적 특성이다. 10장에서 단절형 사회를 더 자세히 검토하며 살펴보겠지만 단절형 사회일수록 다양한 계층이나 계급 간의 격차가 더 커지고 사회적 이동성과 기회의 평등이 더 낮아진다. 그러나 역설적으로 근대 이전 사회의 극단적 위계질서에서 긍정적인 효과 중 하나는 초단절형 인간이 권력을 차지할 기회가 적었다는 점이다. 특권층에서 태어나지 않았다는 가정하에 초단절형 인간도 다른 사람처럼 사회적 지위로 제약을 받았다. 이들은 가족과 지역 사회를 위협하는 폭력적 범죄자가 될 수는 있었지만 실질적 권력이나 권위를 얻지는 못했다. 사이코패스적 특성이 아무리 강하더라도 전쟁을 일으키거나 소수 집단을 박해하거나 이들에 맞서 음모를 꾸민 것으로 의심되는 사람을 처형할 수는 없었다.

초라한 출신 배경을 고려할 때 히틀러나 스탈린이 만약 100년 전에 태어났다면 국가의 리더가 되기는 거의 불가능했을 것이다. 실제로 20세기 최악의 독재자는 거의 전부 매우 초라하거나 심지어 극도로 궁핍한 배경 출신이었다. 마오쩌둥, 무솔리니, 스페인의 프랑코 장군, 최근에는 캄보디아의 폴 포트Pol Pot나 파나마의 마누엘 노리에가Manuel Noriega 같은 사례 역시 마찬가지였다. 한 세기 전이었다면 이들의 파괴적 영향력은 극적으로 제한됐을 것이다.

사회 구조나 튼튼한 민주적 제도가 없는 사회에서는 초단절형 인간이 자신의 탐욕과 무자비함, 잔인함과 거만함에 취해 권력자의 자리에 오를 수밖에 없다. 미국이나 영국과 같은 현대 민주주의 국가에서도 초단절형 인간이 정치 지도자가 될 가능성이 높다. 하지만 근대 이전 시대에는 인격 장애의 가능성이 조금이라도 있는 사람은 누구라도 고위직에 오를 가능성이 아주 적었다.

바꿔 말하면 전근대 사회는 본질적으로 억압이 내재돼 있음에도 불구하고 초단절형 인간을 억제했다. 인구 약 100명 중 한 명에게 사이코패스적 특성이 있다고 한다면 중세 영국과 같은 인구 500만 명의 국가에는 약 5만 명의 사이코패스가 존재할 것이다. 하지만 그 5만 명 중 대부분은 농민이기 때문에 사회에 큰 피해를 입힐 수 없었다.

물론 현대 사회에도 어느 정도의 위계질서가 존재한다. 그러나 현대 사회는 확실히 이동성이 훨씬 더 커졌다. 따라서 초단절형 인간이 강력한 지위를 얻을 수 있는 기회도 **더 많아졌다.**

환경이 사람을 바꾼다

그렇다면 이런 의문이 생길 수도 있을 것이다. 근대 이전 시대에 초단절형 인간이 권력을 잡을 가능성이 적었다면 왜 그렇게 잔인하고 나르시시트적인 왕과 황제, 귀족이 많았을까? 자애롭고 책임감 있는 통치차가 왜 더 많이 나오지 않았을까? 왜 그렇게 많은 귀족과 상류층이 농노와 농민을 그토록 끔찍하게 지배했을까?

중세 시대에는 지주가 농민과 농노를 착취하고 학대했다는 기록이 많이 남아 있다. 여성 농노는 지주에게 종종 강간당했다. 지주는 역사가가 완곡하게 '초야권'(결혼식 날 밤에 농노의 신부와 성관계를 가질 수 있는 주인의 권리)이라고 부르는 권리를 쓰기도 했다. 농노는 또한 주인의 식량이나 재산 중 어느 하나라도 훔치면 처형을 당하는 등 사소한 범죄만으로도 잔인한 처벌을 받았다. 더욱 일반적 의미로 지주는 대부분 십일조나 벌금과 더불어 높은 임대료와 세금으로 농민들을 착취하곤 했다. 지배 계급의 100명 중 한 명만이 사이코패스였다면 왜 그렇게 많은 사람이 사이코패스적 행동을 보였을까?

이는 사실 단절이 사회적 요인과 관련이 있음을 알려 주는 유용한 사례다. 나르시시즘은 **특권**과 **방종**이라는 환경 덕분에 강화된다. 특권도 권력과 마찬가지로 부패한 영향을 미친다. 생물학적 요인 또는 어린 시절의 요인이 나르시시즘에 취약하지 않더라도 특권을 누릴 수 있는 사회적 환경은 단절을 조장해 우월감과 특권의식을 불러일으킬 수 있다.

이러한 **환경적 나르시시즘**은 전근대 지배 엘리트의 무정부주의자적 요소를 설명하는 데 도움이 된다. 군주와 귀족, 상류층은 자신의 지배를 받는 농민이나 농노와 자신이 다를 뿐만 아니라 우월하다고 여기도록 교육을 받았다. 결국 대부분의 지배 계급 구성원은 보통 사람을 향한 공감 능력이 부족하고 그들의 관점에서 세상을 바라보거나 그들에게 도덕과 정의의 원칙을 적용하지 못했을 것이다.

지난 장에서 설명한 리더십의 함정은 근대 이전의 많은 군주와 황제의 잔혹성을 설명하는 데도 도움이 된다. 권력이 타락하는 방식 중 하나는 나르시시즘을 조장하는 관심과 찬사를 통해 이뤄진다. 우리는 더 많은 관심과 찬사를 받을수록 자기 자신이 더 특별하고 우월하다고 인식한다. 황제와 왕이 항상 자신에게 아첨하는 신하나 시종, 비위를 맞추는 동료에게 둘러싸여 있었다는 점을 고려하면 이들 중 상당수가 자신을 신이나 신의 종으로 여기는 나르시시즘에 빠진다 해도 놀랄 것이 없다.

많은 경우 리더십 함정의 영향은 불안감으로 더욱 악화됐을 것이다. 예를 들어 수많은 로마 황제가 편집증에 걸린 것도 어찌 보면 당연하다. 잔인하고 위험한 환경에 있는 데다 주변 사람이 자신에게 반대하는 음모를 꾸미고 있었기 때문이다. 황제가 된다는 것은 사실상 조기 사망을 선고받는 일과 다름없었다. 실제로 79명의 황제 중 37명이 살해당하거나 자살을 강요당했다. 미심쩍은 상황에서 사라진 황제도 몇 명 있었다.

또 대부분의 전근대 사회가 **전체적으로** 매우 단절돼 있었다는 점에 주목해야 한다. 대다수 사람의 삶은 무척이나 고단했고 무자비함과 잔인함이 일상에 퍼져 있었다. 많은 사람이 오늘날이라면 대부분 충격에 빠질 정도로 어린아이와 동물에게 잔인하게 대했고 범죄자는 가학적이고 엄중한 처벌을 받았다. 연민과 이타주의는 드물었다. 한 역사가가 17세기 영국의 삶에 대해 언급했듯이 "연민은 아직 낯설고도 귀중한 감정이었다".[5] 이런 맥락을 고려해 볼 때 몇몇 로마 황제와 유럽 왕의 잔인함도 예외적이라고만은 볼 수 없다.

전반적으로 근대 이전 시기 지배층 엘리트의 단절은 환경적 나르시시즘과 리더십의 함정, 사회 전반적인 단절의 영향에도 불구하고 20세기 병리주의의 리더만큼 심각하지는 않았다고 본다. 사실 이처럼 부정적 상황에서도 놀랍게도 공감과 양심을 갖춘 전근대적 리더가 눈에 띄었다. 그토록 잔인한 사회 환경에서도 번성할 수 있었다는 점을 보면 이러한 자질이 우리의 근본적 **연결** 상태에서 비롯된 선천적 특성임을 명확하게 알 수 있다.

5장

역사 속 단절된 리더들을 들춰 보다

DISCONNECTED

CONNECT

LEADERSHIP

EGO

PATHOCRACY

DEMOCRACY

DISCONNECTED

초단절형 인간과 마찬가지로 병리주의 정권에서도 권력과 부, 명성에 대한 욕망은 끝이 없다. 이러한 욕망은 영토를 확보하고 다른 민족을 정복하려는 야욕으로 분명하게 드러난다. 이들은 종종 국가의 '위대함'이라는 개념에 집착한다.

18세기 말 유럽에서는 사회 변화의 물결이 시작됐다. 오스트리아의 요제프 2세와 같은 군주는 유럽 계몽주의 운동과 관련이 있었음에도 계몽주의는 군주와 귀족이 타고난 특권을 구시대적이고 불합리한 것으로 인식했다. 당시의 철학자와 시인, 음악가들은 민주주의와 평등, 자유에 대한 혁명적 개념을 표현했다. 계몽주의 운동이 시작되면서 행복과 성취의 새로운 가능성과 더불어 새로운 기회의 지평이 열린 것만 같았다. 동시기에 산업혁명이 박차를 가하며 지주 상류층과 귀족의 권력이 약화되고 농민은 농장을 떠나 새로운 공장과 광산에서 일하게 됐다. 그 덕분에 서서히 오래된 지배 엘리트의 권력과 특권이 사라지기 시작했다.

이론적으로 계몽주의 운동은 사회적 연결을 강화했고 평등주의와 사회 정의를 고취했다. 그러나 낡은 사회 구조가 무너지면서 위험한 부작용이 생기는 경우도 많았다. 특히 혁명의 형태로 극적인 변화가 일어났을 때, 사회에 권력 사용을 규제할 민주적 시스템이 부족했을 때 피해가 더욱 막심했다. 그 결과 전 세계적으로 병리주의가 만연하게 됐다. 사회적 연결을 향한 운동이 오히려 더 큰 잔인함과 억압을 불러일으킨 것이다.

파괴적 리더가 극심했던 시대

미래의 역사가는 20세기를 돌아보면서 병리주의의 시대라고 할지도 모른다. 분명 20세기는 살해된 사람들의 수로 보나 초단절형 권력자가 초래한 고통과 파괴의 양으로 보나 인류 역사상 가장 암울한 시대였다. 1994년에 쓴 글에서 역사학자 에릭 홉스봄Eric Hobsbawm은 1914년부터 1991년 사이에 전쟁과 기타 분쟁, 박해와 억압의 행위와 같은 '인간의 결정에 따라 죽거나 죽도록 방치된'[1] 사람이 1억 8,700만 명에 달한다고 추정했다. 보다 최근의 추정에 따르면 한 세기 동안 무려 2억 3,100만 명이라고 한다.[2]

전 세계적으로 수백 년간 유지된 사회 구조가 무너지면서 권력에 대한 끝없는 욕망을 가진 초단절형 인간이 사회로 풀려난 사이코패스 죄수들처럼 쏟아져 나왔다. 이제 이들은 자유롭게 사회 전체, 심지어 전 세계를 위협할 수 있게 됐다. 대부분의 국가에는 이들을 억제할 수 있는 민주적 제도와 절차가 없었다. 초단절형 인간이 서로 권력을 차지하기 위해 싸우면서 곳곳에서 야만적 분쟁이 발생했고 가장 잔인하고 가장 단절된 사람이 승리를 차지했다. 도덕적이고 책임감 있는 사람은 대중의 시야에서 사라졌으며 초단절형 인간이 리더 자리를 차지하면서 종종 투옥되거나 살해당하기도 했다.

당연히 전 세계의 병리주의 정권도 서로 충돌하게 됐다. 초단절형 인간과 마찬가지로 병리주의 정권에서도 권력과 부, 명성에 대한 욕망은 **끝이 없다.** 이러한 욕망은 영토를 확보하고 다른 민족을 정복하려는 야욕으로 분명하게 드러난다. 이들은 종종 국가의 '위대함'이라는 개념에 집착한다. 이 개념은 과거의 영광과 권력을 누리고 대체로 허구적 국가로의 회귀라는 관점에서 구성된다. 군사력은 영토를 점령하고 국가적 위신을 회복하는 수단이 된다. 예를 들어 나치독일에서 영토를 향한 열망은 독일 국민의 생활권lebensraum, 말 그대로 생활을 위한 공간을 늘리기 위한 욕망으로 표현됐다. 미래의 위대함을 이루겠다는 약속과 더불어 과거의 영광으로의 회귀는 19세기 말과 20세기 초, 신성 로마 제국과 독일 제국에 이은 제3의 제국을 건설하려는 운동으로 요약된다.

전 세계 병리주의 정권이 권력과 명성을 얻기 위해 경쟁을 벌인 결과, 인류 역사상 가장 피비린내 나는 전쟁이 두 차례 발발했다. 역사학자들은 1750년부터 1900년까지 150년 동안 전 세계에서 약 3천만 명이 전쟁에서 사망한 것으로 추정하고 있다. 이 수치만으로도 끔찍하지만, 이는 사실 제1차 세계대전과 제2차 세계대전이 일어난 10년 동안 사망한 사람 수를 합친 것의 절반에 불과하다.

• • •

동시에 20세기의 병리주의가 **자국민을 상대로** 전쟁을 선포했다는 사실은 가히 충격적이다. 스탈린과 히틀러, 마오쩌둥과 같은 병리주의 자들은 편집증과 사디즘에 빠져 정권의 잠재적 반대 세력을 하나하 나 제거하고 사회에서 불순한 요소를 '정화'하기로 결심했다. 이들이 인류를 향한 증오의 무의식적 상징으로 종종 건강과 순결, 질병에 대한 은유를 사용하고 자국에서 해충과 바이러스 또는 독을 제거한다고 말한 점도 의미심장하다. 지난 장에서 살펴봤듯이 스탈린에게는 약 2천만 명의 러시아인을 죽인 책임이 있다. 더욱 충격적인 것은 1994년에 중국 사회과학원에서 발표한 보고서에 따르면 1950년부터 1976년까지 마오쩌둥이 채택한 정책의 직접적 결과로 8천만 명이 사망한 것으로 추정된다는 점이다.[3]

유럽에서는 히틀러와 나치, 스탈린과 소비에트 연방의 병리주의 와 무솔리니의 이탈리아, 프랑코의 스페인의 병리주의가 공존했다. 히틀러와 스탈린과 다름없이 무솔리니와 프랑코도 초라한 배경 출 신이었으며 폭력적인 알코올 중독자 아버지의 자녀였다. 무솔리니 와 프랑코는 어렸을 때부터 사이코패스적으로 잔인하고 타인의 감 정에 철저히 무관심하다는 징후를 보였다. 어린 시절 무솔리니는 동 급생을 찌른 혐의로 학교에서 퇴학당한 폭력적인 깡패였다. 여자 친 구를 찌르는가 하면 갱단을 이끌어 지역 농장을 침략하기도 했다.

두 독재자 모두 히틀러와 스탈린처럼 거대한 자존감과 권력을 쟁 취하고자 하는 광적인 욕망이 있었다. 이러한 특성이 카리스마와 웅 변술, 교활한 지능과 결합한 결과, 이들이 막강한 인물이 되는 것은 불가피하다시피 했다. 이들은 **굳건한 사회 구조나 민주적 시스템이 없을**

때 가장 사이코패스적이고 단절된 사람이 가장 강력한 사람이 된다는 규칙을 잘 보여 주고 있다.

●●●

히틀러와 무솔리니가 사망하고 몇 년 후 중국에서도 같은 과정이 일어났다. 1917년 러시아에서와 마찬가지로 중국에서도 오랜 기간의 정치적 혼란을 거친 후 1949년 공산주의 국가가 수립됐다. 약간의 차이는 있긴 하지만 공산당의 리더 마오쩌둥은 지금까지 언급했던 다른 리더와 마찬가지로 심각하게 단절돼 있었다. 마오쩌둥의 초단절에서 드러나는 주요 특징은 극도의 나르시시즘과 사디즘이었다. 그는 자신을 정상적 인간 행동의 규칙에서 자유로운 위대한 영웅으로 여겼기 때문에 모든 충동과 욕구를 마음대로 표현할 수 있었다. 또한 다른 사람에게 괴로움과 고통을 주려는 충동이 강해 중국 최고 리더로서 30년 동안 군림하며 끊임없이 다른 사람을 괴롭히고 고통을 줬다. 사디스트로서 그는 고문과 살인을 통해 흥분을 느꼈다. 한편 권력을 획득하고 유지하는 수단으로 이 두 가지 모두를 사용할 수 있다는 사실을 알게 됐다. 그는 공산당의 리더로서 공포를 조성하기 위해 대규모 공개 처형을 활용했다. 중국 전체의 리더가 되고 난 후에는 이 관행을 중국 전역으로 확대했다. 성인은 물론, 어린아이까지 모두 의무적으로 처형을 참관해야 했다.

다른 초단절형 리더처럼 마오쩌둥도 권력을 잡고 나서 점차 편집증에 빠져 사방에 적이 있다고 인식하고 무자비하게 적들을 제거했다. 집권 후 첫 10년 동안 그는 최소 500만 명 이상의 농민과 사업가, 대학 교육을 받은 지식인, 잠재적 적이나 장애물로 인식되는 사람을 모조리 죽였다. 1958년 마오쩌둥은 중국 경제를 개인 소유 농장 체제에서 공산주의 공동체로 전환할 목적으로 대약진 운동을 시작했다. 이 정책은 스탈린의 강제 집단화에 버금갈 정도였다. 심지어 그보다 훨씬 더 파괴적이어서 굶주림으로 발생한 사망자가 약 3천만 명에 달했다.

제2차 세계대전 이후 병리주의

제2차 세계대전이라는 대재앙 이후 국가 간에 협력을 강화하려는 노력이 있었고, 그 결과 유엔UN과 유럽 공동체European Community가 형성됐다. 1948년 유엔의 50개 회원국은 모든 사람에게 생명과 자유, 안전에 대한 권리가 있다는 데 동의하며 세계 인권 선언을 선포했다. 서유럽 대부분에서는 병리주의에서 벗어나 민주주의로 나아가려는 움직임이 일어났다. 영국과 독일, 프랑스와 스칸디나비아 국가들은 자본주의의 과잉을 저지하고 모두에게 기본적 수준의 안전과 평등을 보장할 목적으로 고안된 사회적 민주주의 프로그램을 시행했다. 영국에서는 국민 보건 서비스와 복지 국가가 탄생했다. 미국에서는 이와 비슷한 목적으로 프랭클린 루스벨트가 뉴딜 정책을 내세워 자유 시장을 규제하고 빈곤과 궁핍으로부터 어느 정도의 보호를 제공했다.

그러나 다른 곳에서는 병리주의가 전염병처럼 전 세계로 퍼져 나갔다. 제2차 세계대전 후 스탈린이 동유럽을 장악하면서 공산주의 국가로 가장한 병리주의 정권이 대거 출범했다. 여덟 개의 신생 공산주의 국가들은 스탈린의 명령을 맹목적으로 따르는 꼭두각시 리더와 함께 스탈린의 정권 자체를 비슷하게 따라 했다. 원래 공산주의라는 개념이 재산과 부를 공정하게 분배하고 권력을 공유하는 평등주의 사회를 만들고자 등장했다는 사실을 생각하면 슬프고도 아이러니한 일이다. 실제로 모든 공산주의 정권은 병리주의 체제로 이끌었으며 정부 관리와 당원으로 구성된 엘리트 집단이 대다수의 일반 국민을 지배하고 억압했다. 러시아 자체와 마찬가지로 모든 신생 공산주의 국가에도 대규모 비밀경찰이 있었고, 이들은 국민을 공포에 떨게 했다. 사람들은 임의로 체포돼 고문을 당하고 재판을 받거나 최소한 공정한 재판도 없이 유죄 판결을 받았다. 심지어 아주 사소한 구실로도 노동 수용소로 보내졌다. 또한 끊임없이 공산주의를 위한 선전 내용이 가능한 모든 채널을 통해 쏟아졌다. 국가가 승인한 현실관에서 벗어나는 생각을 하는 사람은 누구나 박해와 처벌을 받을 위험에 처했다.

물론 몇몇 정치인과 관료 중에는 순진한 이상주의자도 있었다. 이들은 자신이 진정으로 사회에 최선의 이익이 되는 방식으로 행동하고 있다고 믿었다. 그러나 높은 권력자의 자리는 대체로 **정치적 원칙이 없는** 초단절형 인간으로 채워졌다. 이들은 단순히 자신의 악의적 특성을 표출할 기회를 잡았을 가능성이 높다. 반면 도덕적이고 책임감 있는 사람들은 주로 하위직에 머물거나 수감되거나 추방됐고 단절된 사람들이 그들의 상사나 교도관의 자리를 차지했다.

• • •

남미에 민주적 시스템이 부족하다는 사실은 곧 가장 단절된 사람이 리더가 되고 정부의 폭력과 억압을 통해 어둠의 3요소와 같은 특성을 표출하는 것을 막을 도리가 거의 없다는 뜻이었다. 프랑코와 무솔리니의 병리주의 정권은 정치적 야망을 품은 수많은 남미 군부 리더에게 영감을 줬다. 많은 리더가 미국의 지원을 받아 권력을 차지했다. 미국 정부는 공산주의를 대단히 두려워해 아무리 억압적이고 폭력적인 우파 정권이라도 기꺼이 지지하고 나섰다.

1977년까지 남미 20개국 중 17개국이 병리주의 정권, 즉 파시스트 독재 정권의 지배하에 있었다. 남미의 병리주의 정권들은 자국 국민을 투옥하고 고문하며 살해하기까지 하면서 이들과 전쟁을 벌였다. 1989년까지 35년간 집권한 파라과이의 알프레도 스트로에스네르Alfredo Stroessner의 파시즘 정권이 대표적으로 가장 오래 지속됐다. 이 기간 내내 파라과이는 말 그대로 포위 작전 상태에 있었다. 스트로에스네르는 1987년까지 90일마다 이 상태를 갱신했다. 이는 곧 사람들이 재판을 받지 않고도 체포돼 무기한 구금될 수 있으며 공개 집회와 시위가 금지된다는 뜻이었다. 헌법에서 언론의 자유를 보장했음에도 불구하고, 언론인은 고문과 투옥을 당했고 정부를 비판하는 언론 매체는 모조리 폐쇄됐다.

아르헨티나에서는 호르헤 라파엘 비델라Jorge Rafael Videla가 이끄는 군사 정권이 1977년부터 1983년까지 집권하는 동안 약 3만 명이 사망한 것으로 추정된다. 칠레에서는 아우구스토 피노체트Augusto Pinochet 장군이 1973년 군사 쿠데타로 정권을 장악했으며, 이 과정에서 미국의 지원을 받았다. 미국은 당시 민주적으로 선출된 살바도르 아옌데Salvador Allende의 사회주의 정부를 반대했다. 미국의 지원 아래 피노체트는 17년이 넘는 통치 기간 동안 민주주의의 모든 양상을 파괴하고 대규모로 인권을 유린했다. **모든 반대와 적대 세력을 진압하기 위함이라는** 정치적 이유로 3천 명 이상이 살해됐고 8만 명이 투옥됐다.

야욕이 낳은 침략의 역사

20세기 최초의 대량 학살은 1904년과 1908년 사이에 독일군이 남서 아프리카의 헤레로족을 상대로 저지른 사건이다. 프로이센의 병리주의 정부의 지원 아래 독일군 사령관은 인종 전쟁을 선포하고 군대에게 헤레로족 남자와 여자 어린아이를 모두 죽일 때까지 쫓아가라고 명령했다. 국내외에서 항의가 빗발친 후 카이저 빌헬름Kaiser Wilhelm, 일명 빌헬름 2세는 사령관의 명령을 번복하고 취소했지만 군인들이 이미 명령을 따른 뒤였다. 약 10만 명의 헤레로족이 사망한 것으로 추정되며, 독일군의 공격을 받은 이웃 부족인 다마라족과 나마족의 수만 명도 함께 사망했다.

프로이센 정부의 대량 학살 사례는 권력과 부, 명성을 향한 병리적 욕구가 다른 민족을 정복하고 그들의 영토를 식민지로 삼으려는 욕망으로 나타나는 과정을 잘 보여 준다. 식민주의 역사는 고대 이집트와 그리스 시대까지 거슬러 올라간다. 유럽에서는 15세기 동안 더 넓은 세계를 식민지로 삼기 위해 서로 경쟁하기 시작했다. 19세기 말에는 캐나다에서 남미에 이르는 아메리카 대륙 전체의 원주민 인구가 몰살당했다. 원주민의 문화는 대부분 파괴됐고 조상 대대로 살던 땅도 빼앗겼다. 식민지 이전 아메리카 대륙의 인구는 약 5천만 명에 달했지만 유럽과의 접촉 이후 토착 인구는 급격히 감소했다. 1860년에는 북미에 남은 인디언이 34만 명에 불과했고 1920년에는 그 수가 더욱 줄어들어 22만 명이 됐다.

19세기 후반으로 갈수록 정권이 더욱 병리적으로 변하면서 잔인한 확장주의식 정책은 더욱 심해졌다. 유럽의 국가들은 국가의 위신을 높이고 새로운 천연자원을 확보하는 데 혈안이 됐고 군대를 파병해 아프리카와 중동의 광활한 지역을 침략하고 그곳 국민을 평정했다. 1884년 베를린에서 열린 회의에서 역사가들이 가끔 '아프리카 분할scramble for Africa'이라고 부르는 행보가 정당성을 확보했다. 유럽 강대국은 아프리카 대륙 전체를 마치 케이크처럼 분할했다. 또한 자신들의 점령을 정당화하기 위해 스스로 원시인에게 문명의 혜택을 가져다준다고 말했다. 그러나 원주민에 대한 지속적 박해와 착취, 헤레로 학살과 같은 대량 학살로 이들의 자비로운 행세는 낱낱이 그 본모습을 드러냈다. 1885년부터 1908년 사이에는 벨기에 식민주의자의 손에 약 1천만 명의 콩고인이 사망한 것으로 추정된다. 1923년 스페인 군대는 모로코 부족과의 전투에서 패배한 후 모로코 마을에 겨자 가스 폭탄을 무차별 투하해 수천 명의 민간인을 죽이는 복수를 감행했다. 1935년 무솔리니는 명성과 권력을 향한 욕망으로 에티오피아를 침공해 식민지 시대 전체에서 가장 잔인한 분쟁 중 하나를 일으켰다. 당시 사건으로 약 75만 명에 해당하는 에티오피아 국민이 사망했다.

초단절형 인간이 권력을 장악하는 방식

제2차 세계대전 이후 유럽 국가들은 재정적으로 큰 위기에 처해 더 이상 식민지를 유지할 수 없게 됐다. 결국 식민지의 독립을 선언했다. 새로운 국가의 국민은 자유를 되찾은 데 기뻐하며 번영과 화합의 새로운 시대에 접어들고 있다고 믿었다. 그러나 거의 모든 나라에서 유럽 식민주의의 병리주의는 새로운 **자생적 병리주의**로 빠르게 대체됐다.

새로 독립한 국가들에는 사회 구조와 민주적 시스템이 부족했기 때문에 이는 거의 피할 수 없는 사태였다. 식민 통치 아래 전통적 삶의 방식은 파괴됐고 전통적 사회 및 정치 시스템 또한 무너졌다. 유럽 식민지 개척자들은 국경을 인위적으로 설정해 이전에는 존재하지 않았던 국가를 임의로 만들었다. 그리하여 전통적 민족 또는 부족의 정체성이 혼란에 빠지면서 긴장과 갈등이 발생했다. 공산주의 혁명 이후 러시아와 중국이 그랬듯이 국가적 혼란과 사회 구조의 부재는 병리주의가 자리를 잡기에 완벽한 환경이었다. 아프리카 전역과 중동 일부 지역에서 가장 사이코패스적 사람들이 높은 권력을 차지하는 것을 막을 길이 없었다.

중동에서 이라크는 영국의 식민 통치 이전에는 존재하지 않았던 나라였다. 이라크는 제1차 세계대전 이후 영국이 자신들에게 충성스러운 파이살Faisal을 왕으로 세우면서 영국의 메소포타미아 위임통치령으로 탄생했다. 새로운 국가는 다양한 민족과 종교 집단이 복잡하게 섞여 있어 통일감은 없고 적대감만 가득한 상태에서 어설프게 억지로 세워졌다. 따라서 1932년 이라크가 독립했을 때만 해도 다양한 집단이 조화롭게 살아갈 전망이 거의 보이지 않았다. 권력에 굶주린 개인과 집단이 두각을 나타내기 위해 경쟁하면서 이내 갈등과 혼란의 분위기가 조성됐다.

사담 후세인은 1937년 이라크의 과열된 분위기 속에서 진흙 오두막에 살던 홀어머니에게서 태어났다. 후세인의 아버지와 형은 후세인이 태어나기 얼마 전 모두 세상을 떠났다. 어머니는 심각한 트라우마에 시달린 나머지 후세인을 거부하는 바람에 삼촌에게 그를 맡겼다. 홀어머니의 외아들이었던 후세인은 어린 시절 끊임없이 괴롭힘과 구타를 당했던 터라 자기방어를 위해 폭력을 배웠다.

다시 말해 수많은 초단절형 인간처럼 사담 후세인 역시 어린 시절 심각한 정서적 박탈을 경험했고 결국 공감 능력이 차단됐다. 그는 정치적 선동가에게 이상적인 자질인 교활한 지능까지 갖춘 잔인하고 폭력적인 사람으로 자랐다. 반영국적인 바트당에 합류한 후세인은 거침없이 폭력 행위를 저지르며 빠르게 두각을 나타냈다. 영국의 지원을 받던 군주제가 무너지자 후세인은 새 정부의 고위직으로 급부상했다. 30대 중반에 이미 그는 이라크의 '실질적' 리더가 됐으며 1979년 공식적 리더의 자리에까지 올랐다.

향후 24년 동안 그는 스탈린와 마오쩌둥과 비슷한 수준의 거짓된 행위를 일삼았다. 또한 자신의 보안군을 시켜 정기적 숙청과 대량 학살을 일으킴으로써 국가를 공포에 떨게 했다. 그의 지시에 따라 약 25만 명의 이라크인이 살해된 것으로 추정된다. 이란과 쿠웨이트 침공 등 후세인의 군사 행동의 결과로도 수십만 명이 사망했다.

병리주의 리더들은 관심을 향한 끊임없는 욕구와 거대한 자만심에 휩싸여 항상 자신을 전능하고 신에 가까운 인물로 내세우며 **개인숭배 집단을 형성**한다. 후세인의 개인숭배는 특히 극단적이었다. 그는 국민을 공포에 떨게 하면서도 그들의 숭배를 요구했다. 그의 이미지가 모든 지폐와 동전에 각인되고 학교와 공항, 상점의 벽에 새겨지는 등 어디에나 그가 존재했다. 마을과 사원, 심지어 강 이름도 그의 이름을 따서 지어졌다. 아이들이 그를 '사담 아빠'라고 부르도록 장려하는가 하면, '이라크는 곧 사담이고 사담이 곧 이라크다'라는 현수막을 내걸기도 했다. 관료들은 자신들의 리더에게 최대한 많이 아부하기 위해 서로 경쟁했다.

• • •

북아프리카에서도 무아마르 카다피가 비슷한 과정을 거쳐 리비아에서 집권하게 됐다. 리비아는 과거 오스만 제국의 식민지였다가 30년 이상 이탈리아 식민 지배를 거친 후 독립했다. 후세인과 카다피의 유사점이 눈에 띄긴 하지만, 둘 다 비슷한 환경에서 태어난 초단절형 개인이었다는 점을 감안할 때 그리 놀랄 만한 일도 아니다. 후세인과 마찬가지로 카다피의 배경은 무척이나 궁핍했다. 그는 사막의 베두인 부족 가운데 문맹이며 염소와 낙타 목축업자인 부모에게서 태어났다. 여덟 살 때 사실상 집을 떠나 32킬로미터 떨어진 학교에 다녔고 주말에만 부모를 만났다.

카다피의 권력 상승은 후세인보다 훨씬 더 급격하게 이뤄졌다. 교활한 지능과 광적인 권력욕에 힘입어 1969년 유럽이 지원하던 리비아의 군주제를 전복시켰을 때 카다피의 나이는 겨우 스물일곱 살이었다. 그는 그 후로 42년 동안 리비아를 통치하며 재판 없이 사람들을 구금하고 고문과 공개 처형 등으로 전 국민을 겁에 질리게 했다. 하지만 카다피의 가장 두드러진 특성은 바로 극단적 나르시시즘이었다. 초창기에 그는 나르시시즘을 리비아 자체에 투영해 인구 600만 명의 작은 나라를 세계 무대의 주역으로 만들겠다고 결심했다. 그는 이 목표를 위해 IRA와 콜롬비아 무장혁명군Farc을 비롯해 전 세계 테러 조직을 지원하고 이들 조직에 무기와 폭발물을 공급했다. 1988년에는 미국 여객기를 폭파하는 등 직접 테러를 감행했다. 이 사고로 비행기가 추락한 스코틀랜드 로커비 마을 주민을 포함해 270명이 사망했다.

그러나 예상대로 국제 사회에서는 테러 활동을 빌미로 카다피를 배척했고, 그는 자신이 그토록 갈망하던 지위와 관심을 박탈당하고 말았다. 국제 사회에서 외면당한 부분을 보상하기 위해 카다피는 리비아 내부에서 존경과 관심을 향한 자신의 욕구를 표출했다. 후세인처럼 그는 삶의 모든 측면에 자신의 개성을 부여했고, 거의 모든 공공장소에 자신의 이미지를 덧입혔다. 그는 모든 이슬람교도의 '이맘 imam'(아랍어로 리더 혹은 모범이 되는 사람이라는 뜻이다—옮긴이), '아프리카의 왕중왕' 등 점점 더 거창한 칭호를 자신에게 부여했다. 그는 누가 봐도 관심을 끌기 위한 욕망으로 점점 더 기괴한 옷을 입었고, 하루에 여러 번 옷을 갈아입기도 했다.

동시에 카다피는 점점 더 폭력적이고 사디스트적인 모습을 보였다. 적을 살해한 후 시신을 냉동실에 보관해 시신을 보면서 만족스러워했다. 카다피가 사망한 후, 그가 수백 명의 피해자를 강간한 폭력적 성범죄자였다는 사실이 밝혀졌다. 많은 증언에 따르면 그는 학교나 대학교를 돌아다니며 보안군에게 예쁜 여자아이들을 데려오게 하는 것이 일상이었다. 여자아이들의 머리를 쓰다듬는 것은 물론, 그들을 납치해 그의 성노예로 이용했다고 한다.

∙ ∙ ∙

사하라 이남 아프리카의 여러 나라에서도 비슷한 패턴이 벌어졌다. 식민지 이후의 혼란 속에서 초단절형 인간이 권력자의 자리에 오르기 위해 경쟁했고 가장 잔인하고 폭력적인 사람들이 승리했다. 통치자로 임명된 초단절형 인간은 갈수록 더 잔인해져 국민에게 엄청난 고통을 안겨 줬다. 가장 유명한 사례 중 하나는 영국 식민 통치의 여파로 우간다에서 권력을 잡은 이디 아민Idi Amin이다. 서구 언론은 아민을 순진하고 멍청한 사람으로 묘사했지만 아민은 심각한 사이코패스적·사디스트적 특성을 가진 사람으로 인간을 무생물로 간주했다. 그에게 고문과 살인은 땅에서 **잡초를 뽑는 일**과 다를 바 없었다. 그가 통치한 8년 동안 30만 명에서 50만 명에 이르는 우간다 국민이 살해당했다.

똑같이 끔찍한 사례로 콩고 민주 공화국의 독재자 모부투 세세 세코Mobutu Sese Sako가 있다. 그는 자기 자신과 가족의 행복을 제외한 다른 사람의 행복에 대해 사이코패스적 무관심을 보였다. 1965년 권력을 잡은 순간부터 세코의 유일한 목표는 국가의 자원을 약탈해 부자가 되는 것이었다. 그는 대량 공개 처형이라는 익숙한 수법으로 권력을 굳건히 다졌고, 공무원이 받아야 할 막대한 돈을 빼돌렸다. 그 결과 콩고의 인프라가 붕괴됐다. 1984년 무렵 그의 재산은 50억 달러로 증가했다. 수백만 명의 국민이 그저 생존을 위해 고군분투하는 동안 세코와 그의 측근들은 메르세데스 벤츠를 타고 그의 여러 궁전 사이를 누볐다. 이 중에는 베르사유 궁전과 자금성을 본뜬 궁전도 있었다. 그는 정기적으로 콩코드를 전세 내어 파리로 쇼핑하기 위해 여행을 떠났다. 또 종종 세계 최고의 요리사들을 불러 모아 요리를 대접하게 했다. 예를 들어 1985년에는 프랑스 최고의 페이스트리 셰프인 가스통 르노트르Gaston Lenôtre가 세코의 생일 케이크를 든 채 콩코드를 타고 날아왔다.

20세기 아프리카에 초단절형 리더의 사례는 많지만, 1969년부터 1979년까지 적도 기니를 통치한 프란시스코 마시아스 응게마Francisco Macías Nguema보다 더 극단적 사례를 생각하기는 어렵다. 응게마는 트라우마와 정서적 박탈감에 시달리며 초단절형 인간 특유의 어린 시절을 보냈다. 아홉 살 때 아버지의 살해를 목격했고 일주일 뒤에는 어머니까지 자살했다. 리더로서의 그의 편집증은 캄보디아의 폴 포트처럼 지나치게 극단적이었다. 예를 들어 그는 책을 읽는 사람이 정권에 위협이 될까 봐 두려운 나머지 안경을 쓴 사람은 모조리 죽이라고 명령했다. '지식인'이라는 용어의 사용을 금지하고, 배를 타고 자신의 정권에서 탈출하는 사람들을 막기 위해 낚시와 항해 또한 금지했다. 카다피처럼 스스로에게 '교육과 과학, 문화의 대가'와 같은 거창한 칭호를 수여했다. 마침내 자신을 신으로 선포하고 국가의 모토를 다음과 같이 바꿨다. "마시아스 응게마 말고 다른 신은 없다." 1978년까지 적도 기니 인구의 약 절반이 응게마 정권의 잔인함과 잘못된 통치로 적도 기니를 떠났다.

1979년 응게마는 권좌에서 축출되고 조카인 테오도로 오비앙 응게마 음바소고Teodoro Obiang Nguema Mbasogo에게 살해당했다. 음바소고는 1982년 이후 40여 년 넘게 권력을 쥐고 있다. 안타깝게도 그의 리더십은 삼촌만큼이나 잔인하고 부패했다. 음바소고는 자국의 석유 자원을 약탈해 약 1조 2억 원에 달하는 재산을 축적했다. 그의 삼촌을 비롯해 대부분의 다른 병리주의 정권과 마찬가지로 그의 정권은 고문과 살인, 납치를 일삼았다. 2003년, 삼촌의 뒤를 이어 국영 라디오 방송에서는 그가 인간과 사물에 대한 권력을 독차지한 국가의 신이며 그에게는 그 누구도 책임을 따지지 않고 지옥에 가지 않고도 죽일 수 있는 권리가 있다고 선언했다.

많은 아프리카 정부는 말 그대로 도둑이 이끄는 정부, 즉 **도둑정치**kleptocracy라는 특정 유형의 병리주의 사례를 보여 주고 있다. 막대한 석유 매장량과 다이아몬드 광산이 있는 앙골라처럼 수많은 아프리카 국가는 풍부한 천연자원을 확보하고 있다. 만약 자원을 공평하게 나눈다면 전체 국민에게 합리적인 생활수준을 쉽사리 보장할 수 있다. 그러나 많은 정부에서 자원을 통해 창출된 부를 자기들만의 소유로 남기는 동시에, 공무원에게 지급하거나 인프라 유지에 사용해야 할 공공 및 정부 자금을 도둑질해 왔다. 그 결과 지배 엘리트 계급과 일반 국민 사이에 **엄청난 불평등**이 발생했다.

• • •

지금까지 본 것처럼 20세기 동안 전 세계에서 병리주의를 가장 잘 보여 주는 정부 체제가 **전제정치**였다는 결론을 내리는 것이 타당해 보인다. 로바체브스키는 병리주의가 발전한 데에는 사이코패스적 리더가 자신의 병리를 대중에게 전파하는 데 성공한 점도 어느 정도 영향을 미친다고 보았다. 가장 대표적인 예는 나치 독일이며 무솔리니의 이탈리아와 프랑코의 스페인도 마찬가지다. 그런데 예외가 있는지 알아보고 싶기도 하다. 얼마나 인기가 있었는지 판단하기는 어렵지만, 이 장에서 살펴본 독재자는 대부분 자신의 병리를 대중에게 전파하는 방식이 아니라 그저 억압과 폭력을 통해 권력을 유지했다. 대체로 이들은 누구도 감히 저항할 수 없을 정도로 강력한 공포와 의심의 분위기를 조성했기 때문에 그토록 오랜 세월 권력을 유지했다.

이와 같은 병리주의는 대중의 지지 없이도 작동한다. 사실 후세인이나 카다피의 정권은 인간 정신의 **회복탄력성**과 **독립성**을 잘 보여 준다. 극단적 개인숭배와 가능한 모든 출처에서 끊임없이 쏟아지는 선전에도 불구하고 평범한 리비아인과 이라크인의 상당수는 그들이 은밀히 경멸하고 반대하는 리더에게 결코 넘어가지 않았다. 동유럽의 공산주의 정권에서도 마찬가지로 끝없이 선전 전략을 펼쳤지만 국민의 상당수가 결코 정부를 지지하지 않았다.

병리주의가 매우 흔하기 때문에 병리주의를 형성한 사람 중에 실제로 초단절형 인물은 꽤 드물다는 점을 상기할 필요가 있다. 2장에서 살펴본 바와 같이 심리학자들은 사람들의 0.5퍼센트에서 1퍼센트에게 사이코패스적 특성이 있으며, 나르시시스트적 인격 장애도 비슷한 수치를 보이는 것으로 추정한다. 이처럼 극소수의 사람이 전 세계 정부를 장악했으며 최근 인류 역사를 가득 채운 혼란과 폭력의 상당 부분에 책임이 있다. 이를 통해 초단절형 인간이 얼마나 쉽게 권력을 장악하는지, 왜 우리가 스스로 보호하기 위한 조치를 취해야 하는지를 잘 알 수 있다.

6장

지금 우리가 만나고 있는 초단절형 리더

DISCONNECTED

CONNECT

LEADERSHIP

EGO

PATHOCRACY

DEMOCRACY

DISCONNECTED

———

초단절형 리더가 권력을 잡으면 민주주의를 파괴할 위험이 있다. 이들은 민주주의를 믿기는커녕 이해하지도 못한다. 그리고 민주주의 체제에서 자신의 권위에 한계가 생긴다는 사실에 분노하고 그를 훼손하기 위해서라면 무엇이든 한다.

21세기에 사는 우리는 지금 어디쯤 와 있을까? 세계의 어떤 지역에서는 병리주리에서 벗어나려는 움직임을 보이고 있다. 1990년에는 동유럽에서 공산주의를 둘러싼 병리주의 정권이 해체됐다. 몇 년 후에 불안정한 정세를 극복하고 대부분의 국가에서 민주적 정부 체제를 채택했다. 남미에서도 민주주의가 부활해 2022년에는 독재 정권이 단 세 군데만 남았다. 마찬가지로 사하라 이남의 아프리카에서도 많은 긍정적 발전이 있었다. 1990년대에 대부분의 아프리카 국가에서 다당제 선거가 도입됐고 시민의 자유와 언론의 자유가 확대됐다.

하지만 다른 지역에서는 진전이 더 제한적으로 이뤄졌다. 북아프리카와 중동에서는 2010년대 초 '아랍의 봄'으로 카다피와 튀니지의 벤 알리Ben Ali, 이집트의 무바라크Mubarak와 같은 병리주의 리더들이 물러나면서 새로운 낙관주의의 물결이 일었다. 그러나 식민지 시대 말기에 일어났던 것처럼 대부분의 경우 정치적 불안정으로 사회에서 불안과 갈등이 생기고 결국 새로운 병리주의 정권이 출범했다. 카다피가 사망한 후 리비아는 다양한 무장 단체가 영토와 권력을 놓고 내전을 벌이는 통에 빠르게 분열됐다. 이집트에서는 2013년 민주적으로 선출된 대통령이 군사 쿠데타로 직위에서 파면됐다. 현재 압둘팟타흐 시시Abdel Fattah el-Sissi 정부는 선거를 조작하고 투옥과 고문, 성폭력을 사용해 비판 세력을 침묵시키려 하는 등 갈수록 더 병리주의적 행태를 보이고 있다.

한편 세계에서 가장 큰 국가인 러시아와 중국은 여전히 병리주의 국가로 남아 있고 무자비하고 비도덕적인 리더가 통치한다. 적어도 지금까지는 스탈린이나 마오쩌둥이 일으킨 규모의 죽음과 파괴를 반복하지는 않았다. 하지만 현재의 러시아와 중국의 리더 및 정권은 언론의 자유와 공정 선거 같은 민주주의의 기본 원칙에 대해 이들 못지않은 반감을 표하고 있다. 정치적 반대 세력을 투옥하고 고문하는 등의 병리적 관행에 대해서도 비슷한 열의를 표출한다. 이는 2022년 3월에 벌어진 사건에서도 엿볼 수 있다. 러시아군이 제2차 세계대전을 일으킨 나치의 침략을 연상시키는 행위를 일삼으며 정복을 향한 팽창주의적 욕망, 혼란과 파괴를 조성하려는 무의식적 욕망으로 우크라이나를 침공한 것이다.

민주주의를 파괴하려는 자들

병리주의가 그저 독재의 형태로만 존재하지 않는다는 점을 기억해야 한다. 민주주의 국가에서도 **온건한 형태의 병리주의**가 나타날 수 있다. 현대의 민주주의 체제에서는 초단절형 인간이 권력을 장악한 후에 그들의 행동을 규제하지만 애초에 이들이 권력을 획득하지 못하게 막는 데는 그리 효과적이지 않다. 초단절형 인간은 교활하고 카리스마가 강하기 때문에 선거에서 이기는 데 능숙하다. 이들은 **거리낌 없이** 거짓말을 하고 **지킬 수 없는** 약속을 하며 **무자비하게** 상대를 깎아내린다. 그리고 일단 초단절형 리더가 권력을 잡으면 **민주주의를 파괴할 위험**이 있다. 이들은 민주주의를 믿기는커녕 이해하지도 못한다. 그리고 민주주의 체제하에서 자신의 권위에 한계가 생긴다는 사실에 분노한다. 그래서 민주주의를 훼손하기 위해서라면 무엇이든 한다.

21세기 초, 유럽과 북미의 민주주의 국가에서 이처럼 더욱 온건하고 교활한 형태의 병리주의로 전환하는 움직임이 일어났다. 이와 함께 권력을 장악한 초단절형 인물의 유형에도 변화가 생겼다. 민주적 시스템이 없고 정치적으로 불안정한 국가의 리더에게는 주로 잔인하고 사디스트적 성향을 띠는 '사이코패스적' 특성이 두드러진다. 민주주의 사회에서 초단절형 리더는 '나르시시스트적' 특성이 우세한 경향이 있다.

사이코패스적 특성이 두드러지는 리더는 인권과 시민 자유의 전통이 확립된 민주주의 국가에 적합하지 않다. 자신이 가진 잔인함과 사디스트적 특성을 거침없이 드러낼 수 없기 때문이다. 이들은 언론의 끊임없는 주목을 불편해하며, 대신 비밀리에 활동하는 쪽을 선호할 수도 있다. 하지만 나르시시스트적 리더는 존경과 관심을 갈망한다. 대중매체와 소셜 미디어의 지속적 관심을 즐기며 관심을 통해 자신이 중요한 사람이라는 감각을 부단히 강화한다. 공익을 위해 일하려 정치에 입문한 이타적 인물 행세를 하기 좋아하지만 실제로는 철저히 자기 중심적이다. 동시에 어둠의 3요소 특성에서 알 수 있듯이 사이코패스적 특성과 나르시시스트적 특성은 마키아벨리적 특성과 더불어 거의 항상 함께 존재하므로 이러한 리더에게는 분명 다른 특성도 있을 것이다.

사실 트위터나 페이스북과 같은 소셜 미디어를 통해 정치인이 받는 관심이 높아지면서 나르시시스트는 정치인의 역할을 훨씬 더 매력적으로 받아들이게 됐다. 반면 사이코패스적 특성이나 나르시시스트적 특성이 부족한 일반인에게는 덜 매력적으로 보일 가능성이 크다. 현대사회에서 실제로 정치인이 되고 싶어 하기란 쉽지 않은 일이 분명하다. 장시간의 노동, 높은 수준의 스트레스와 압박감, 막중한 책임감, 언론으로부터의 끊임없는 불만과 비판, 직업 안정성 부족 등으로 정치인은 직업 선택지로서 딱히 매력적이지 않다. 적어도 높은 지위의 다른 직업과 비교할 때 급여가 특별히 높은 편도 아니다. 영국 국회의원의 연봉은 약 1억 원으로 교장이나 변호사의 평균 연봉보다 적다. 정치 경력을 순조롭게 쌓아나가는 데 드는 비용도 매우 많이 든다. 영국에서 국회의원이 되려면 수백 수천만 원이 들고 시간도 상당히 오래 걸린다. 미국에서 상원의원이 되고자 한다면 비용이 몇 배 더 높아진다. 상대적으로 적은 보상을 받을 텐데 누가 그런 스트레스와 부담, 비용을 감수하고 싶겠는가?

이론적으로는 아마도 지극히 이타적인 사람 중에 긍정적 변화를 일으킬 기회를 얻고자 하는 사람들만이 기꺼이 이런 일을 하려 나설 것이다. 하지만 실제로 정치인이 되려는 사람은 대체로 권력과 명성, 관심에 대한 욕구가 강한 사람들, 즉 나르시시스트적 특성이 우세한 초단절형 인간일 것이다. 오직 이들에게만 정치 권력의 이점이 그 부정적인 측면보다 더 강력하게 느껴질 것이다.

기업과 정치, 사생활을 가리지 않는 권력욕

표면상 민주주의 국가에서 병리주의 정부를 구성한 나르시시스트의 몇 가지 사례를 살펴보고자 한다. 3장에서 초단절형 인간에게 가장 매력적인 직업 분야 중 하나가 기업 세계라고 언급했다. 그러나 초단절형 인간이 꼭 한 가지 직업만 고집할 이유는 없다. 몇몇 기업 거물이 정치에 도전하는 일도 놀랍지는 않다. 3장에서 이야기한 출판계의 거물인 로버트 맥스웰은 1960년대 노동당 정치인이었다가 사업 경력에 전념하게 됐다. 그러나 일반적으로 기업 거물은 반대 방향으로 나아간다. 기업 세계에서 권력과 명성의 원천이 소진되기 시작하는 경력 후반에 정치계에 입문한다. 즉 이들은 한 나라를 정복한 정복자처럼 다른 영토를 지배하기 위해 찾아 나서기 시작한다.

1990년대 중반 이후로 이탈리아 정계를 장악한 이탈리아 사업가 실비오 베를루스코니Silvio Berlusconi가 대표적인 인물이다. 베를루스코니는 맥스웰과 성향이 매우 유사하며 축적을 향한 욕망이 끝도 없다는 점도 똑 닮았다. 그는 부동산 개발과 TV 방송국, AC 밀란 축구 클럽 등에서 방대한 사업적 이득을 쌓았다. 사업 경력 내내 그는 이탈리아 마피아와의 결탁을 비롯해 각종 범죄 혐의에 시달렸다. 또한 탐욕스러운 바람둥이였으며 끊임없는 외도로 아내들의 분노를 샀다.

사업가로서 재산을 쌓은 베를루스코니는 정계에 진출했다. 그는 뻔뻔하게도 이탈리아 정치의 불안정성과 부패에 좌절감을 느낀 이탈리아 노동 계급의 환심을 사기 위해 포퓰리즘적 접근 방식을 따랐다. 사회를 통합하고 민족적 자긍심을 일깨울 수 있는 권위주의자라는 점에서 그의 매력은 과거의 무솔리니를 닮았다. 그는 거만함과 여성 혐오, 사치스러운 생활 방식, 전직 모델과 접대부에게 정부 주요 정책을 맡기는 등 일련의 기이한 행적에도 불구하고 제법 인기 있는 정치인이었다. 어쩌면 그의 기행이 인기의 비결이었을지 모른다. 베를루스코니는 총리 재임 기간 내내 자신의 기업 이익을 홍보하고 자신의 언론 매체를 선전 채널로 활용해 언론의 자유를 훼손했다. 결국 습관적 부패에 발목이 잡혀 2013년에 세금 사기 혐의로 유죄 판결을 받았다.

충격적인 도널드 트럼프의 정계 진출

트럼프가 미국 공화당의 대선 후보로 등장했을 때, 베를루스코니와의 유사성은 거의 즉시 주목을 받았다. 후세인과 카다피 간의 유사성만큼 눈에 띄긴 한다. 베를루스코니와 트럼프 둘 다 초단절형 인간에 나르시시스트적 특성이 두드러지며 둘 다 비슷한 환경에서 태어나 비슷한 사회에서 살았기 때문에 어찌 보면 이는 당연한 일이다. 물론 트럼프와 로버트 맥스웰 사이에도 강력한 유사점이 있다.

트럼프가 취임하기 전부터 미국의 수많은 정신건강 전문가는 그가 심리적으로 대통령직에 부적합하다고 공개적으로 우려했다. 심리학자 존 가트너는 '경고 의무Duty To Warn'라는 단체를 설립해 트럼프가 "불치의 악성 나르시시즘을 앓고 있어 대통령 임무를 수행할 수 없고 국가에 위험을 초래할 것이다."라고 선언했다. 그리고 그는 2018년에 트럼프를 대통령직에서 해임하기 위해 온라인 청원을 시작했고, 당시 7만 명 이상의 정신건강 전문가가 청원에 서명했다. 한편 예일대학교 정신과 의사 밴디 리Bandy Lee도 세계 정신건강 연합을 설립해 수천 명의 정신건강 전문가가 대통령의 정신 상태에 관해 토론할 수 있게 했다.[1]

2021년 11월 미국 대선 직전, 트럼프의 조카이자 임상 심리학자인 메리 트럼프Mary Trump는 삼촌과의 상호작용을 바탕으로 한 자신의 평가를 제공했다. 그녀는 트럼프가 악성 나르시시즘을 앓고 있다는 데 동의하면서 "반사회적 인격 장애의 기준을 충족하며, 이 장애는 심한 경우 일반적으로 소시오패스로 간주되지만 만성 범죄 행위와 오만, 타인의 권리 무시 등을 뜻하기도 한다."라고 주장했다.[2] 그녀는 또한 트럼프가 혼자 있지 못하고 자신의 행동이나 실수에 책임을 지지 않는 것이 전형적 특징인 의존성 인격 장애로 진단될 수 있다고 주장했다.

메리 트럼프는 삼촌의 단절 장애에 대한 배경 설명도 제시했다. 건강이 나빠 물리적·정서적으로 자주 자리를 비운 어머니와 어떤 감정 표현이든 약점으로 여기는 차갑고 권위적인 아버지 때문에 어린 시절에 정서적 박탈을 경험했다는 것이다. 실제로 메리 트럼프는 트럼프의 아버지를 '고기능성 소시오패스high-functioning psychopath'라고 설명한다. 그녀가 썼듯이 "수술을 받아야 했던 어머니의 부재(말 그대로든 정서적으로든)는 자녀들의 삶에 공백을 만들었다".³ 트럼프는 어머니가 병에 걸렸을 때 고작 두 살 반이었다. 그래서 존 볼비의 설명처럼 부모 애착이 불안정해 고통을 겪었을 것이다. 1장에서 살펴봤듯이 볼비는 아이가 어머니와 같은 존재에 대한 애착이 깨지면 사회적·정서적·지적 발달이 손상돼 애정이 없는 사이코패스가 될 수 있다고 봤다. 이 논리가 트럼프에게 어떻게 적용되는지는 쉽게 파악할 수 있다.

트럼프가 보이는 증상의 본질적 특성은 특정한 인격 장애 진단을 넘어 **초단절**이다. 초단절은 공감과 양심의 심각한 결여, 극심한 자기중심주의의 원인이 된다. 재산과 명성, 권력을 축적하려는 트럼프의 끊임없는 욕망과 맥스웰에게도 나타나는 특성인 혼자 있거나 가만히 있지 못하는 성향은 트럼프가 **극심한 분리 상태에 있음**을 암시한다. 트럼프가 사소한 일에도 민감하게 반응하고, 무례하다고 인식되는 일이라면 무엇에든 거짓으로 대응하는 태도를 통해서도 알 수 있다. 트럼프처럼 극심한 수준의 단절을 나타내는 경우에는 높은 수준의 **심리적 나약함**과 **취약성**이 존재한다. 앞서 언급한 바와 같이 초단절형 인간은 전체에서 떨어져 나온 조각처럼 자신이 불완전하다는 느낌에 시달린다. 완전히 고립돼 있고 외로우며 위험에 노출돼 있어 취약하다고 느낀다. 어떤 사소한 일도 이들의 취약한 정체성에 위협이 되기 때문에 정체성을 지키기 위해 **공격적**으로 대응한다.

트럼프 자신의 성격뿐 아니라 그가 맡은 대통령직에서도 수많은 병리주의 요소가 쉽게 눈에 띈다. 좀 더 구체적으로 로바체브스키가 규명한 병리주의가 국가를 장악하는 단계를 살펴보면 쉽게 파악할 수 있다. 첫째, 권력과 명성에 대한 욕망이 강한 카리스마적 리더가 그럴듯해 보이는 자신감과 결단력, 대담함을 미끼로 측근과 다른 무질서한 사람들을 끌어모으는 단계가 있다. 평범한 사람도 카리스마적 리더의 특성에 매료돼 그를 시스템을 뒤흔들고 진정한 변화를 일으킬 강력한 리더로 인지한다. 리더와 그의 추종자 집단은 트럼프의 '미국을 다시 위대하게' 캠페인처럼 단순한 사상을 홍보하며 위대한 미래에 대한 이상을 퍼뜨리는 동시에 상상 속에서만 존재하는 위대했던 과거를 떠올리게 한다. 특히 박탈감과 불만에 짓눌린 노동계급 층은 실력파 리더와 그의 단순한 사상에 **쉽게 동조**한다.

동시에 리더와 추종자 집단은 선전을 활용해 특정 민족 또는 종교 집단을 악마로 몰아세워 적에게 대항하는 집단 정체성을 만들어낸다. 트럼프의 경우에는 이민자와 무슬림이 대상이었으며 트럼프의 지지자들은 짜릿한 통일감을 느꼈다. 그 결과 로바체브스키의 설명처럼 소수의 사이코패스적 집단인 트럼프와 그의 추종자 집단의 병리가 심리적으로 정상인 다수에게 퍼져 나간다. 물론 언론 매체 및 논평가의 선전과 더불어 소셜 미디어를 선전 채널로 능숙하게 활용하는 트럼프의 능력이 한몫했다. 이처럼 트럼프를 향한 개인숭배가 고개를 들기 시작하면서 트럼프를 일종의 구원자로 여기는 추종자는 그의 끊임없는 거짓말과 유치한 이기심과 무례함, 충동적이고 무능력한 의사 결정 등을 알아차리지 못한다.

로바체브스키는 병리주의 리더가 권력을 잡을 경우 책임감 있고 도덕적인 사람이 사임하거나 퇴출당하며 점차 정부를 떠나는 일이 발생하고 다른 무질서한 사람이 합류하는 과정에 관해서도 설명했다. 트럼프 대통령이 재임하는 기간에도 확실히 유사한 과정이 일어났다. 초기에 백악관의 오랜 관료들은 자신들이 처한 상황을 '어른의 부재'라고 칭하며 대통령의 충동을 억제하고 책임감 있는 정부의 외양을 유지하려고 노력했다. 하지만 점차 존 켈리John Kelly 장군과 같은 양심적 인물은 대통령과의 의견 대립 이후 해임됐고, 결국 정부 전체가 어둠의 3요소 특성을 갖춘 무자비하고 기만적인 사람들로 채워졌다.

하지만 다행히 로바체브스키가 파악한 병리주의 정권의 마지막 단계도 발생했다. 그가 주장했듯이 심리적으로 정상인 사람들은 병리주의 정권의 잔인함과 도덕성 결여에 공감하지 못하기 때문에 병리주의 정권은 결코 영구적으로 지속할 수 없다. 많은 사람이 계속 트럼프를 지지하긴 했지만 미국 유권자의 대다수는 트럼프 대통령과 그의 병리주의 정권에 점점 더 환멸을 느끼게 됐다. 트럼프가 병리주의 정권의 또 다른 확실한 징후, 즉 민주주의 훼손을 위해 노력했음에도 미국 건국의 아버지들이 확립한 민주주의 시스템은 굳건히 유지됐고 트럼프는 한 번의 임기를 마치고 자리에서 쫓겨났다. 하지만 트럼프의 정치 경력 모험은 아직 끝나지 않았다. 그는 다시 제47대 대통령 선거에 재출마할 가능성이 높아 보인다(2024년에 치러진 미국 대선에서 트럼프는 재선에 성공했다—옮긴이). 물론 그는 여전히 공화당에서 막강한 영향력을 행사하는 인물로, 많은 대중의 지지를 받고 있다.

초단절형 리더는 결국 몰락한다

2022년, 브라질에서도 비슷한 과정이 진행되고 있는 것으로 보인다. 브라질에서 자이르 보우소나루Jair Bolsonaro의 병리주의 정권은 놀라우리만치 대중에게 인기가 없다. 초기에 보우소나루는 수년간 정부의 부패가 이어진 후 새로운 안정의 시대를 약속하며 트럼프와 같은 독재자로서의 매력을 발산했다. 그는 동성애와 낙태에 반대하면서 점차 늘어가는 브라질의 근본주의 기독교계 세력의 지지를 얻었다. 그러나 보우소나루는 곧 리더로서 무능하고 악의적이라는 사실이 증명됐다. 그는 아마존 열대우림의 파괴를 앞당겼고 대통령 임기 동안 겪은 코로나19 팬데믹 시기에 최대한 많은 피해를 입히려고 작정이라도 한 듯 끔찍한 대응 방식으로 일관했다. 현재로선 다음 선거에서 패배할 가능성이 높아 보인다. 전 세계의 평화를 위해서라도 그렇게 되기를 바랄 뿐이다.

한편 영국에도 최근까지 병리주의 정부가 존재했다. 2022년 9월까지 총리직을 수행한 보리스 존슨Boris Johnson의 경우 트럼프나 베를루스코니와 같은 유형의 초단절형 나르시시즘적 성격이다. 트럼프와 마찬가지로 존슨의 초단절성은 정서적으로 박탈당하고 불안정한 가정환경에서 비롯된 것으로 보인다. 존슨의 아버지는 처음에는 학업으로, 이후 일로 거의 늘 부재중이었다. 아버지가 공부하던 뉴욕에서 태어난 존슨은 미국과 영국을 오가다가 여덟 살 때 벨기에로 이주했다. 벨기에에서도 어머니가 심리적으로 쇠약한 데다 지속적으로 우울증을 앓았던 탓에 어머니라는 존재는 물리적·정서적으로 부재한 상태였다. 존슨은 열 살 때 영국의 한 기숙학교로 보내졌고 남은 교육 기간 내내 기숙사생으로 지냈다.

부모가 계속 부재했다는 사실 외에도 어린 시절 불안정하게 떠돌아다녀야 하는 상황이 그의 성격에 영향을 미쳤을 것이다. 많은 연구에 따르면 정기적으로 다른 기지로 이동하는 군인 가족의 자녀나 정기적으로 다른 국가로 이동하는 외교관의 자녀처럼 안정된 가정이 없는 아이는 성인이 돼서도 심리적 건강에 문제를 겪는 것으로 나타났다. 이들은 우울증과 불안에 시달리기가 더 쉬우며 대인관계도 순탄치 않다.[4] 게다가 끊임없이 불안을 느낄 수 있어 나르시시즘과 과대망상으로 불안을 보상하려 한다. 정서적 유대감도 약하며 다른 사람을 무감각하고 무성의한 방식으로 대할 수도 있다.[5]

트럼프와 마찬가지로 존슨이 집권하자 정부에서 온건하고 책임감 있는 사람들이 물밀듯이 빠져나갔고 그를 지지하는 극우 강경파

인사들이 그 자리를 채웠다. 존슨과 그의 정부는 민주주의의 원칙을 놀라울 정도로 무시했다. 이들은 의회를 불법적으로 중단시켰으며 장관으로서 지켜야 할 규칙을 어긴 장관에게는 면죄부를 주고 국제법을 위반하고 항의할 권리를 억압했다. 또한 미디어 및 문화계 고위직을 이념적 동맹으로 가득 채웠다. 이러한 조치는 난민과 망명 신청자에 대한 강경 조치와 다른 국가를 향한 적대감을 비롯해 민족주의 및 포퓰리즘의 급부상과 함께 이뤄졌다.

2021년 12월에는 존슨 총리와 그의 정부가 코로나19 바이러스 봉쇄 기간에 여러 차례 파티를 열어 그들이 직접 만든 규칙을 깨뜨린 것으로 밝혀졌다. 정부에 도덕성과 청렴성이 부족한 대신 오만함과 특권의식만 있다는 점을 보여 주는 사례다. 나르시시즘에 빠진 존슨과 그의 동료 대부분은 어떤 행동이 허용될 수 있고 또 허용될 수 없는지에 대한 감각이 부족한 것으로 보인다. 이들에게 도덕적 원칙은 외국의 관습이나 다름없어서 아무리 오래 그 나라에 머물렀다 해도 그들로서는 그 방식을 이해하기 어렵기만 하다. 영국의 명목상 리더인 엘리자베스 2세 여왕과 실제 리더인 존슨 총리의 도덕성과 청렴성 사이에는 엄청난 차이가 있었다. 이런 차이는 4장에서 언급했듯이 본질적으로 불공정한 세습적 권력 체계가 현대 문화권보다 실제로 연결형 리더를 배출할 가능성이 더 높다는 점을 잘 보여준다.

트럼프와 보우소나루처럼 존슨과 그의 정부도 놀라우리만치 무능한 것으로 밝혀졌다. 코로나19 팬데믹 시기에 보여 준 끔찍한 대응 방식과 영국의 유럽연합 탈퇴를 미숙하게 처리한 점에서 알 수 있다. 다른 모든 결점과 더불어 유능하거나 똑똑하지 않은 사람이 리더 역할을 맡는 경우가 많다는 점은 병리적 민주주의의 또 다른 불행한 측면이기도 하다. 이들의 자신감과 능력 사이에는 종종 상당한 격차가 존재한다. 초단절형 인간이 스스로 남보다 우월하고 권력을 차지할 자격을 갖췄다고 확신하는 것은 거만함에 불과하다. 그 결과 대체로 매우 형편없는 정치인이 된다. 이들은 교활하고 교묘하긴 하지만 너무 충동적이어서 이성적 결정을 내리지 못한다. 정신적 명료성이 부족해 증거를 제대로 평가하지도 못했다. 게다가 너무 근시안적이라 자신의 행동으로 생길 장기적 결과를 판단하지도 못한다. 변덕스럽기 때문에 명확한 전략 없이 갑작스럽게 예상치 못한 변경을 하거나 정책 전환을 하는 경우가 많다. 트럼프와 존슨 모두에 해당하는 내용으로 자주 제기되던 불만 사항이기도 하다.

• • •

그런데도 왜 우리는 초단절형 리더가 일을 잘할 것이라고 기대하는 걸까? 이들이 리더의 자리에 오른 것이 능력이나 지능 때문이 아니라 부주의한 성격에서 비롯된 권력을 향한 강렬한 욕망일 뿐인데도 말이다.

하지만 동시에 초단절형 리더의 병리적 특성이 바로 민주주의 국가에서 병리주의가 오래가지 않는 또 다른 이유다. 민주적 병리주의가 실패하는 것은 심리적으로 정상인 사람들 대다수가 병리적 행동에 경악하며 그들이 보여 주는 현상을 공유하지 않기 때문이기도 하지만, 대중이 그들의 무능함에 지치기 때문이기도 하다. 초단절형 리더는 국가를 다시 위대하게 만들겠다고 약속하지만 곧 이들의 잘못된 관리와 혼란스러운 현실이 명확하게 드러나면서 대중에게 큰 실망감을 안기고 만다.

실제로 민주주의 국가에서 초단절형 리더는 보통 **무능**과 **부패**가 복합적으로 작용해 몰락한다. 처음에는 책임감 있는 인물로 보일지 몰라도 얼마 지나지 않아 이들의 습관적 부패가 모습을 드러낸다. 이들은 도덕성과 양심이 부족해 규칙을 어기는 성향이 있을 뿐만 아니라 나르시시스트적 성향 때문에 자신의 행동이 다른 사람에게 어떻게 인식될지 알아차리지 못한다. 또한 스스로 정상적이고 허용될 수 있다고 생각하는 행동이 다른 사람에게 부패한 행동으로 인식됐을 때 놀라움을 금치 못한다.

정치계에 연결형 리더가 드문 이유

다행히 정치인이 전부 양심과 공감 능력을 전혀 갖추지 않은 초단절형 인물은 아니다. 3장에서 비자발적 리더와 이타적 리더를 포함해 세 가지 유형의 리더 및 관리자가 있다고 언급했다. 정치인도 마찬가지다. 어떤 정치인은 의식적으로 의도하지 않아도 자신의 지위를 얻기도 한다.

몇몇 정치인은 능력과 인기에 힘입어 정부에서 순탄하게 승진을 거친 다음 장관, 심지어 총리가 되는 '공로형' 비자발적 리더일 수 있다. 또는 적어도 부분적으로는 타고난 우월감과 특권의식, 적합한 자격 요건과 인맥을 통해 정치인이 되는 '특권형' 비자발적 리더일 수 있다. 물론 능력과 특권이 결합하는 사례도 있을 수 있다. 그뿐 아니라 진정으로 이타적인 정치인도 분명히 존재한다. 이들은 사람들의 삶을 개선하고 불의와 억압을 극복하거나 기후 변화와 같은 글로벌 문제에 대응하려는 비이기적 충동으로 권력과 영향력에 대한 열망을 품는다.[6]

그러나 다른 직업군에 비해 정치계에는 비자발적이고 이타적인 리더가 흔치 않을 가능성이 높다. 21세기 민주주의 국가에서도 정치는 초단절형 인간에게 가장 매력적인 직업일 것이다. 부를 축적할 기회와 함께 권력과 명성을 얻을 수 있기 때문이다. 초단절형 인간은 불빛에 달려드는 나방처럼 정치권력에 끌린다. 반대로 현대 정치는 높은 수준의 공감과 양심을 갖춘 연결형 인간에게는 그다지 매력적이지 않다. 이론상으로는 연결형 인간이 소외되고 종종 박해받거나 살해당하기까지는 독재 체제에서보다 민주주의 체제에서 권력을 잡을 가능성이 훨씬 더 높다.

그러나 연결형 인간은 대체로 권력에 **끌리지 않는다.** 이들은 분리된 상태를 겪지 않기 때문에 권력이나 부를 축적할 필요성을 느끼지 않는다. 긍정적 변화를 일으키는 방법의 하나로 리더의 역할에 매력을 느껴 이타적 리더가 되는 사람도 있긴 하지만 많은 연결형 인간은 리더 역할에 거리낌을 느낀다. 계층적 사회에서 누리는 권력에는 결국 그 자체로 단절 효과가 있다. 다른 사람보다 우위에 선다는 행위 자체가 권력을 탐하는 다른 사람의 시기와 분노를 사기 때문이다. 이는 앞서 설명한 리더십 함정의 일부다.

연결형 인간은 자기 자리에 머물면서 같은 수준의 다른 사람과 교류하기를 좋아한다. 통제나 권위가 아니라 **연결**을 원한다. 이들은 일반적으로 지나친 스트레스와 책임감 또는 지나친 관심 없이 조용히 살고 싶어 한다. 초단절형 인간과 달리 대체로 자부심이 강하고 내적으로 만족하기 때문에 지속적으로 활동하거나 주의를 전환할 필요가 없다. 따라서 현대 정치에 수반되는 미디어의 끊임없는 관심은 이들에게 별로 큰 매력이 되지 못한다.

안타깝게도 연결형 인간이 정치에 뛰어들기를 꺼리는 덕분에 리더 자리는 그 자리를 차지하기를 간절히 바라는 초단절형 인간의 몫이 된다.

7장

그들은 왜 다수의 고통에 무감각한가

DISCONNECTED

CONNECT

LEADERSHIP

EGO

PATROCRACY

DEMOCRACY

DISCONNECTED

초단절형 리더가 취하는 모든 행동은 국가와 자신을 '동일시하는' 병리주의자의 결과일 뿐이다. 이들에게 국가는 자기 정체성의 연장선에 놓여 있는 존재다. 그들이 외치는 민족주의적 열정은 그저 힘을 투사하고 자신의 개인적 권력과 명성을 높이려는 방편에 지나지 않는다.

여기서 잠시 흥미로운 문제를 풀어 보자. 네 명의 파시스트 리더가 했던 각각의 발언을 나열할 테니 어느 인물의 말인지 맞혀 보길 바란다. 발언자는 로마 황제 칼리굴라, 실비오 베를루스코니, 도널드 트럼프, 무아마르 카다피다.

1. 역사적으로 살펴봤을 때 내가 열등하다고 느낄 만한 사람은 아무도 없었다. 오히려 그 반대다.

2. (다른 후보들과 나와의) 유일한 차이점은 내가 더 정직하고, 내 여성들이 더 아름답다는 것이다.

3. 나를 두려워하기만 한다면 사람들이 날 존중하든 말든 상관없다.

4. 나를 사랑하지 않는 사람은 살 자격이 없다.

[답: 1. 실비오 베를루스코니 2. 도널드 트럼프 3. 칼리굴라 4. 무아마르 가다피]

아마도 대부분 정답을 다 맞히지 못했을 것이다. 이유는 간단하다. 병리주의 리더는 배경과 행동, 정책 측면에서 항상 놀라울 정도로 유사하기 때문이다. 어떤 한 특성이 다른 특성보다 더 강하고 전반적인 단절의 심각성 측면에서 약간의 차이가 있을지라도 이들은 매우 편협하고 특정한 방식으로 행동하는 매우 편협하고 특정한 유형의 인간을 대표한다. 단절이 심한 사람에게는 전반적으로 더 극단적인 특성이 있다. 또 병리주의자의 행동은 그들의 초단절성에 따라 결정되기 때문에 항상 매우 유사하다. 독감에 걸린 사람의 증상이 전부 유사한 것과 마찬가지다.

이미 우리는 연쇄 살인범과 마찬가지로 병리주의 리더는 히틀러와 무솔리니처럼 거의 항상 폭력적인 아버지나 트럼프와 존슨처럼 자리를 비운 어머니 아래서 트라우마를 겪는다는 사실을 알게 됐다. 대부분의 경우 이들의 잔인함은 무솔리니와 프랑코의 사례서 봤듯이 유년기의 후기 단계에서 명확하게 모습을 드러낸다. 이 시기에 이들은 이미 자기 자신과 단절하고 공감을 차단하며 무자비하게 자기 중심성을 키우는 방식으로 트라우마에 대응해 왔다.

· · ·

초단절형 리더는 종종 파시스트로 묘사되며 이들의 정치적 접근 방식은 종종 파시즘으로 설명된다. 트럼프를 지켜본 수많은 사람처럼 트럼프가 트위터(현 엑스ₓ)에서 한 폭언의 많은 피해자 중 한 명인 런던 시장 사디크 칸Sadiq Khan도 대통령의 파시스트적 성향을 인정했다. 2021년 신문 기사에서 칸은 트럼프가 "1930년대와 1940년대에 집권한 파시스트 독재자의 전술을 따르고 있다."[1]라고 설명했다. 그러나 실제로는 파시스트의 전술도 없고 파시즘의 이념적 근거도 전혀 없다. 파시즘은 정치 철학이라기보다는 권력자의 자리에 오른 초단절형 인간의 행동을 설명하는 용어일 뿐이다. 예를 들어 스탈린과 마오쩌둥이 공산주의를 내세웠듯이 병리주의자가 정치 철학을 내세울 수는 있지만 철학은 항상 부차적일 뿐이다. 파시즘은 단지 권력을 향한 이들의 욕구를 충족시키고 악의적 충동을 표현하도록 돕는 수단일 뿐이다. 정치적 스펙트럼의 다른 끝을 차지한다고 주장했지만 스탈린과 마오쩌둥의 공산주의적 병리주의는 히틀러와 무솔리니의 파시스트 병리주의와 **근본적으로 동일하다.**

사실 누군가는 파시즘을 일반적 극단주의 정치로 확장할 수도 있다. 극우 정치는 원칙이나 이상과는 아무런 관련이 없으며 일관된 철학을 따르지도 않는다. 극심한 단절 상태에서 비롯된 **악의적 세계관**일 뿐이다. 극우 정치의 민족주의와 외국인 혐오증은 병리적 공감 능력 부족에서 유래했다. 극단주의자는 이를 통해 다른 민족 집단, 기타 정치 및 종교 집단의 구성원을 비인간화하고 동료 인간이 아니라 사물로 간주한다. 극우 추종자는 열등과 불안에 관련된 일반적 원한과 분노감과 더불어 세상에 대한 전반적 의심과 불신감을 갖는다. 이러한 특성은 단절이 만들어 내는 고통스러운 분리감에서 생긴다. 이러한 모든 배경이 집약돼 터져 나온 사건이 2021년 1월 트럼프 지지자들의 국회의사당 습격이다. 극단주의 정치가 테러 행위를 일으킬 수 있는 이유를 명확하게 보여 주는 사례다.

병리주의 리더와 그 정권이 일으키는 혼란과 파괴 행동은 어떤 사상의 결과라기보다 단지 그들의 성격 특성의 표현이자 확장일 뿐이다. 즉, 그들의 혼란스럽고 파괴적인 성격이 표출될 따름이다. 그들은 어린아이처럼 나르시시스트적이고 충동적이기에 '오로지' 자기 자신의 성격 특성과 자신의 이익에 따라 행동할 뿐이다.

이번 장에서는 병리주의 리더 및 그 정권의 중요한 몇 가지 측면을 강조하고 이러한 측면이 그들의 단절적 성격 특성을 표현하는 이유를 증명하려 한다. 그뿐만 아니라 초단절형 인간의 일반적 특성을 요약하고 이들이 세상을 경험하는 방식과 파괴적 행동의 이유를 어느 정도 이해할 수 있도록 도울 것이다.

단절된 리더는 자신과 조직을 동일시한다

병리주의 리더와 그 정권은 항상 민족주의적이며 국가의 힘과 위신을 높이는 데 집착한다. 병리주의자는 트럼프와 히틀러처럼 위대한 미래를 약속하며 마치 위대한 신화를 이야기하듯 국가가 더 큰 권력과 명성을 누렸던 과거를 떠올리게 한다. 영국에서 민족주의자는 종종 영국 식민주의자들이 전 세계 수백만 사람들을 정복하고 억압하며 그들의 노동력과 천연자원을 착취했던 시기를 대영제국의 '위대한' 시절로 회상한다.

민족주의적 열정에 사로잡힌 병리주의 정권은 다른 국가를 권력과 명성을 쟁취하려는 경쟁에 나선 라이벌로 간주한다. 이들은 국제 협약에서 탈퇴하고 지원과 협력 제안을 거부하며 자기들만 번영할 수 있다고 극구 주장한다. 다른 국가나 민족의 사람을 열등하고 하찮게 보기 때문에 전 세계 다른 사람을 돕는 데 관심이 없다. 이들은 개인의 영역에서도 다른 사람의 관점으로 세상을 보지 못하듯이 다른 국가의 관점에서 세상을 바라보지 못한다.

병리주의가 바라보는 민족주의는 보통 **군사주의와 밀접한 관련이 있다.** 군대는 권력과 폭력을 상징하기 때문에 병리주의 리더는 군대와 자연스럽게 동맹 관계를 맺는다. 리더는 국가의 위신과 함께 자신의 위신을 높이기 위해 군대에 애착을 느낀다. 병리주의자는 거의 항상 군대를 증강하고 국방 및 무기 예산을 늘린다. 자신이 군대와 관련된 배경이 없더라도 군복을 입고 포즈를 취하고 군사 퍼레이드를 하며 거울 앞에 선 보디빌더처럼 힘을 과시하기를 좋아한다.

권력과 위신을 향한 욕망을 연료로 삼는 민족주의와 군사주의는 결국 **전쟁**으로 이어진다. 병리적 국가가 평화롭게 살기란 불가능하다. 언제든 다른 국가와 분쟁을 일으키거나 다른 국가를 침략하거나 공격하게 마련이다. 체코슬로바키아와 폴란드를 침공한 히틀러나 2014년 크림반도와 2022년 우크라이나를 침공한 푸틴 대통령처럼 병리주의자는 영토를 빼앗아 다른 민족을 지배하려는 충동에 빠져 있다. 현재의 영토로는 그들에게 결코 충분하지 않다. 새로운 기업을 계속 인수하는 초단절형 기업가처럼 그들은 계속 확장해야 한다.

병리주의 리더가 취하는 모든 행동은 국가와 자신을 '동일시하는' 병리주의자의 결과일 뿐이다. 이들에게 국가는 **자기 정체성의 연장선**에 놓여 있는 존재다. 이들의 민족주의적 열정은 그저 힘을 투사하고 자신의 개인적 권력과 명성을 높이려는 방편에 지나지 않는다. 이들의 고립주의는 그저 힘과 자만심을 투사하려는 남성적 충동의 표현이다. 다른 나라를 침략하고 새로운 영토를 확보하려는 이들의 팽창주의적 욕망은 그저 부와 재산을 축적하려는 **초단절형 충동**의 표현이다. 다른 민족을 정복하고 세계를 지배하려는 그들의 욕망은 그저 다른 사람을 통제하고 착취하려는 **초단절형 욕망**의 표현이다.

오직 권력에 긍정하는 자만이 가치 있다

병리주의 정권의 민족주의는 항상 매우 제한적 개념의 국가 정체성을 수반한다. 국가에 진정으로 소속되기 위해서는 올바른 민족적 배경, 올바른 종교, 심지어 올바른 성적 취향까지 갖춰야 한다. 하지만 병리주의가 지배력을 강화하고 주변 분위기가 더욱 편집증적이고 잔인하게 바뀔수록 국적의 진정한 개념은 점점 더 제한되고 있다. 애국자가 되려면 정부를 지지하고 리더를 사랑해야 한다. 카다피의 말을 빌리자면 "나를 사랑하지 않는 사람은 살 자격이 없다".

이처럼 제한된 국가 정체성 때문에 국가는 국가 이미지에 맞지 않거나 부패한 영향력을 미치는 **불순한 사람들**로 보이는 집단을 박해한다. 소위 국가 앞에 놓인 **'위대한 미래'**를 가로막는 장애물로 여기고 숙청해야 할 **내부의 적**으로 치부한다. 나치의 유대인 박해가 이 현상의 가장 끔찍한 사례다. 최근의 사례로는 1990년대 세르비아의 리더 슬로보단 밀로셰비치Slobodan Milosevic가 세르비아계 인구가 많이 사는 크로아티아 및 보스니아 지역을 포함해 인종적으로 순수한 세르비아 국가를 만들겠다는 욕망으로 세르비아인이 아닌 사람을 강제로 학살하거나 몰아낸 사건을 들 수 있다. 밀로셰비치의 병리적 민족주의는 제2차 세계대전 이후 유럽에서 처음으로 대규모 분쟁을 일으켜 약 14만 명을 사망에 이르게 했다. 중국에서도 신장 위구르 자치구 무슬림에 대한 대량 학살로 비슷한 현상이 일어나고 있다. 이러한 박해는 심리학자들이 '도덕적 배제moral exclusion'라고 부르는 현상 때문에 발생한다. 국가 정체성에 부합하지 않는 사람은 도덕성을 베풀 대상으로부터 배제된다. 심지어 연쇄 살인범이나 테러리스트가 그들의 피해자를 대하는 것과 같은 방식으로 비인간화되고 양심의 가책 없이 억압하고 살해할 수 있는 무생물로 취급된다.

이처럼 비인간적 대우를 바탕으로 나치는 수백만 명의 유대인을 죽인 후 그들의 피부를 전등갓으로, 머리카락을 옷과 군화 안감으로 만드는 데 사용할 수 있었다. 심리학자 에리히 프롬Erich Fromm은 유대인을 강제 수용소로 이송하도록 계획한 히틀러의 측근 아돌프 아이히만Adolf Eichmann에 대해 이렇게 말했다. "그는 석탄을 운반하듯 유대인을 운반했다. (⋯) 모든 생명을 관리해야 할 사물로 바꾼 완벽한 독선주의자였다."[2] 오늘날 중국 당국이 신장 위구르 자치구 무슬림과 다른 정치범의 내부 장기를 '적출'할 수 있게 하는 것도 같은 태도라고 할 수 있다.

가짜 애국주의에 속지 마라

그러나 사실 병리주의자는 국가에 대한 충성심이 거의 없다. 국가에 대해 개인적 관계만큼이나 **얄팍한 애착**을 가질 뿐이다. 이들에게 국가는, 심지어 자신이 속한 정당조차 자신의 충동을 충족시키고 야망을 실현하는 데 도움이 되는 **도구**에 불과하다. 국가를 구성하는 평범한 국민에게도 마찬가지다. 병리주의자는 자신을 사랑하는 '진정한 애국자'인 지지자들에게 사랑을 공언할 수 있지만, 이는 단지 그들이 자신을 지지하기 때문일 뿐이다. 일상생활에서 모든 초단절형 인간이 그러하듯 병리주의자 역시 자신의 목적을 위해 자국민을 착취하고 조종할 따름이다.

국가가 더 이상 그들의 욕구를 충족하는 데 도움을 줄 수 없게 됐을 때 병리주의 리더가 종종 국가에 등을 돌린다는 것이 그 증거다. 제2차 세계대전에서 패배가 확실해졌을 때 히틀러가 취한 행동을 보면 알 수 있다. 히틀러는 국가와 국민을 향한 불멸의 사랑을 품은 '위대한 독일인'을 자처했다. 하지만 그는 자신의 몰락을 독일 국민 탓으로 돌리며 그들에게 복수할 것이라 맹세했다. 그는 기차선로와 다리, 통신선과 부두, 공공 시설과 공장 등 독일에 남아 있는 사회 기반 시설과 산업 시설을 파괴하라고 명령했다. 하지만 다행히 아무도 이 명령에 따르지 않았다.

모든 초단절형 인간이 그렇듯 병리주의자는 자기 말고는 아무도 사랑하지 않는다. 이들은 자신의 탐욕스러운 충동을 충족시키는 데만 집중하기 때문에 다른 사람에게 관심이나 애정을 조금도 갖지 않는다. 자기에게 아첨하는 측근, 관심과 찬사를 보내는 지지자, 자기 자신의 가족을 제외하고는 자기 찬양의 또 다른 원천이 되는 사람만을 존중한다. 가끔 이들이 존경하는 유일한 사람이 다른 국가의 병리주의 리더일 때도 있다. 이는 트럼프가 푸틴 대통령, 터키의 타이이프 에르도안Tayyip Erdogan 대통령, 북한의 김정은 같은 병리주의 리더에게 그토록 열렬히 호의를 베풀고 비판을 삼가는 이유를 설명하는 데 도움이 된다. 동시에 트럼프는 독일과 캐나다 같은 미국의 전통적 민주주의 동맹국과의 관계도 무시했다. 아마도 트럼프는 푸틴이나 김정은 같은 사람들이 다소 부러웠을 것이다. 이들은 미국 민주주의의 제약 때문에 마음껏 행동하지 못한 트럼프보다 훨씬 더 큰 권력을 행사할 수 있었기 때문이다.

히틀러와 무솔리니도 서로 존경하는 관계였다. 1920년대에 무솔리니의 파시즘이 자리를 잡을 때 히틀러는 그 모습을 예의주시하고 있었다. 여러 면에서 무솔리니의 전체주의 국가는 나치 정권의 표본이었다. 히틀러는 로마식 경례와 대규모 대중 집회, 검은 유니폼의 착용, 어린아이 세뇌 교육 등 무솔리니의 전략과 관행을 상당 부분 채택했다. 히틀러는 무솔리니를 자신의 유일하고 진정한 친구로 묘사하기도 했다. 하지만 제2차 세계대전 중 무솔리니와 그의 군대가 걸림돌이 되자 두 사람의 관계는 냉랭해졌고 히틀러는 곤경에서 벗어나기 위해 자원을 분산해야 했다.

물론 병리주의자도 **가족에 대한 애착**을 느끼는 경우가 많다. 이들은 종종 관련 경험이 없는 가족 구성원에게도 중요한 직책을 맡겨 정부를 구성하곤 한다. 이는 부분적으로 다른 사람을 의심하는 반면, 가족은 믿을 수 있다고 생각하기 때문이다. 동시에 가족, 특히 자녀를 자신의 **대리자**로 여긴다. 노년까지 권력을 유지한다면 간접적으로 통치를 이어가기 위해 보통 자녀 중 한 명의 아들을 후계자로 지명한다.

김정은도 북한 공산주의 왕조의 부조리한 애착으로 3대째 통치자 자리를 지키고 있다. 또 다른 예인 아이티의 독재자 파파 독 뒤발리에Papa Doc Duvalier는 한 나라를 통치한 사람 중 가장 잔인하고 불안정한 사람 중 한 명이 틀림없다. 그는 20년 넘게 자국민을 공포에 떨게 만들었다. 1971년, 아이티의 국민 입장에서는 다행스럽게도 그가 세상을 떠났다. 하지만 그는 세상을 떠날 때가 됐음에도 권력을 포기하지 않고 열아홉 살의 아들을 차기 종신 대통령으로 지명했다. 트럼프 역시 유사한 충동에 휩싸여 자녀의 정치 경력을 장려하며 그들을 미래의 대통령 후보로 지목한 바 있다.

보수라는 명목하에 취하는 태도

병리주의자는 항상 **강경 정책**을 추구한다. 법과 질서의 수호자를 자처해 범죄와 이민에 대해 엄한 잣대를 들이대며 더 가혹한 처벌을 내리고 더 많은 사람을 감옥에 보내려 한다. 난민과 망명 신청자의 권리를 박탈하고 국경을 폐쇄하며 더 많은 비국적자를 추방하려 한다. 종종 복지 지원과 사회 서비스를 삭감하고 보호와 규제를 완화해 **경쟁과 불평등을 심화**한다.

동시에 병리주의자는 **전통의 수호자**라는 이름 아래 진보적 발전을 거부한다. 종종 낙태와 여성 인권, 동성애자의 권리와 동물 복지, 환경 보호 등에 반대하는 입법을 발의한다. 이들이 진정으로 종교적인 경우는 드물다. 다시 한번 말하지만 이들은 너무 **자기중심적**이어서 다른 사람, 심지어 신에게도 관심과 존경을 표하지 않는다. 대개는 근본주의적 유형의 **전통 종교와 동맹**을 맺곤 한다. 단, 마르크스주의 원칙에 따라 거의 항상 무신론자인 공산주의 병리주의자들은 예외다. 게다가 공산주의적 병리주의는 대개 혁명에 기반을 두고 있기 때문에 오래된 전통을 지키기보다는 파괴하려 한다.

병리주의자는 평범한 사람과 동맹을 맺고 **노동 계급에게 큰 인기**를 얻기도 한다. 하지만 실제로는 대다수 사람의 삶을 더 어렵게 만든다. 이들의 정책은 항상 가난한 사람보다 **부유한 사람에게 더 유리**하다. 사회주의자나 공산주의자라고 공언하면서도 항상 더 큰 **불평등**을 빚어낸다. 많은 사람의 권리를 빼앗고 규제를 약화시키며 기업과 사업계 리더에게 아부한다. 다른 독재자를 존경하듯이 리더 중 일부는 분명 그들을 존경한다.

이러한 강경 정책은 병리주의자의 악의와 공감 능력 부족의 표현일 뿐이다. 수감자나 난민의 처지에 전혀 공감하지 않기 때문에 그들을 더 잘 대우해야 한다는 양심의 가책도 느끼지 못한다. 오히려 일반적 악의를 감안하면 사회적 약자 집단의 삶을 더 어렵게 만들거나 더 가혹하게 처벌하고 싶어 한다. 마찬가지로 공감 능력이 부족하기 때문에 빈곤과 실업, 의료 서비스 부족으로 어려움을 겪는 평범한 사람의 처지도 이해하지 못한다. 또한 가장 똑똑하고 야심 찬 '적자'가 정상에 오르는 **다원주의적 투쟁의 관점**으로 삶을 보기 때문에 복지와 사회적 지원에도 반대한다. 단절된 세상에서는 부자가 부를 누릴 자격을 갖고 가난한 사람은 가난해야 마땅하며 승자는 패자를 동정하거나 도와야 할 책임을 느껴야 할 이유가 없다. 결국 병리주의자와 초단절형 인간은 대체로 연민과 이타심을 부드러운 여성적 특성으로 간주해 억압하고자 한다. 그들에게 공감과 감정은 나약함의 신호일 뿐이다. 예를 들어 히틀러는 동정심을 유대인의 특성이자 타락의 신호로 봤다. 그에게 삶이란 가장 잔인한 자만이 살아남는 야만적 투쟁이었다. 따라서 동정심은 생존에 방해가 되는 요소였다.

이는 또한 병리주의 정권이 대개 가부장적이고 정권 내에서 여성의 지위가 낮은 이유를 이해하는 데 도움이 된다. 앞서 언급했듯이 초단절형 인간은 감정과 공감을 평가절하하는 것과 마찬가지로 감정과 공감이라는 특성과 관련된 여성도 평가절하한다. 권력과 통제에 대한 끝없는 욕망 때문에 초단절형 인간은 무의식적으로 여성의 성적·낭만적 권력에 분노해 여성을 처벌하고 싶은 충동을 느끼기도 한다. 히틀러와 무솔리니, 프랑코의 파시스트 정권은 여성을 폄하했으며 대부분 여성을 일상생활에서 배제한 채 그저 생식 기계로만 간주했다.

여기서도 공산주의적 병리주의는 예외다. 공산주의 정권에서는 일반적으로 여성의 더 많은 평등을 고취했다. 양성평등은 마르크스주의의 원칙이자 공산주의 정부가 전통과 결별할 수 있는 또 다른 방법이기도 했다. 마오쩌둥과 스탈린 모두 군대에 여성 부대를 만들기도 했다. 실제로 나치 병사들은 스탈린그라드 전투에서 사나운 러시아 여군을 맞닥뜨리고 충격과 경악을 금치 못했다. 성평등의 원칙은 제2차 세계대전 이후 동유럽의 공산주의 국가에도 적용됐다. 공산주의 정권의 한 가지 긍정적인 측면이긴 하지만, 따지고 보면 여성이 남성과 똑같은 방식으로 억압과 학대를 받았다는 뜻일 뿐이다. 실제로 여성의 권리는 **존재하지 않았다.** 이는 누구에게도 권리가 없었기 때문이다. 게다가 공산주의 정권에서는 국영 유치원에 아이를 맡길 수 있게 해 여성이 노동력의 일부가 되도록 장려했다. 이 방침은 개인 재산이 없으며 아이들을 포함한 모든 재화와 소유물은 국가에 속한다는 공산주의 원칙에 부합했다. 아이들을 세뇌시키기도 더 쉬워졌다.

그들은 반대를 절대 참지 못한다

초단절형 인간은 강한 사람처럼 보이고 싶은 욕망에도 불구하고 항상 몹시 불안정하다. 극도로 분리돼 있기 때문에 무의식적으로 연약함과 취약함에 깊이 사로잡혀 있다. 아무리 큰 권력과 명성을 얻는다 해도 기본적으로 여전히 관심과 애정에 굶주린 어린아이에 불과하다. 성인이 돼도 이러한 만성적 불안감을 상쇄하고자 끊임없이 관심과 찬사를 받고자 한다.

만성적 불안이라는 특징은 병리주의 리더들의 또 다른 공통적 특성을 설명하는 데 도움이 된다. 반대와 반항을 참지 못하고 불안정하기 때문에 어떤 비판에도 큰 상처를 받는다. 자신은 결점이 없고 실수할 수 없다고 믿기 때문에 작은 반대나 비판이라도 자아 이미지에 위협으로 느낀다. 또한 자신은 비판받을 리가 없다고 느끼기 때문에 자신을 비판하는 사람은 반드시 어떤 의도가 있거나 악의적 거짓말을 퍼뜨릴 뿐이라고 여긴다. 결국 이들은 자신을 비판하는 사람들을 침묵시키기 위해 잔인하고 폭력적인 방법을 동원하려 한다.

이것이 바로 병리주의자가 **언론의 자유를 파괴**하려고 하는 이유다. 병리주의자는 자신에 대한 반대를 견디지 못하며 자신의 완벽한 판단에 의문을 제기하는 사람이 있다는 사실에도 충격을 받는다. 따라서 비판과 반대를 제거하고 미디어 채널을 자기 자신의 선전으로 채우기 위해 언론을 장악한다. 자신의 취약한 자아로는 다양한 미디어 채널을 통해 끝도 없이 쏟아지는 논평과 비판을 감당하기가 너무 벅차기 때문이다.

또한 병리주의자는 자신에 대한 비판을 참지 못하고 자기 주변을 '예스맨'으로 채우는 경향이 있다. 언론을 대할 때와 마찬가지로 이들은 자신의 판단에 의문을 제기하는 사람과 함께 있는 것을 견디지 못하기 때문에 정부에 순응하지 않는 구성원을 재빨리 내쫓는다. 그 과정에서 충실하지 못한 태도를 보인 동료가 얼마나 잔인하게 처벌되는지 알게 된 나머지 사람은 침묵을 지키는 법을 배우게 된다. 로바체브스키가 지적했듯이 병리주의자가 도덕적이고 책임감 있는 사람들을 빠르게 몰아내는 방법 중 하나다. 한 역사가에 따르면 무솔리니는 "자기에게 동의하지 않는 한 전문가들을 결코 믿지 않았다".[3] 시간이 지날수록 그는 **점점 더 고립되고 현실과 단절됐다.** 더불어 자신이 듣고 싶은 말만 하고 아무리 충동적 결정이라도 전부 동의하며 불안해하는 측근들에게 둘러싸이게 됐다. 여기서도 트럼프와의 유사점이 분명하게 드러난다. 이것이 바로 병리주의 정부가 쉽게 무능해지는 또 다른 이유다. 좋은 정부에는 반대 의견을 비롯해 다양한 관점과 아이디어가 필요한 법인데, 병리주의 정부에서는 이 **모든 것이 억압**된다.

파괴적이고 철저히 악의적인

초단절형 인간의 근본적 특징 중 하나는 바로 **철저한 악의**다. 병리주의자와 그 정권은 **끔찍한 파괴성**을 중심에 두고 있다. 사람들을 죽이고 국가를 폭격하고 제도를 파괴하고 환경을 훼손하고 권리와 규제를 후퇴시키는 등 집권하는 동안 최대한 많은 혼란과 파괴를 일으키는 것이 마치 자신들의 사명으로 여긴다고 느낄 정도다. 어떤 행동에도 정당성이 없어 보인다. 다른 아이의 장난감을 짓밟거나 모래성을 무너뜨리는 아이처럼 **그저 피해를 입힐 목적**에서 나오는 행동일 뿐이다. 보우소나루가 아마존 열대우림 파괴를 부추기거나 트럼프가 환경 보호 정책을 폐기하고 파리 기후 협약을 탈퇴한 데에는 합리적 근거가 없다. 심지어 트럼프는 더욱 강경한 조치로 퇴임 전 사형수에 대한 사형 집행을 승인하기도 했다. 선거 패배 이후부터 대통령 임기가 끝날 때까지 열세 건의 사형이 집행됐다. 즉 트럼프의 재임 기간에 역대 어느 대통령 때보다 더 많은 사람이 사형됐다는 뜻이다.

이와 관련해 초단절형 인간은 사회 진보를 상징하는 어떤 긍정적 발전도 불신하는 것을 넘어 방해하려 한다. 이들은 불의에 맞서 싸우거나 환경을 보호하기 위해 노력하거나 일반적 의미에서 이타적으로 행동하는 사람, 즉 '착한 일을 하는 사람do-gooders'이라 불리는 사람을 폄하하며 비뚤어진 쾌락을 느낀다. 초단절형 인간이 악의를 품고 공감 능력이 부족하다는 사실은 이들이 자선 행위나 이타주의 행위를 이해할 수 없기 때문에 본능적으로 이런 행위에 반대한다는 것을 의미한다.

● ● ●

가장 심오하고 통찰력 있는 심리학자 중 한 명인 에리히 프롬은 초단절형 인간의 파괴적 충동을 '네크로필리아necrophilia', 즉 죽음을 향한 사랑이라고 설명했다. 건강한 사람은 삶을 향한 사랑, 즉 '바이오필리아biophilia'를 경험하지만 소수의 병리적 사람들은 죽음과 파괴를 숭배한다. 프롬은 히틀러를 네크로필리아 유형(죽음 지향적 성격—옮긴이)의 완벽한 사례로 봤다. 그는 적을 파괴하는 데 실패한 후 국가로서의 독일을 파괴할 것을 요구했고 결국 자기 자신도 파괴했다. 프랑코 역시 파괴를 즐기고 사랑과 행복을 믿지 않은 네크로필리아의 명백한 사례였다. 프랑코의 민족주의 운동의 슬로건 중 하나는 그의 장군 중 하나가 만든 "죽음이여, 영원하라!"였다. 프롬은 네크로필리아가 삶과 미래에 대한 두려움에서 동기를 부여받는다고 설명했다. 그는 덧붙여 이렇게 묘사했다. "(네크로필리아는) 생명을 깊이 두려워한다. 본질상 무질서하고 통제할 수 없기 때문이다. (…) 자궁의 어둠, 무기물 또는 인간 이하의 존재였던 과거로 돌아가고 싶어 한다."[4]

프롬이 네크로필리아에 대해 설명한 내용을 약간 변형해 내 견해를 밝히자면 초단절형 인간의 파괴적 특성은 극단적 분리 상태에서 비롯된다. 즉 이들은 자기만의 감방에 갇힌 죄수처럼 **영구적 불만**과 **좌절**의 상태에서 살아간다. 인간의 행복 중 상당 부분은 타인, 주변 세계와의 연결감에서 비롯되기 때문에 이들은 진정한 행복을 경험할 수 없다. 진정한 행복은 다른 사람과 함께하며 서로 나누고 자연경관이나 아름다운 예술 작품이나 음악에 빠져들고 매력적인 활동에 온전히 집중하고 다른 사람을 돕는 등 자신을 잃고 내어 주는 데서 오기 때문이다.

하지만 초단절형 인간은 자기 안에 갇혀 있기 때문에 자신을 내어 주지 못한다. 이들은 승리를 거두거나 적을 응징한 후 짧은 기간 동안 행복을 느끼는 데 그친다. 이러한 유형의 행복은 교만과 자만심, 남의 불행을 기뻐하는 태도에서 생기기 때문에 오히려 독이 된다. 그리고 항상 금방 사라져 버려 다시 익숙한 불만과 불완전함의 상태로 돌아가고 만다.

• • •

초단절형 인간이 겪는 세상에 대한 경험은 창백하고 얕다. 이들은 결코 자아에서 벗어나지 못하기 때문에 항상 음울하고 절반의 현실만 볼 수 있는 세상에서 산다. 아름다운 석양이나 산, 그림이 주는 기쁨을 결코 경험하지 못한다. 이들에게는 다른 사람도 반쪽짜리 현실이기 때문에 사랑의 기쁨이나 진정한 우정의 깊은 친밀감조차 결코 느낄 수 없다.

이것이 초단절형 리더가 파괴적 성향을 띠는 궁극적 이유다. 비명을 지르며 감방 벽을 두드리는 죄수들처럼 이들은 자신에게 분리된 현실의 고통을 안겨 준 세상을 향해 좌절감을 토해 내고 분노를 쏟아붓는다. 시간이 지날수록 불만과 좌절은 커져 더 많은 악의와 파괴를 만들어 낸다. 초단절형 리더는 점점 더 무자비하고 잔인해져서 더 많은 혼란과 억압, 폭력을 일으키고 궁극적으로 자기 자신을 파멸로 내몬다.

초단절형 인간이 파괴적 성향을 띠는 또 다른 이유는 이들에게 추종자가 필요한 것처럼 적도 '필요'하기 때문이다. 병리주의자는 자신의 취약한 정체성을 강화하기 위해 다른 국가와 갈등을 일으키고 자국 내 특정 집단을 악마로 만들어야 한다. 이때 **적은 추종자와 동일한 기능을 한다.** 적대적 집단은 초단절형 인간에게 자신의 정체성을 상기시키고 자신을 더 명확하게 볼 수 있게 해 주는 거울과도 같은 존재다. 동시에 적대 세력을 통해 스스로를 반영하며 형성되는 집단 정체성의 감각은 초단절형 리더의 매력 중 하나다. 이러한 리더의 추종자는 함께라는 느낌과 소속감을 즐긴다.

또한 앞에서 언급한 모든 특성, 즉 민족주의와 군사주의, 강경 정책, 반대를 참지 못하는 편협함과 악의는 초단절형 인간의 가장 근본적 특성인 **공감 부족** 때문에 가능하다는 점도 언급할 필요가 있다. 같은 인간에게 공감하는 사람이라면 그들과 전쟁을 벌일 수 없다. 단지 나와 의견이 다르다는 이유만으로 권리나 사회적 지지를 박탈하거나 처벌하거나 죽일 수도 없다. 자기 자신의 비뚤어진 쾌락을 위해 그들에게 고통을 줄 수도 없다. 인간이 아닌 다른 존재와 자연계 전반에 대해서도 공감할 수 있다면 환경 파괴를 권장할 수도 없다.

내 것과 다른 것은 사실이 아니다

내가 탐구하고 싶은 일반적 초단절형 인간과 병리주의 리더의 또 다른 특성이 하나 더 있다. 바로 **자기기만**이다. 자기기만은 외부 세계와 빈약한 관계를 맺는 초단절형 인간에게 필연적으로 생기는 결과다. 이들은 자신의 주관적 세계에 너무 몰입한 나머지 자신의 생각과 욕망이 세상 자체처럼 **실재한다**고 여긴다. 따라서 세상에서 일어나는 사건이 자신의 욕망이나 생각과 충돌하면 그 사건의 현실을 거부하기 십상이다. 자신이 선호하는 현실관과 모순되는 부정적 정보는 쉽사리 무시한다.

　이처럼 **자신의 욕망이나 생각과 다른 현실을 거부하는 특성**이 바로 초단절형 리더가 주변에 아첨꾼을 불러 모으는 이유 중 하나다. 일단 망상을 현실로 받아들이고 나면 의문을 제기하기보다 기꺼이 망상을 유지하게 도와줄 사람이 필요하다. 자기 망상은 초단절형 리더가 위기에 대응하는 데 매우 취약한 이유 중 하나이기도 하다. 이들은 부정적 정보를 받아들이기를 꺼리기 때문에 위험한 상황의 실체를 직면하지 못한다. 위험이 존재하지 않는 척하거나 오히려 위험을 무시하는 쪽을 택한다. 위험에 대처하는 데 필요한 예방 조치를 취하지도 않는다.

●●●

제2차 세계대전에서 연합군이 우위를 점했을 당시 히틀러의 자기기만적 태도는 심각한 문제로 부상했다. 그는 실패와 위험을 받아들이지 않고 기이할 정도로 비현실적 희망에 매달리며 수많은 어리석은 결정을 내렸다. 예를 들어 1944년 연합군은 나치가 칼레에서 프랑스를 침공하도록 유도하는 기만 작전을 성공적으로 수행했다. 연합군이 노르망디에 상륙한 후에도 히틀러는 자신이 속았다는 사실을 인정하지 않았다. 심지어 연합군 일부가 칼레에 상륙하리라고 확신하며 수많은 병사를 계속 주둔시켰다. 히틀러의 장군들은 그의 기만적 생각에 절망했다.

히틀러의 의견에 반대하는 용감한 장군도 몇몇 있었다. 하지만 히틀러의 결정이 분명 재앙을 초래하게 될 상황에서조차 그의 뜻을 꺾지는 못했다. 결국 히틀러가 더욱 비이성적인 결정을 내리기에 이르자 그의 장군들은 그를 암살하려 했다. 암살 시도는 실패로 돌아갔으며 신이 자신을 보호하고 있으며 자신이 독일의 구세주라는 히틀러의 망상에 더욱 힘을 실어 주기까지 했다. 전쟁이 끝날 무렵, 러시아 군대가 베를린으로 진격하고 있을 때도 히틀러는 항복을 마다하고 갑자기 유령 독일군이 나타나 러시아군을 무찌를 것이라는 기괴한 희망에 집착했다.

현실보다 자신이 상상한 사건을 선호하는 경향은 트럼프의 대통령 임기 내내 계속된 주제이기도 했다. 트럼프의 자기기만은 취임 초기부터 분명하게 드러났다. 트럼프는 취임식 현장을 찍은 사진상 증거가 있는데도 불구하고 자신의 취임식에 참석한 군중이 오바마 대통령 취임식 때보다 적다는 사실을 믿지 않았다. 트럼프는 대통령 임기 내내 부정적 정보, 예를 들어 낮은 여론조사 수치, 다른 병리주의 리더가 저지른 과오의 증거, 코로나19 바이러스 전염병 관련 데이터 등을 받아들이지 않았다. 자기가 선호하는 버전의 진실에 부합하지 않는 정보는 그냥 가짜 뉴스로 치부해 버렸다. 기후 변화의 현실을 받아들이지 않는 태도에서도 트럼프의 자기기만적 성향은 잘 드러난다. 자신의 취임식 참석자 규모와 같은 사소한 부정적 정보조차 받아들일 수 없었던 그가 생태계에 닥칠 재앙에 대한 전망을 마음에 품을 가능성은 희박하다.

트럼프의 자기기만은 코로나19 팬데믹에 대한 태도에서 가장 명확하게 모습을 드러냈다. 그는 무시하면 사라지기라도 할 것처럼 위험을 끊임없이 얕잡아 봤다. 그 결과 트럼프는 의미 있는 조치를 전혀 취하지 않았고 미국은 다른 어떤 경제 선진국보다 더 심각한 고통을 겪었다. 결국 트럼프는 선거에서 패배하게 됐다. 물론 트럼프는 재선에 실패한 현실조차 받아들일 수 없었다.

자기기만은 병리주의자, 일반적으로는 초단절형 인간이 쉽게 분노를 일으키는 이유 중 하나다. 자신이 선호하는 결과에 부합하지 않은 사건이 발생하거나 다른 사람이 자신이 선호하는 현실에 의구심을 품으면 이들은 자신이 원하는 것을 얻지 못한 버릇없는 아이처럼 분노를 터트리곤 한다. 트럼프는 히틀러와 세르비아의 리더 밀로셰비치처럼 거칠게 분노를 터트리는 것으로 유명하다. 밀로셰비치는 히틀러가 떠오를 정도로 "울화통을 터트리고 보좌관에게 소리를 지르며 문서를 공중에 던지는 경향이 있었다".[5]

밀로셰비치는 또한 자기기만에 빠지기 일쑤였다. 그의 참모 중 한 명인 페리시치Perisic 장군은 히틀러의 장군들이 그랬던 것처럼 밀로셰비치가 **현실로부터 단절**돼 있으며 자기 자신의 **비이성적 생각**을 앞세우느라 유용한 의견과 제안을 거부한다며 불만을 표출했다.[6] 수만 명이 밀로셰비치 정권에 반대하는 시위를 벌이고 있을 때 베오그라드 시장이 충격을 받은 적도 있었다. 밀로셰비치가 시장에게 "당신은 CNN을 너무 많이 보는 것 같은데요. 시위 같은 건 없습니다."[7]라고 말했기 때문이다.

히틀러의 경우와 마찬가지로 초단절형 인간의 자기기만은 자신의 몰락이 가까워질수록 더욱 심해진다. 그러면 그들의 희망 사항과 현실 사이의 괴리는 셰익스피어의 비극에서 나올 법한 고통을 자아낼 정도로 부조리해진다. 밀로셰비치처럼 자신을 상대로 대규모 반란이 일어났음에도 불구하고 그들은 자신이 폭넓게 사랑을 받지 못한다는 사실을 믿지 못했다. 2011년 카다피의 군대가 리비아 전역에서 대규모 시위를 폭력적으로 진압하고 있을 때 카다피 대령은 인터뷰에서 "리비아 국민은 나를 사랑하기 때문에 시위가 존재할 가능성이 없다."라고 주장했다. 그는 알카에다가 일부 리비아인에게 마약을 공급하고 그들이 자신에게 등을 돌리게 한다는 주장을 펼쳤다. 몇 달 후 카다피는 자국민에게 살해당했다.

훌륭한 초단절형 리더는 없다

초단절형 인간이 훌륭한 리더가 된다는 학설이 있다. 이들의 카리스마와 매력은 인기를 끌어 사람들을 통합하는 효과를 몰고 온다. 자신감과 결단력이 있어 일을 신속하게 처리할 뿐만 아니라 신념이 확고해 목표를 설정한 다음 끈질기게 지켜 나간다. 공감 능력이 부족하다는 점도 이들의 외골수적 성향을 부추겨 가끔 실제로 성과를 거두는 데 이바지할 때도 있다. 이와 같은 주장을 바탕으로 영국의 심리학자 케빈 더튼Kevin Dutton은 압박 속의 냉정함, 대담함, 무자비함, 충동성 등과 같은 자질을 소유한 '좋은 사이코패스good psychopath'라

는 개념을 내놓기도 했다.[8]

그러나 지나치게 경쟁적이고 위계적이며 부정적인 성격 특성에 이토록 왜곡된 가치를 부여하는 병든 사회에서는 좋은 사이코패스만이 존재할 뿐이다. 또한 이미 주장했듯이 초단절형 인간이 결단력이 있고 대담하며 자신감이 넘친다는 생각은 **착각**이다. 이들은 정말 결단력이 있는 것이 아니다. 그저 충동적일 뿐이다. 진정으로 자신감이 넘치는 것이 아니라 자기 인식과 자제력이 부족할 뿐이다. 실제로는 대담하지 않으며 감정이 부족할 따름이다.

우리가 상상할 수 있는 모든 측면에서 초단절형 인간은 **최악의 리더**다. 역사를 통해 고통스럽게 그리고 규칙적으로 드러나듯이 좋은 사이코패스 리더란 존재하지 않는다. 반대로 최근 몇 세기 동안, 특히 19세기 말 이후 인류를 괴롭혀 온 고통의 상당 부분은 사악하고 무능한 초단절형 리더들이 직접 일으켰다.

'좋음'을 도덕적 기준이 아닌 단순히 성공의 관점에서 정의하더라도 초단절형 인간은 좋은 리더로 간주될 수 없다. 이 정의에 따르면 좋은 사업가 리더는 기업에서 더 많은 수익을 창출하고 시장 점유율을 확대하고 효율성을 높이는 사람일 것이다. 마찬가지로 좋은 국가 리더는 경제적 성장을 일으키고 고용을 증대하며 국가 재정 적자를 줄이고 국가적 위기에 효과적으로 대처해야 할 것이다. 체스 선수처럼 훌륭한 리더는 전략적으로 사고하고 여러 측면을 평가하며 장기적 목표를 개발해야 한다. 상황이 예상과 다르게 흘러가면 계획을 변경할 수 있도록 유연하고 열린 마음을 갖춰야 한다.

초단절형 인간은 이러한 지점에서도 완전히 실패한다. 충동적이기 때문에 체계적이거나 전략적으로, 아니면 장기적으로 생각하지 못한다. 나르시시트적이기 때문에 다양한 관점이나 측면을 고려하지 못한다. 자기기만적이기 때문에 상황을 잘못 읽고 위기에 효과적으로 대처하지 못한다. 체스에 비유하자면 이들은 한두 수만 예측할 뿐이다. 체스판의 작은 부분만 한 번에 볼 수 있으며 상대방에게 언제 공격당할지 모르는 참가자와 같다. 그래서 초기에 어느 정도의 성공을 거둘 때도 많지만 초단절형 리더는 결국 항상 국가와 기업을 **파멸**로 이끈다.

지능이나 능력, 권력을 향한 욕망 사이에는 상관관계가 없다는 점을 기억해야 한다. 대부분의 현대 정치인은 다른 사람보다 더 유능하고 자격이 있어서가 아니라 **단순히 권력을 갈망하고 끈질기게 추구하기 때문에** 그 역할을 차지하곤 한다. 병리주의 리더가 약삭빠른 지능을 갖춰 다른 사람을 조종하고 경쟁자를 제압할 수 있는 경우가 많긴 하다. 하지만 이런 능력은 기업이나 국가가 번영할 수 있게 하는 명석하고 전략적인 지능과는 전혀 다르다.

민주주의를 전혀 이해하지 못한다

초단절형 리더의 마지막 주요 특성은 민주주의를 향한 증오와 민주주의를 훼손하겠다는 결의다. 민주주의는 초단절형 권력자로부터 대다수의 사람을 보호하는 수단이다. 민주주의는 역사상 가장 긍정적 발전 과정 중 하나다. 특히 가장 초기의 수렵 채집 사회와 아메리카 원주민과 같은 집단이 실행한 초기 형태에서 빛을 발했다. 고대 그리스의 직접 민주주의에도 적용된 사회 형태다. 고대 그리스에서는 시민이 집단적으로 법과 정책을 결정했다. 현대 사회에서는 직접 민주주의의 자리를 선거 또는 대의 민주주의가 이어받았다. 이상적이라 할 수는 없어도 여전히 어느 정도는 효과적이다.

지금까지 우리는 식민지 시대 이후의 아프리카와 중동처럼 민주적 제도가 사라진 곳에서 독재 정권이 발생하는 모습을 몇 번이고 살펴봤다. 최근 미국과 영국의 경험에서 알 수 있듯이 민주주의가 반드시 병리주의의 등장을 제어하지는 않는다. 하지만 민주주의가 뿌리내리고 있으면 병리주의가 발생할 가능성이 줄어드는 반면, 민주주의가 뿌리를 내리고 있지 않으면 독재 정권이 발생할 수밖에 없다. 또한 민주주의 국가에서 발생하는 병리주의 정권은 혁명 이후의 러시아나 중국, 후세인의 이라크와 같은 비민주주의 사회의 병리주의보다는 나은 편이다. 민주적 절차 및 제도가 병리주의 정권의 권력을 제한하기 때문이다. 민주적 제도는 잠재적 독재자의 권력을 점검해 이들의 권한을 제한하고 권력이 분리되고 공유되도록 보장하는 역할을 한다. 이것이 바로 미국 헌법과 권리장전의 중심 사상이다. 부패한 권력의 영향력을 인식한 건국의 아버지들은 연방 정부를 입법부, 행정부, 사법부의 세 영역으로 나누어 서로 견제하고 균형을 잡을 수 있도록 했다.

범죄자가 법을 경멸하거나 청소년이 부모가 정해 준 규칙을 싫어하는 것처럼 병리주의자는 **자신의 행동을 제약한다는 이유**로 민주주의를 경멸한다. 민주주의는 그들이 갈망하는 모든 것에 방해가 된다. 마치 부유한 도시를 둘러싸고 있는 방어벽처럼 이들이 무한한 권력과 부, 존경을 누리지 못하게 한다. 더욱이 병리주의자는 민주주의의 개념을 이해하지 못한다. 자신이 다른 사람보다 우월하다고 여기고 자신의 판단이 항상 옳다고 믿기 때문에 자신이 결정한 사항을 공유하거나 다른 사람의 의견을 고려하는 것은 이들에게 의미가 없다. 병리주의자는 자신을 니체가 말한 **초인**으로 여긴다. 초인에게는 일반적인 도덕규범이 적용되지 않는데, 이런 점이 나치가 철학자 니체에게 매력을 느낀 이유 중 하나다. 심지어 나치는 니체가 연민을 평범함과 나약함에 물들게 하는 부패한 기독교적 미덕으로 폄하한 점도 높이 산다.[9]

더 넓게 보면 초단절형 인간은 앞서 언급했듯이 삶이란 가장 무자비한 자가 다른 사람을 지배할 자격이 있는 **경쟁적 투쟁**으로 보기 때문에 민주주의를 이해하지 못한다. 이들에게 위계와 불평등은 자연스러운 세상의 질서다. 누군가가 권력을 가진다면 자신의 힘으로 권력을 얻었기 때문이며, 누군가가 부유하다면 자신의 독창성을 통해 부를 얻었기 때문이라는 논리다. 마찬가지 논리에서 그들은 누군가가 사회 계층의 최하층에 머물러 있다면 약하고 어리석기 때문이라고 본다.

따라서 트럼프나 존슨처럼 민주적으로 선출된 병리주의자가 민주주의 시스템을 손상하고 망치려 하는 것은 어쩔 수 없는 일이다.

민주주의는 초단절형 정치인에게 끊임없이 공격받는다. 이 책의 마지막 장에서는 현재의 민주주의로는 우리를 병리주의로부터 보호하기에 충분하지 않다고 주장하고 민주주의를 증진할 수 있는 몇 가지 방법을 제안할 것이다. 그럼에도 우리는 민주주의가 우리를 초단절형 인간으로부터 어느 정도 보호해 준다는 사실에 감사해야 한다. 상상하기 어렵지만 민주주의가 없었더라면 지난 150년 동안의 혼란하고 잔인한 역사가 훨씬 더 가혹했을 수도 있다.

8장

모두를 위한 신념이라는 거짓말

DISCONNECTED

CONNECT

LEADERSHIP

EGO

PATHOCRACY

DEMOCRACY

DISCONNECTED

———

어떤 사상을 받아들인다는 것은 종종 '현실 자체'와 단절된다는 뜻이다. 삶에서 벌어지는 사건은 신념이라는 프리즘을 통해 해석되고, 신념과 일치하지 않는 증거는 무시되기 일쑤다. 경직되고 독단적인 신념체계는 우리를 세상과 강력하게 분리해 추상적 정신 공간 안에 가둬버린다.

Disconnected

범죄와 사업, 정치 다음으로 초단절형 인간이 관심을 보이는 네 번째 분야가 있는데, 바로 종교와 영성이다. 모든 종교에서는 도덕성과 이타주의를 가르친다. 하지만 어둠의 3요소 특성을 갖춰 범죄자나 독재자처럼 끔찍한 행동을 한 종교 리더의 예를 쉽게 찾을 수 있다. 예를 들어 중세의 수많은 교황은 사실상 이들이 효율적으로 권력을 넘겨받은 로마 황제들만큼이나 부패하고 악랄했다. 1492년에 선출된 교황 알렉산데르 6세Pope Alexander VI는 막대한 부를 축적하고 야외 난교와 수많은 사생아로 동시대 사람들에게 추문을 불러일으켰다. 그는 교회 직분을 일상적으로 공매했고 친척과 친구를 추기경으로 임명하는 등 연고주의로도 악명이 높았다.

현대의 예로 아일랜드 가톨릭 수녀들이 '엄마와 아기의 집'이라는 기관을 운영하면서 미혼모들을 박해한 사례가 있다. 심지어 아일랜드의 전 총리 엔다 케니Enda Kenny의 말을 빌리면 수녀들은 미혼모의 아기들을 마치 '열등한 아종inferior sub-species'처럼 취급했다. 이 기관에서 관리한 영아들의 사망률은 현저히 높았다. 많은 아기가 공동 묘지에 몰래 묻혔으며 일부는 하수도로 사용되는 구조물에 묻히기도 했다. 가톨릭 교회에서는 전 세계에서 수천 명의 성직자가 자신의 지위를 이용해 아동을 성적으로 학대한 사건도 발생했다.

물론 교황과 수녀를 비롯한 성직자 중 다수는 진정으로 종교적이지 않았을 가능성이 높다. 예를 들어 대부분의 소아 성애 성직자는 아마 자신의 역할을 은밀하게 성적 학대를 행하기에 이상적인 자리로 여길 기회주의자일지도 모른다. 하지만 진정한 종교라고 해도 초단절형 인간이 저지르는 학대와 잔인함에 대한 안전장치가 되지는 않는다. 실제로 종교는 여러 가지 면에서 단절을 조장한다. 예를 들어 근본주의자와 극단주의자 등 가장 열렬한 종교인은 무척 단절된 경향이 있다.

종교적 신념이 강요하는 단절

종교적 극단주의는 종교를 어떻게 정의하는지, 영성과 구분할 것인지에 따라 의미가 다소 달라진다. 나는 종교와 영성을 서로 다른 두 가지 영역으로 본다. 종교에서는 신념과 정체성이 중요하다. 이는 세상과 삶의 목적을 설명하는 특정한 신념 체계를 받아들이는 것을 의미한다. 종교는 실천을 요구하는 의식이나 약속과 더불어 삶을 살아가는 데 필요한 지침을 제공한다. 또한 종교에서는 특정 집단과 자신을 동일시하고 공동체의 일원이 되는 것이 중요하다. 그래서 종교인은 대체로 자신이 속한 집단이 진리를 내재화하며 다른 신념 체계는 열등하고 그릇된 것이라고 믿는다. 이는 곧 종교가 안정감과 함께 정체성을 강화하는 확실성을 제공하는 방식이다.

그러나 신념 체계를 채택하는 과정에서 단절이 생기기도 한다. 특히 신념 체계가 굳어 있고 독단적인 사람은 다른 사람과 단절돼 있고 그들에게 공감하기를 마다한다. 2장에서 살펴봤듯이 극단적인 경우 다른 집단의 구성원이 합법적 폭력의 대상이 될 정도로 비인간화된다면 테러리즘으로 이어질 수도 있다.

어떤 사상을 받아들인다는 것은 종종 '현실 자체'와 단절된다는 뜻이기도 하다. 즉 경직되고 독단적인 신념 체계가 개념적 필터로 작용해 세상에 대한 경험을 제한하고 왜곡한다. 일반적으로 삶에서 벌어지는 사건은 신념이라는 프리즘을 통해 해석되고 신념과 일치하지 않는 증거는 무시되기 때문이다. 이와 같이 경직되고 독단적인 신념 체계는 우리를 세상과 강력하게 분리시켜 추상적 정신 공간 안에 가둬 버린다.

이 과정은 신의 이름으로 그토록 야만적이고 살인적인 행위가 수없이 자행된 이유를 설명하는 데 도움이 된다. 중세에는 수백만 명의 무고한 유럽 여성이 신을 두려워하는 성직자들의 비정상적인 명령에 따라 '마녀'로 몰려 살해당했다. 그들은 종종 똑똑하거나 독립적이라는 이유로 여성을 위험하게 여겼다. 200년 이상 지속된 스페인 이단심문 기간 동안 수십만 명의 이단자가 고문과 처형을 당했고 많은 사람이 화형당했다. 2장에서 살펴본 종교적 테러리즘 행위와 함께 원주민을 정복하고 죽임으로써 하나님의 일을 완수한다고 믿었던 신대륙의 식민지 개척자들이 저지른 끔찍한 행위 역시 같은 논리로 행해졌다.

그들이 금지하는 것이 많은 이유

종교와 단절의 연관성은 종교적 근본주의와 극단주의를 설명하는 데 도움이 된다. 근본주의 또는 극단주의 단체 및 사상은 단절을 구체화하며 단절이 심한 사람들이 만들고 유지한다. 이러한 집단은 사실상 소규모의 병리주의 국가와 같으며 대단히 위계적이고 가부장적인 데다 권위주의적이고 카리스마 넘치는 인물이 이끈다. 이들의 사상은 자신의 초단절적 특성을 드러낸 것이다. 예를 들어 근본주의 기독교 단체의 초단절성은 동성애 혐오, 혼전 성관계에 대한 금기로 대변되는 성적 억압, 모든 위반 행위에 대한 가중한 처벌 같은 엄격한 행동 지침, 다른 사람을 자신의 신념으로 개종시키려는 강력한 제국 건설과 같은 본능으로 명확하게 나타난다.

이보다 더 높은 수준의 단절은 알카에다나 탈레반 같은 단체가 지지하는 극단적 형태의 이슬람에서 찾을 수 있다. 이슬람 사상에는 가장 단절된 성격의 특징인 **사디즘**과 **악의**가 스며들어 있다. 섹스와 사랑, 음악과 춤처럼 건강하고 즐거운 삶의 모든 측면에 대한 반감은 물론, 인간의 신체 자체에 대한 반감도 있다. 이들의 사상에서 신체는 인간의 영혼을 담는 매개체로 간주될 뿐이다. 또한 불결한 욕망으로 가득 차 있고 억압해야 할 것들을 처리한다고 강조한다.

여성의 몸에서 나타나는 월경과 임신같이 불결한 생물학적 과정에 대한 반감도 있다. 한편 우리의 현재 삶은 사후 세계에서 '진정한' 삶이 시작되기 전에 적절한 방식으로 인내하고 수행해야 할 짧고 무의미한 체류 기간으로 간주된다. 이처럼 심각하고 악의적인 사상에는 에리히 프롬이 네크로필리아라고 불렀던 것, 즉 테러리스트의 대량 살인과 자살 폭탄 테러범의 자멸로 대표되는 죽음을 향한 숭배가 배어 있다.

이러한 형태의 종교는 극도로 단절된 상태에서만 발생할 수 있다. 실제로 단절은 근본주의 종교의 모든 측면, 즉 육체와 영혼 사이, 세상과 낙원 사이, 신과 세상 사이, 남자와 여자 사이의 단절 등 모든 측면에 퍼져 있다. 이러한 사상은 아름다움, 조화, 사랑을 전혀 모르는 초단절형 정신 상태에서 경험하는 분열과 타락, 부조화의 세상을 분명하게 표현하고 있다.

독단과 배타성 vs. 관용과 자유로움

진정한 의미에서의 영성은 종교와는 다르다. 믿음이 아니라 '경험'이 중요하기 때문이다. 영성에서는 오히려 믿음 개념을 버리는 것, 더 넓고 신비로운 현실에 마음을 여는 것이 중요하다. 영성 발전 또는 영적 깨어남은 **인식의 강화와 확장**을 일컫는다. 영성을 발전시킬 때 세상이 더 생생하고 아름다워지고 다른 사람에게 더욱 공감하고 연민을 느끼며 더 넓고 전지구적인 시각을 갖추게 된다.

이런 의미의 영성에서는 '**연결**'이 무척이나 중요하다. 진정으로 영적인 사람은 공감 능력이 뛰어나고 이타적이며 관용적이다. 내면에 안정감과 안녕감이 있으므로 권력이나 부를 축적하려는 충동을 거의 또는 전혀 느끼지 않는다. 자신의 신체에 대한 건강한 자아감이 있고 세상 자체에 존중과 감사를 느낀다. 이들은 집단 정체성이 거의 없거나 전혀 없으며 사상을 옹호하거나 전파하겠다는 욕구도 없다. 다시 말해 진정으로 영적인 사람에게는 종교가 필요하지 않다.

그럼에도 종교와 영성에는 가끔 겹치는 부분이 있다. 어떤 종교인은 진정으로 영적이며 자신의 종교를 영적 성장의 틀로 사용한다. 독단적이거나 배타적이지 않으며 관용적이고 자유롭다. 다른 기독교인이나 이슬람교도뿐 아니라 모든 인간에게 이타적 신앙의 원칙을 적용해 구현한다. 자신의 종교를 진리로 여기기보다 모든 종교를 존중한다. 구체적으로는 각 종교가 동일하고 본질적인 영적 진리의 변형이나 해석 또는 동일한 목표를 향한 다른 길로 간주한다. 이런 사고방식은 퀘이커교나 유니테리언과 같이 가장 세계적인 기독교 단체에도 적용된다.

종교와 영성의 차이 및 관계를 설명할 때는 영적 연결의 연속체라는 관점에서 생각해야 한다. 영적 연결의 연속체(197쪽 그림 참조)는 극단주의자나 종교 테러리스트처럼 극단적으로 단절된 종교인과 더불어 근본주의처럼 극도로 단절된 형태의 종교에서 시작한다.

연속체의 중간에서부터 관용적이고 세계적이며 진보적인 종교와 진정으로 종교에 귀의한 영적인 사람들이 함께 있는 **연결된 형태**

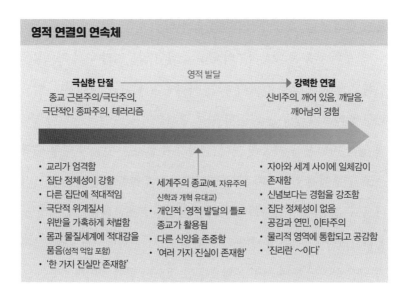

영적 연결의 연속체

영적 발달

극심한 단절
종교 근본주의/극단주의,
극단적인 종파주의, 테러리즘

강력한 연결
신비주의, 깨어 있음, 깨달음,
깨어남의 경험

- 교리가 엄격함
- 집단 정체성이 강함
- 다른 집단에 적대적임
- 극단적 위계질서
- 위반을 가혹하게 처벌함
- 몸과 물질세계에 적대감을
  품음(성적 억압 포함)
- '한 가지 진실만 존재함'

- 세계주의 종교(예. 자유주의
  신학과 개혁 유대교)
- 개인적·영적 발달의 틀로
  종교가 활용됨
- 다른 신앙을 존중함
- '여러 가지 진실이 존재함'

- 자아와 세계 사이에 일체감이
  존재함
- 신념보다는 경험을 강조함
- 집단 정체성이 없음
- 공감과 연민, 이타주의
- 물리적 영역에 통합되고 공감함
- '진리란 ~이다'

의 종교로 이동한다. 연속체의 오른쪽에서는 전통적 의미의 종교에서 벗어나 특정 신념이나 사상 없이 더 깊고 깊은 수준의 연결을 포함하는 순수한 영성을 향해 나아간다. 내가 깨어남의 경험이라고 부르는 곳이다. 조화와 의미의 느낌, 모든 것의 상호 연결에 대한 인식, 세상과 우리 자신이 하나라는 느낌이 들면서 보다 **강렬한 현실을 경험**하는 곳이기도 하다.

독재자는 관심과 숭배를 악용한다

하지만 영성조차도 단절에서 자유롭지 않다. 좀 더 구체적으로 말하자면 종종 영적으로 깨어난 사람으로 가장하는 초단절형 인간이 영성을 이용한다. 이들은 지배 욕망과 악의적 충동을 표현하는 방법으로 영적 스승, 즉 구루의 역할을 택한다.

구루의 전통은 태곳적부터 인도 문화의 일부이자 영적 가르침을 전하고 영적인 길을 걷고자 하는 사람을 지원하는 방법이다. 인도 전통에 따르면 구루는 자신의 영적 광채를 추종자에게 전달함으로써 영적 자양분을 제공해 준다. 나아가 추종자는 일종의 영적 수행으로 구루에게 헌신하며 자아 중심주의를 초월하도록 돕는다. 그러나 구루 전통이 서구 문화에 이식되면서 주로 초단절형 인간에게 악용되고 있어 번번이 문제가 되곤 한다. 인도 문화에서도 가끔 문제가 되긴 하지만 분명 서구 문화보다 그 정도는 덜할 것이다.

많은 사람이 영적으로 성장하고 싶은 충동을 느끼며 그 방법을 가르쳐 줄 스승을 찾는다. 특히 영적 경험이 낯선 세계로 인식되는 서구 문화권에서 쉽게 마주할 수 있는 접근 방식이다. 영적 성장이란 완전한 '미지의 영역'까지는 아니더라도 잠재적 위험이 따르기도 하기 때문에 사람들은 그 영역에 더 익숙해 방향을 가르쳐 줄 사람을 찾는다. 하지만 안타깝게도 스승으로 나서는 사람 중 상당수는 어려움을 덜어 주기보다 더 많은 어려움을 던져 준다.

2장의 서두에서 이야기한 진로 상담사의 이야기로 돌아가 보자. 이전 장에서 확인했듯이 상담사는 아마 초단절형 인간에게 CEO나 정치인으로서의 진로를 따르라고 조언할 것이다. 그런데 또 다른 진로 선택지로 영적 스승을 선택할 수도 있다. 결국 권력과 존경에 대한 욕구가 강한 사람에게 자기 자신을 숭배하는 종교나 영적 공동체의 우두머리가 되는 것보다 좋은 선택이 있을까? 자기를 신으로 숭배하고 자신의 명령을 무조건적으로 따르는 추종자에게 둘러싸이는 것보다 지속적 관심과 숭배의 흐름을 보장하기에 더 좋은 방법이 있을까? 전능하고 확실한 존재로 자기 자신을 내세우는 것보다 자신의 위대함을 표현하기에 더 좋은 방법이 있을까?

특히 민주주의 사회에서 나르시시스트적 특성이 우세한 초단절형 인간에게는 영적 스승이 정치가보다 훨씬 더 좋은 선택이다. 지난 장의 마지막 부분에서 살펴본 바와 같이 민주주의는 병리주의자의 권력을 제한한다. 반대와 비판도 허용한다. 하지만 영적 스승이 되고 외부 세계와 고립된 자신만의 자족적인 영적 공동체를 세운다면 자신의 권력에 대한 **어떤 제한도 없앨 수 있다.** 모든 독재자가 꿈꾸는 **완전한 권한과 무한한 관심과 숭배**를 차지할 수 있다. 정상적인 사회에서 인간의 행동을 규제하는 모든 법과 관습을 배제하고 추종자는 물론, 자기 자신에게도 자신의 원칙에 따라 살아갈 자격이 있는 우월한 존재임을 확신시킬 수 있다.

구루라는 이름 뒤에 숨은 초단절형 인간

1960년대와 1970년대에 영성에 관한 관심이 급증하면서 인도와 티베트를 포함한 동양의 영성에도 관심이 집중됐다. 이후 자국 출신의 영성 수행자가 구루로 자리매김하는 기회 역시 마련됐다. 미국과 유럽의 영적 스승 중에도 진정으로 깨달음을 얻어 지혜를 전파하고 심리적 고통을 완화하려는 이타적 충동을 품은 이들이 분명 존재했다. 이처럼 유명해지고 존경을 받으면서도 청렴성과 도덕성을 유지한 예로는 에크하르트 톨레Eckhart Tolle와 고인이 된 람 다스Ram Dass가 있다.

하지만 권력과 존경을 향한 욕구를 충족할 새로운 맥락 덕분에 초단절형 인간이 영적 스승의 역할을 꿰차기가 너무나 쉬워졌다. 이들은 범죄자나 정치인이 되거나 기업에 입사할 필요가 없었으며 영적 스승이 되거나 자신만의 종교를 만들 수 있었다. 추종자를 빠르게 끌어 모을 것이라고 확신하며 자신을 아바타나 메시아로 선포할 수도 있었다. 동시에 선한 의도와 어느 정도의 영적 통찰력을 가진 영적 스승이 타락하기도 너무 쉬웠다.

다 프리 존Da Free John으로도 알려진 아디 다Adi Da는 아마도 자국 출신 구루의 전형적 예일 것이다. 그는 젊었을 때 강력한 깨어남을 경험하고 통찰력을 얻은 영적 구도자였다. 아디 다의 책을 한 권이라도 읽어 본다면 영적 문제에 대해 예리한 지적 이해 방식을 발견할 수 있다. 그러나 그러한 통찰력도 그의 나르시시스트적 성향을 상쇄하기에는 충분치 않았다. 어쩌면 통찰력 때문에 그의 나르시시즘이 팽창돼 자신을 깨달음을 얻은 우월한 존재로 인식하게 됐을지도 모른다.

어쨌든 아디 다는 영적 스승으로서 많은 추종자를 끌어 모은 후 나르시시즘이 더욱 확장돼 과대망상증에 가까워졌다. 그는 자신을 인류의 유일한 구세주라고 선언했고 자신을 따를 때에야 비로소 깨달음을 얻을 수 있다고 말했다. 습관적으로 자신의 추종자를 모욕하고 학대하기도 했다. 부패한 수많은 구루처럼 그는 추종자에게 습관적 반응과 감정적 애착에 대한 통찰력을 제공하기 위해 전통적 도덕성을 점검하고 있다고 주장하며 자신의 행동을 정당화했다.

또 다른 구루인 앤드루 코언Andrew Cohen은 아디 다의 사례에 대해 언급하며 영적 스승들의 끔찍한 행동에 실망감을 드러냈다.

> 어떻게 다 프리 존(아디 다)처럼 고통스러울 정도로 명백한 과대망상적 폭언을 통해 자신의 천재성을 조롱한 사람이 영적 천재이자 심오한 깨달음을 얻은 사람인 척하며 그렇게 많은 사람이 길을 잃게 만들고 혼란에 빠지게 했단 말일까? 그리고 어떻게 그의 스승이자 구루 중의 구루, 말 그대로 수많은 사람이 스스로 상상했던 것보다 훨씬 뛰어넘는 충격을 줬던 위대한 스와미 묵타난다Swami Muktananda의 성취가 전하는 깊이와 정도에 대해 그토록 많은 회의와 의심을 남길 수 있었을까? 이 모든 일이 어떻게 가능하단 말인가?[1]

하지만 안타깝게도 코언 자신도 부패한 구루의 목록에 이름을 추가됐다. 코언은 1970년대와 1980년대에 깨달음을 찾아 인도를 여행한 많은 미국인 중 한 명이었다. 그는 구루가 보는 앞에서 강력한 깨달음을 경험한 후 자신이 깨달음을 찾았다고 확신했다. 미국으로 돌아온 후로는 영적 스승으로서의 새로운 삶을 시작해야겠다는 의무감을 느꼈다. 그는 빠르게 추종자를 끌어 모았고 결국 매사추세

츠에 자기만의 영적 공동체를 설립했다. 이후 공동체는 수천 명의 회원을 거느린 곳으로 성장했다.

그러나 몇 년 후 코언의 부정 행위에 대한 의혹이 불거지기 시작했다. 2009년 그의 예전 추종자 중 몇몇이 『미국인 구루American Guru』라는 책을 출간했다. 이 책은 마치 교과서에 등장할 법한 초단절형 성격을 소개하는 안내서나 다름없다. 코언이 어떻게 점점 더 권위주의적으로 변했고 완전한 복종과 헌신을 요구했는지가 낱낱이 드러났다. 그는 학생들에게 극심한 심리적 압박을 가하고 언어적 학대를 일삼았으며 화가 나고 좌절할 때는 물리력까지 동원했다. 점점 더 많은 돈을 요구했고 자신의 요구를 따르지 않는 추종자는 내보내겠다고 협박도 했다. 이와 같은 폭로와 비난이 이어지자 2013년 코언은 "깊은 깨달음에도 불구하고 내 자아는 여전히 건재하다."라고 인정하며 영적 스승 자리에서 물러났다. 2015년에는 과거의 추종자들에게 공개서한을 보내 자신의 가혹한 교육 방식과 그로 인해 생긴 고통에 대해 사과했다.[2]

하지만 이 책에서 이미 여러 번 살펴봤듯이 심각한 나르시시스트적 특성을 갖춘 사람은 결코 조용히 익명성 속으로 숨어들지 않는다. 약물 중독자에게 약물이 필요하듯 이들은 **관심과 찬사를 갈구**한다. 따라서 2016년에 코언이 영적 스승으로 복귀하겠다고 선언한 것도 그리 놀랄 일이 아니었다. 그는 자신의 교수법 때문에 과거의 제자들이 상처를 입었는데도 불구하고 여전히 자신이 베푼 영적 혜택에 감사해야 한다고 주장하며 과거의 사과를 번복하기까지 했다. 코언의 복귀 소식이 들려오자 270명이 넘는 예전 추종자들은 '앤드루 코언의 강의를 중단하라'라는 제목의 온라인 청원서에 서명했다.

종교적 리더가 부패에 빠져드는 사례

부패한 영적 스승에 대한 목록과 설명은 거의 무한대로 늘어날 수 있다. 심지어 부패하지 않은 영적 스승의 예를 찾기가 더 어려워 보일 정도다. 또는 이 책에서 쓴 용어를 사용하면 이타적으로 다른 사람을 깨달음으로 인도하는 연결형 스승보다는 단절된 영적 스승을 찾기가 더 쉬워 보인다.

진정으로 깨어 있는 스승이 있다는 데 이의를 제기할 생각은 전혀 없다. 나도 몇 명 만나 봤다. 그러나 영적 스승의 역할은 완전히 규제되지 않으며 초단절형 인간에게 아주 매력적인 요소이기 때문에 연결의 연속체에 놓인 잘못된 방향에서 상당수의 스승이 배출되는 것은 거의 불가피한 일이다. 소셜 미디어를 통해 누구나 자신을 깨달은 사람으로 선언하고 동영상이나 기타 게시물로 사람들의 관심을 끌 수 있게 된 최근 몇 년 동안 이러한 경향이 특히 두드러지게 됐다. 관심과 존경을 향한 욕구 때문에 부패한 영적 스승은 강압적으로 추종자를 끌어들이는 시도를 일삼고 추종자의 심리적 욕구를 무자비하게 착취한다. 거만함과 자기기만으로 말미암아 초단절형 인간이 실제로 영적으로 깨어난 상태라고 확신할 때 상황은 더욱 복잡해진다.

부패한 영적 스승을 피하고자 한다면 영성 세계에 대한 이해를 비롯해 심지어 통찰력이 영적 깨달음과 같지 않다는 데 유의해야 한다. 아디 다의 경우처럼 지적인 사람이라면 누구나 영적 가르침을 '개념적으로' 이해할 수 있다. 현실의 본질이나 인간 심리에 대한 통찰력도 얻을 수 있다. 그리고 자신이 이해한 바를 바탕으로 영적 깨달음에 대한 비전을 제시하고 추종자를 끌어들일 수도 있다. 하나의 역할을 아주 오랫동안 연기한 배우처럼 결국은 자신의 비전을 스스로 믿게 된다.

깨어남의 체험 또는 영적 체험과 지속적 상태로서의 깨어남 그 자체 사이에 차이가 있다는 점도 명심해야 한다. 예를 들어 아디 다와 앤드루 코언 모두 강력한 영적 체험을 한 것으로 보이지만 이들이 영속적 깨어남을 겪었는지는 의문이다. 이는 마치 휴가차 아름다운 나라를 방문하는 것과 실제로 그 나라에 사는 것은 다르다는 사실과 유사하다. 대부분의 경우 일시적 깨어남의 경험에는 다음과 같은 장점이 있다. 사람들은 영적 깨어남을 통해 새로운 낙관주의와 신뢰를 얻게 되고 세상이 상상했던 것보다 더 복잡하고 아름답다는 것을 알아차리게 된다. 깨어남의 경험은 사람들이 내면을 회복하기 위한 방법으로 영적 수행을 탐구하도록 이끈다.

그러나 단절된 사람에게 깨어남의 경험은 나르시시즘과 거만함을 부추기므로 위험할 수도 있다. 일시적 경험이 영구적 변화로 해석될 수도 있다. 그들은 잠깐의 깨달음을 엿본 경험만으로 자신이 **완전히** 깨달았다고 확신하게 된다. 아마도 아디 다나 코언과 같은 인물에게 이런 일이 일어났을 것이다. 물론 이들이 영적 스승의 자리를 차지하면, 게다가 자신만의 고립된 영적 공동체를 설립하면 이들이 가진 어둠의 3요소 특성은 더욱 심각해진다.

하지만 어쩌면 상황이 이렇게 명확하게 드러나지 않을 수도 있지 않을까? 끔찍한 행동을 저질렀는데도 부패한 구루가 영적으로 깨어났다고 할 수 있을까? 영적으로 깨어난 사람은 '반드시' 자비로운 사람이어야만 할까?

미국의 영성 작가 켄 윌버Ken Wilber는 아디 다의 열렬한 옹호자였다. 아디 다의 과대망상이 뚜렷하게 드러났을 때도 윌버는 이렇게 말했다. "그분은 역사상 가장 위대한, 영적으로 깨달은 사람 중 한 명이지만 (…) 성격의 다른 측면은 비범한 경지에 비해 한참 뒤떨어져 있어요. 여러 면에서 타의 추종을 불허하는 완전히 심오한 계시를 그분에게서 찾을 수 있죠. 하지만 그의 공동체에 들어갈 때는 위험을 감수해야 합니다."[3] 코언도 이와 비슷한 지적을 하면서 깨어났음에도 불구하고 자기 자신이 부패한 행동을 했다고 언급했다.

하지만 나는 깨어남이 우리 성격의 다른 측면과 별개라고 생각하지 않는다. 진정으로 깨어 있는 상태에서는 코언이나 아디 다처럼 끔찍하게 행동하기가 불가능하다고 생각한다. 사람이 영적 발달을 겪을 때 성격과 행동의 모든 측면이 발달의 영향을 받는다. 나르시시스트적 성향이 줄어들고 공감과 이타적 성향이 늘어날 수밖에 없다. 따라서 학대하고 착취하기가 불가능해진다. 이미 살펴본 것처럼 영적 깨어남에서는 **연결**이 중요한 반면, 나르시시즘과 착취는 **단절**과 관련이 있다. 연결된 동시에 단절된 사람은 없다. 책의 서두를 빌려 설명하면 **간디인 동시에 히틀러일 수는 없다.** 처음에는 간디로 시작해서 오랜 타락의 과정을 거쳐 히틀러가 될 수는 있지만 사이코패스이면 서 성인일 수는 없는 법이다.

월버가 저지른 실수는 코언을 비롯한 많은 초단절 영적 스승이 저지르는 실수와 같다. 이들은 일시적 깨어남의 계시와 통찰을 영속적인 깨어남의 상태와 혼동한 것이다.

초연결성으로 위장한 병든 신념

종교적 컬트는 영적 병리주의와 관련해 초단절형 인격의 수많은 사례를 찾을 수 있는 또 다른 영역이다. 학자들은 종교적 컬트를 새로운 종교 운동이라고 부르기를 선호한다. 이 책에서는 통일교 또는 문선명, 천국의 문, 하나님의 자녀회와 같은 단체를 언급할 것이다. 짐 존스Jim Jones, 데이비드 코레시David Koresh 또는 사이언톨로지의 창시자 론 허버드L. Ron Hubbard와 같은 컬트 리더에 대해서도 이야기할 것이다. 아마 컬트 리더와 구루의 유일한 차이점은 거의 모든 컬트 리더가 앞서 언급한 세 번째 유형에 속한다는 점일 것이다. 즉, 이들은 진정한 영적 통찰력과 이타적 의도로 시작했다가 자신의 역할을 맡아 타락한 경우가 드물다. 그보다는 **처음부터** 매우 악의적 의도를 가지며 **전적으로** 지배와 존경을 향한 욕망에서 동기를 얻는다.

이미 예상하듯이 컬트 종교의 리더는 대부분 학대와 트라우마에 시달린 어린 시절을 보낸 후에 등장한다. 예를 들어 코레시는 출생 전 아버지로부터 버림을 받았고 훗날 다윗교 분파를 이끌다가 1993년 포위 작전에 몰린 후 추종자 80여 명과 함께 살해됐다. 출생 직후 코레시의 어머니는 폭력적 알코올 중독자와 관계를 맺기 시작했고 그가 네 살 때 어머니로부터도 버림을 받아 할머니 손에 자랐다. 존스 역시 정서적으로 극도로 결핍된 성장기를 보냈다. 1978년 존스의 추종자들은 존스타운 코뮌에서 집단으로 자살했다. 존스의 아버지는 너무 아파 일을 하지 못하고 자주 병원에 입원해야 했다. 어머니는 심리적으로 불안정했고 그에게 정서적 애착을 느끼지 못했다. 그는 늘 홀로 마을을 돌아다녀야 했고 그의 이웃들은 가끔 그가 알몸으로 걸어 다니는 모습을 보기도 했다. 무솔리니나 프랑코와 같은 병리주의 리더가 그랬듯 단절된 양육 환경의 영향은 존스의 어린 시절에서도 그대로 드러났다. 어린 시절 친구들에 따르면 그는 동물을 괴롭히고 죽였으며 **종교와 죽음에 집착**했다.

컬트 시나리오의 전형은 다음과 같다. 권력과 존경에 대한 열망이 강한 초단절형 남성(거의 항상 남성이다)이 스스로 메시아 또는 신의 사자라고 선언한다. 이 남성은 마키아벨리즘과 카리스마를 발휘해 추종자를 끌어모은 다음, 권력을 행사하고 자신이 갈망하고 존경을 받을 수 있는 공동체나 조직을 설립한다. 리더가 된 후에는 추종자를 **완전히 통제**하기 위해 가족을 포함한 과거의 삶과 결별하라고 명령한다. 심지어 추종자와 그 가족의 결별을 강화하기 위해 그들에게 새로운 이름을 부여하기도 한다.

리더는 추종자가 누리는 삶의 모든 측면, 즉 여가, 식단, 약, 생활, 심지어 생각까지도 통제한다. 가이아나의 존스타운 코뮌에서 존스는 헤어스타일에 관한 엄격한 규칙을 정하고 이발사팀을 동원해 추종자 집단을 통제했다. 이 사건은 마치 북한의 김정은이 주민에게 공식적으로 승인된 헤어스타일만 따르게 한 일을 떠올리게 한다. 많은 경우 초단절형 컬트 리더는 삶과 죽음에 대한 통제권까지 행사한다. 그는 추종자에게 다른 사람을 죽이거나, 심지어 자살하라고 지시할 수 있다. 실제로 존스의 통제 아래 900명이 넘는 사람들이 자살했다.

컬트 리더는 시간이 지날수록 점점 더 권위주의적으로 변한다. 더욱 엄격한 행동 규범을 정하고 위반할 경우 더욱 가혹하게 처벌한다. 그 과정에서 그의 거만함과 자기기만이 더욱 심해진다. 또한 외부인을 더욱 의심하고 외부 세계에 더욱 적대적인 자세를 취한다. 정상 사회의 제약과는 동떨어진 상태에서 그의 기괴하고 폭력적인 행동은 정상으로 인정되며 더욱 극단적으로 변한다.

동시에 컬트 환경의 제한적 요소는 자신이 갈망하는 찬사를 채울 수 없기 때문에 리더는 점점 더 좌절감에 빠진다. 권력과 숭배는 **수확 체감의 법칙**에 영향을 받기 때문에 리더는 약물 중독자가 계속 복용량을 늘리는 것처럼 추종자의 수를 계속 늘려야 한다. 하지만 복용량을 무한정 늘릴 수 없기 때문에 좌절과 파멸을 겪고 만다. 컬트 환경의 제한적 현실은 대체로 컬트의 수명이 대개 매우 짧은 이유를 설명하는 데 도움이 된다. 이때 리더는 파괴적 충동을 느끼다 세상의 종말이 다가오고 있으며 추종자들만이 유일한 생존자가 될 것이라고 선언하기에 이른다. 결국 그의 좌절감과 악의는 **파괴적 광란**으로 분출되고 만다. 1993년 코레시에게 일어난 포위 작전 및 살해 사건과 존스타운에서 발생한 집단 자살 사건이 대표적이다.

• • •

컬트 리더의 행동은 **독재자가 보이는 행동의 축소판**이나 다름없다. 권위주의, 반대를 참지 못하는 성향, 외부 세계에 대한 불신과 피해망상, 자신의 열렬한 추종자에 대한 악의적 태도가 모두 똑같다. 심지어 군복과 무기를 향한 사랑, 폭력에 대한 위협과 같은 군사주의적 충동까지 같을 수 있다. 컬트 리더도 독재자처럼 자신이 원하는 찬양을 바칠 수 있을 때까지만 추종자를 사랑한다. 그들의 찬사가 시들해지거나 부족하게 느껴지면 기꺼이 그들을 죽게 내버려둔다.

독재자와 컬트 리더가 똑같은 초단절적 성격을 공유한다는 점에서 볼 때 행동의 유사점도 놀랍지만은 않다. 만약 다른 환경이었다면, 즉 초단절형 성향을 표현하는 수단으로서 종교적 근본주의에 매료되지 않았다면 코레시와 존스는 병리주의자나 연쇄 살인범이 되기 쉬웠을지도 모른다. 어떤 면에서는 컬트 리더가 독재자보다 더 성공했을 수도 있다. 컬트 공동체는 더 작은 규모에 상대적으로 충성도가 더 높기 때문에 완전한 통제권을 확립하고 무한한 끊임없는 숭배를 받기가 더 쉽다.

동시에 컬트 공동체의 제한적 특성이 리더의 권력을 제한하기 때문에 문제를 일으키기도 한다. 수백만 명의 인구가 사는 나라에서는 독재자가 다른 나라를 침략하거나 박해(또는 살해)할 가상의 적을 찾을 수 있다. 또 자신을 미화할 새로운 방법을 찾을 수도 있다. 자신의 병리적 욕구를 충족할 방법을 끝도 없이 찾을 수 있다. 그러나 컬트 리더는 새로운 추종자를 계속 끌어들이거나 조직을 확장한다 해도 훨씬 더 많은 제약을 받는다.

초연결성과 영성 및 종교 사이의 연관성은 안타깝게도 아이러니하다. 이 장의 서두에서 살펴본 바와 같이 진정한 영성은 **연결**을 중요시한다. 연결에는 연민과 이타주의, 평등과 관용, 평화 등처럼 영적 구루나 컬트 리더의 악의와는 정반대되는 자질들이 포함된다. 그러나 그들처럼 특정 초단절형 인물은 자신을 초연결형 인간으로 위장하고 어떻게든 추종자 무리를 설득하려 한다. 그리고 많은 경우 파시스트 독재자처럼 단절된 상태에서도 자신이 진정으로 영적 깨달음을 얻었다는 사실을 강요함으로써 추종자, 심지어 자기 자신마저 설득한다. 이런 점은 다음 장과도 관련이 있다. 다음 장에서는 다양한 모습의 초단절형 인간이 왜 평범한 사람에게 매력적으로 보이며 추종자가 쉽게 설득되는지 알아볼 것이다.

9장

초단절형 리더를 따르는 사람들

DISCONNECTED

CONNECT

LEADERSHIP

EGO

PATHOCRACY

DEMOCRACY

DISCONNECTED

경제적으로 어렵거나 정치적으로 교착 상태에 있을 때 초단절형 리더는 현 상황을 뒤흔들고 일을 처리하는 데 적합한 인물로 보인다. 강인하고 자신감이 있는 인물로 비쳐서 국가의 자존심과 힘을 회복할 만큼 어려운 결정도 내릴 수 있다고 믿는다. 물론 이 모든 것은 대중의 착각, 더 정확하게는 오해에 기반한 것이다.

지금까지 초단절형 독재자나 구루, 컬트 리더를 다소 불공정하게 다뤘다는 지적을 받는다면 어느 정도 인정한다. 그들이 초래하는 학대와 파괴가 전적으로 그들의 잘못만은 아니기 때문이다.

구루와 컬트 리더의 경우 초단절형 인간이 자신의 추종자를 세뇌하고 사악한 수단을 사용해 권력을 유지하는 것만이 문제가 아니다. 이 과정은 양방향으로 이뤄진다. 구루와 컬트 리더를 따르려는 사람의 **심리적 욕구** 또한 중요하다. 아디 다는 사람들에게 자신의 제자가 되라고 강요하지 않았다. 사람들은 자유의지로 제자가 됐다. 제자들은 구루를 숭배하고 구루에 충성하면서 그들의 깊은 심리적 욕구를 충족시켰다.

마찬가지로 병리주의 리더도 사람들에게 억지로 권위를 강요해 권력을 얻는 것이 아니다. 대부분의 경우 처음에는 많은 사람이 병리주의 리더를 지지한다. 부분적으로는 선전과 대안적 관점을 억압한 결과이기도 하지만, 그저 평범한 다수가 매력적인 인물로 느끼는 데서 리더에 대한 지지가 시작되기도 한다. 앞서 언급했듯 많은 사람이 병리주의자의 개성을 매력적으로 여긴다. 병리주의 리더의 매력은 심지어 추종자들이 그들에게 느끼는 일종의 깊은 애착으로 발전하기도 한다.

실제로 몇몇 병리주의자는 훨씬 더 큰 규모의 추종자를 거느리는 컬트 리더가 되기도 한다. 히틀러는 짐 존스가 자신의 추종자에게 그랬던 것처럼 많은 독일인에게 최면의 힘을 발휘했다. 모든 컬트 리더와 마찬가지로 히틀러는 실수를 일절 하지 않고 국민을 위대하게 이끌 운명을 타고난 인물로서 숭배를 받았다. 트럼프 대통령은 상당수의 미국인에게 컬트와 같은 매력으로 인기를 끌었고 심지어 지금도 그렇다. 그는 추종자의 숭배를 갈망하는 나르시시스트적 구루처럼 행동했다. 자신이 중요한 사람이고 오류를 범하지 않는다는 자기기만에 빠진 채 추종자에게 자신의 힘과 능력에 대한 환상을 투영했고 추종자 집단은 이를 기꺼이 믿었다. 심지어 짐 존스의 추종자처럼 그를 위해 기꺼이 죽겠다고 공언한 미국인도 있었다.

• • •

그렇다면 왜 많은 평범한 사람이 초단절형 인간에게 매력을 느끼는 것일까? 로바체프스키는 병리주의에 관한 연구에서 몇 가지 중요한 측면을 강조했다. 그는 카리스마와 매력, 단호하고 신속하게 행동하는 능력 때문에 일반인이 사이코패스에게 매력을 느낀다고 말한다. 종종 신중하고 우유부단한 일반인에게는 사이코패스의 무분

별한 충동성이 매력적으로 보일 수 있다. 특히 경제적으로 어렵거나 정치적으로 교착 상태에 있을 때 사이코패스 리더는 현 상황을 뒤흔들고 일을 처리하는 데 적합한 인물로 보인다. 평범한 사람들에게 강인하고 자신감이 있는 인물로 비쳐 국가의 자존심과 힘을 회복할 만큼 어려운 결정도 내릴 수 있는 사람이라고 믿게 만든다. 로바체프스키도 강조했듯 일단 사이코패스가 민족주의적 의제를 수행하고 다른 국가를 공격적으로 압박해 자신들이 원치 않는 집단을 박해하기 시작하면 짜릿한 국가적 일체감을 제공해 일반 대중에게 사이코패스적 기질을 퍼뜨리는 데 도움이 된다.

물론 이 모든 것은 착각, 더 정확하게는 오해에 기반한 것이다. 여기서 유용한 개념은 켄 윌버가 개발한 '전초 오류pre-trans fallacy'다. 이 개념은 자아 이전pre-egoic states 의식 상태를 초자아적trans-egoic 의식 상태와 혼동하거나 그 반대의 상태, 즉 상위 특성과 하위 특성을 혼동하는 일반적 경향을 설명한다. 여기서 윌버는 프로이트의 예를 들었다. 프로이트는 하나됨이라는 영적 경험(상위 의식 상태 또는 초자아 상태)을 어린 시절 어머니와 하나됨이라는 상태(자아 이전 상태)로의 퇴행으로 설명하려 했다. 윌버에 따르면 프로이트의 동시대 학자이자 초기 추종자인 칼 융은 집단 무의식(윌버에 따르면 자아 이전 상태의 마법적이고 신화적인 경험)과의 만남을 신비로운 경험에 해당하는 상위 의식 상태로 해석하는 정반대의 실수를 범했다.[1]

초단절형 리더에 대해서도 비슷한 유형의 **잘못된 해석**을 내놓곤 한다. 본질적으로 부정적이고 낮은 수준의 인간 발달에 속하는 특성이 높은 수준의 인간 발달에 속하는 긍정적 특성으로 잘못 해석되는 경우다. 또 권력을 향한 이들의 집착이 이타적인 헌신으로, 무자비함과 잔인함이 결단력으로 잘못 해석된다. 그들의 무모함을 대담함으로, 충동성을 결단력으로 오해하기도 한다. 감정과 공감 능력이 부족하다는 점이 힘의 상징으로 해석되기도 하는데, 현실에서는 이런 점은 큰 결함이다.

전지전능한 존재에 기대려는 욕구

하지만 초단절형 인간의 매력에는 더욱 근본적인 이유가 있다. 나는 이것을 '포기 증후군'이라고 부른다. 내가 어린 시절을 애틋하게 기억할 수 있는 것은 부모님이 내 세상을 완전히 통제하고 있다는 느낌을 받았기 때문이다. 당시 나는 부모님이 나를 보호하고 양육하고 내 삶을 책임질 수 있다고 느꼈다. 어떤 문제라도 생기면 부모님이 해결했다. 내가 이해하지 못하는 것이 생기면 부모님이 답을 가르쳐 줬다. 아무것도 걱정할 필요가 없었다. 학교에 가서 장난감을 가지고 놀고 친구와 재미있게 지내기만 하면 나머지는 부모님이 알아서 해줬다.

그러다 내가 조금 컸을 때, 아마 열한 살이나 열두 살 때 부모님이 전지전능하지 않다는 사실을 알게 됐다. 아빠에게 학교 숙제에 대해 질문했는데 아빠가 도와주지 못해 실망했던 기억이 난다. 그날 이후 아빠가 매우 불안한 사람이며 아주 사소한 일에도 끊임없이 걱정하고 인생이나 세상을 잘 알지 못한다는 점을 깨닫기 시작했다. 하지만 그 무렵 나는 독립적으로 변해 가고 있었기 때문에 더 이상 예전처럼 보호에 대한 욕구가 강하지 않았다.

많은 사람이 부모님이 전지전능하게 느껴지던 어린 시절을 돌아가고 싶은 이상향으로 느낀다. 또한 나의 삶을 책임지고 세상으로부터 나를 보호해 주고 모든 질문에 대한 답을 제공해 줄 수 있는 강력한 부모와 같은 존재를 무의식적으로 숭배하고 싶어 한다. 사람들이 컬트 리더나 구루, 초단절형 리더에게 끌리는 근본적 이유다. 사람들은 무조건적 헌신을 받고 책임감이라고는 없었던 어린 시절을 되살리기 위해 자신의 삶에 대한 책임을 포기하고 구루나 리더에게 맡겨 버린다. 그러면 리더가 모든 답을 알고 알려주고 필요한 것을 모두 제공하기 때문에 스스로 생각하거나 아무것도 걱정할 필요가 없다. 더 이상 불안해하지 않아도 되고 불완전하거나 혼란스러움을 느끼지도 않는다. 부모에게 받았던 것처럼 구루의 사랑과 보호를 받을 뿐이다.

어떤 사람들이 '세뇌당했다'고 말할 때, 이 말은 곧 그들이 **포기 증후군의 희생양**이 됐다는 뜻이다. 그 결과 비판적으로나 독립적으로 사고할 수 없으며 매우 쉽게 조종당하는 상태가 된다. 포기 증후군에 빠진 사람은 리더가 하는 말은 무엇이든 믿고 그가 지시하는 것은 무엇이든 실행할 준비가 돼 있다. 다시 말하지만 이 상태는 아이들이 부모의 영향력에 완전히 기대어 살아가는 **유아기의 상태**와 매우 유사하다.

···

포기 증후군과 같은 성향은 사람들이 자신의 삶에 대한 책임을 포기한 채 리더에게 맡기고 나면 리더에 대한 부정적인 말을 믿지 못하는 이유를 설명하는 데 도움이 된다. 나는 오랜 세월 초단절형 구루의 추종자와 교류해 오면서 그들의 끔찍한 행동에 관해 놀랍도록 왜곡되고 독창적인 몇 가지 설명을 들었다. 구루가 술에 취하거나 난교를 하거나 추종자를 모욕할 수 있는 것은 그들이 굉장한 지혜를 갖췄거나 신성한 놀이 또는 모호한 탄트라 수행을 보여 주기 때문이다. 여성 추종자와 성관계를 맺는 것은 쿤달리니kundalini(척추 기저부에 있는 것으로 믿어지는 신성한 여성적 에너지의 일종—옮긴이)를 키우려 하기 때문이다. 잔인하고 학대적으로 구는 것은 추종자의 충성심과 회복탄력성을 시험하는 일종의 수행으로 치부된다. 담배를 피우거나 정크푸드를 먹거나 포르노 영화를 보는 것은 추종자가 품고 있는 건강에 대한 해로운 환상을 깨뜨리려는 시도로 받아들여진다. 구루가 아무리 끔찍한 행동을 하더라도 항상 합리적 이유나 영적인 목적이 존재하는 것이다.

'오쇼'로 알려진 문제적 구루 바그완 라즈니쉬Bhagwan Rajneesh의 열혈 추종자에게 그가 소유한 93대의 롤스로이스에 대해 물어본 적이 있다. 추종자는 내게 그가 '서구의 소비주의를 풍자적으로 비판하기 위해' 차를 수집했다고 말했다. 또 다른 타락한 인물로 유명한 티베트의 불교 스승 '초감' 트룽파 린포체Chogyam Trungpa Rinpoche의 추종자들도 마찬가지다.

트룽파를 존경하는 한 사람은 그가 가끔 나쁜 행동을 하긴 했지만, 그는 이미 전통적 도덕관념을 뛰어넘는 인식 수준에 도달했기 때문에 아무 문제가 되지 않는다고 설명했다. 마찬가지로 술을 많이 마신다고 해도 트룽파의 의식 수준은 너무 높아 결코 취하지 않고 설령 취한 것처럼 보였더라도 단지 그런 척할 뿐이라고 받아들였다. 그리고 단지 그가 자신의 타락성을 지적하기 위해 본을 보이는 것이라고 했다. 젊은 여성 제자와의 관계로 유명한 한 현대 구루의 추종자는 나에게 이렇게 말했다. "그들에게는 신성한 만남이었을 거예요. 그분의 영적 힘을 공유하는 것은 축복이죠. 물론 그분이 다른 여성에게 애정을 쏟으면 화가 나기도 하겠지만, 그들은 그가 어떤지 잘 알고 잘 알고 있으니까요."

그들은 마치 어린아이가 부모에 대한 부정적인 말을 믿지 못하는 것처럼 말했다. 어린아이처럼 추종자들은 구루가 제공하는 보호와 안전감을 포기하고 싶지 않다는 이유에서 구루가 불완전하다는 사실을 받아들이려 하지 않는다. 현실을 직시하고 자기 삶에 **책임지기를 원하지 않는 것**이다.

컬트 집단에서 종종 가족 용어를 사용한다는 사실은 매우 인상적이다. 리더는 종종 '아버지'로 불리며 공동체는 종종 '가족'으로 불린다. 1960년대 후반 짐 베이커Jim Baker가 로스앤젤레스를 기반으로 형성한 컬트 공동체에서는 자신의 집단을 명시적으로 '근원 가족The Source Family'이라 불렀고 베이커는 '아버지 요드'라는 이름을 사용했다. 거의 같은 시기 같은 도시에서 찰스 맨슨의 그룹은 자신의 집단을 가족이라고 불렀다. 많은 구루와 컬트의 예전 추종자가 자신들이 이처럼 가족적 측면에 끌렸다는 사실을 인정했다. 대부분의 경우, 이들은 불안정한 배경 출신에 아버지와 같은 인물이 부재한 젊은이들이었다. 그들은 아버지 같은 인물을 향한 숭배와 컬트 공동체의 연대감 모두를 추구했다.

간혹 추종자가 리더의 결함을 깨닫고 스스로 포기 증후군에서 벗어나기도 한다. 지난 장에서 살펴봤듯이 코언의 추종자 중 일부는 그의 학대 행위에 용감하게 맞섰다. 하지만 안타깝게도 이런 사례는 매우 드물다. 포기 증후군은 인간의 마음을 지배하는 초자연적 힘을 가진 듯하다. 일단 이 증후군에 빠져들면 다시 어린아이가 돼 버리기 때문에 쉽게 빠져나오지 못한다.

하지만 결코 영적 구도자라고 해서 전부 포기 증후군의 희생양이 된다고 말할 생각은 없다. 많은 사람이 영적 성장에 대한 진정한 충동을 느껴 구루를 따른다. 그리고 지난 장에서 강조했다시피 권력과 존경을 향한 욕망이 없고 추종자의 발전을 위해 신중하게 보살피는 참된 영적 스승도 많다. 사실 구루가 아니어도, 즉 주변에 무조건적 헌신을 제공하는 추종자의 공동체 없이도 충분히 영적 스승이 될 수 있다. 실제로 영적 스승으로서 할 수 있는 가장 좋은 일은 구루처럼 숭배의 대상이 되지 않는 것이다. 그리고 영적 구도자로서 할 수 있는 가장 좋은 일은 구루를 숭배하지 않는 것이다.

나쁜 정치인을 욕하면서도 왜 뽑을까

포기 증후군은 정치에도 적용될 수 있으며 히틀러와 스탈린, 마오쩌 둥, 무솔리니 같은 병리주의자의 인기를 설명하는 데 도움이 된다. 이러한 인물의 매력 중 그들이 투사하는 **부성적 권위**에 주목해야 한 다. 권위주의적 독재자는 결코 결함이 없을 거란 숭고한 느낌을 주며 구루와 같은 보호감과 확실성을 제공한다. 이들도 무책임하고 순수 했던 어린 시절의 상태로 돌아가고자 하는 욕망에 호소한다

모든 권위주의적 리더 및 그의 집단은 포기 증후군을 본능적으 로 인식하고 이를 악용한다. 추종자가 따를 만한 개인숭배 요소를 창조할 뿐 아니라 국가의 운명을 통제하고 국민을 끊임없이 지켜보 는 전능한 인물로서 리더를 홍보한다. 종교적 컬트에서와 마찬가지 로 리더를 '아버지'라고 지칭함으로써 추종자의 포기 본능에 직접 적으로 호소한다. 소비에트 연방의 선전가들은 스탈린을 '민족의 아버지' 또는 '친애하는 아버지'라고 불렀으며 자녀에 해당하는 러 시아 국민의 안녕을 돌보는 자상하지만 엄격한 아버지로 묘사했다. 북한의 독재자 김정일도 친애하는 아버지, 친애하는 영도자라는 호 칭을 사용했다. 때로는 아버지도 부패한 구루처럼 끔찍하고 모욕적 으로 행동하기도 하고 무능하고 무식한 모습을 보일 수도 있다. 하지 만 일단 사람들이 그에게 애착을 가지면 좀처럼 충성을 마다하려 하 지 않는다. 구루를 대할 때와 마찬가지로 추종자는 리더의 잘못과 실수를 해명하기 위해 많은 노력을 기울인다.

수백만 명의 미국인에게 트럼프가 계속 매력적으로 받아들여지는 것도 이와 같은 이유에서다. 트럼프가 얼마나 무능하게 행동하는지는 이들에게 중요치 않았다. 코로나19 바이러스에 심각할 정도로 잘못 대처하거나 표백제 주사를 바이러스 치료제로 제안할 때도 이들의 신뢰는 변함이 없었다. 선거 관리자에게 선거 결과를 바꾸라고 압력을 가하고 추종자에게 국회의사당으로 진입하도록 부추겨 폭력과 죽음을 불러일으키는 등 아무리 부도덕한 행동을 해도 상관없었다. 그의 추종자는 부패한 구루의 추종자처럼 **결함이 없는 아버지**로서의 이미지를 지키기 위해 그의 행동을 부정하거나 해명했다.

아이가 불안하다고 느낄수록 부모에게 더 열렬히 집착하는 것처럼 어른도 혼란스럽고 불안한 시기에는 포기 증후군에 빠져들기 쉽다. 연구에 따르면 사람들은 사별이나 이혼 후, 중독이나 우울증과 싸우는 등 격변의 시기에 컬트에 더 끌리는 것으로 나타났다. 마찬가지로 **경제가 불안하고 전 세계가 불안정한 시기**에 사람들은 독재자의 부성애적 매력에 더 깊이 빠진다. 트럼프의 인기뿐 아니라 1930년대 히틀러와 무솔리니, 2000년대 베를루스코니의 인기도 불안에 시달리는 이들이 포기 증후군에 쉽게 빠진다는 특성으로 충분히 설명된다.

하지만 독재자는 결코 컬트 리더가 공동체에 행사하는 것만큼의 권력을 국가에 행사할 수는 없다. 이런 점이 바로 제한된 컬트 환경의 긍정적 측면이다. 컬트 리더와 구루는 완전하고 무조건적인 숭배를 이끌어 낼 수 있다. 하지만 독재자는 동일한 방식으로 수백만 명의 마음을 통제할 수 없다. 언론과 비밀경찰을 통제하더라도 인구의 일정 비율은 아마도 아버지 같은 인물에 대한 심리적 욕구를 경험하지 않기 때문에 절대로 포기 증후군의 희생양이 되지 않을 것이다. 이들은 항상 무능하고 악의적인 사기꾼이라는 병리주의자의 본모습을 볼 수 있을 것이다.

세뇌당한 것이 아니라 포기한 것

포기 증후군은 매우 강력해서 사람들에게 특정한 의식 상태의 변화, 즉 포기된 의식 상태를 일으킨다. 1999년에 나는 영국 맨체스터에서 열린 앤드루 코언의 강연에 참석했다. 당시 코언의 추종자 한 명과 이야기를 나눌 기회가 있었는데 그는 공허한 눈빛과 어린아이처럼 구루를 동경하는 모습으로 나를 약간 불안하게 만들었다. 그가 눈을 크게 뜨고 열렬하게 외쳤다. "앤드루가 바로 그 사람이에요. 제가 찾던 바로 그 사람요. 앤드루를 따른 후부터 제 인생의 모든 일이 잘 풀리고 있어요."

나는 그의 공허한 표정을 예전에도 본 적이 있다는 사실을 떠올렸다. 몇 년 전, 지인이 나와 내 여자 친구를 자신의 영성 단체 워크숍에 초대했다. 나는 금세 그 워크숍이 나와 맞지 않다는 것을 깨달았다. 나는 그들이 그 자리에 참석하지도 않은 스승에게 보여 준 엄청난 경외심이 마음에 들지 않았다. 이들은 스승의 이름을 언급할 때마다 사랑에 빠진 10대처럼 얼굴 가득 미소를 지었다. 진부한 표현과 미사여구로 가득 차 있는 데다 수준도 낮고 뒤죽박죽인 심리학 용어투성이인 가르침의 내용도 당황스러웠다. 하지만 무엇보다도 집단 구성원 대부분이 이상하고 멍한 표정을 짓고 있다는 점이 나를 가장 불안하게 만들었다. 그들은 하나같이 마치 집단 최면에 걸린 것처럼 텅 빈 눈빛을 하고 있었다.

친구나 친척이 컬트에 빠진 적이 있는 사람이라면 누구나 무아지경에 빠진 눈빛을 알아볼 수 있을 것이다. 한때 통일교의 추종자가 통일교 교도에 대해 언급했듯이 "그들의 눈은 모두 흐리멍덩했다. 마치 달걀 두 개를 뒤집어 놓은 것 같았으며 동공이 얼굴에서 튀어나온 것 같았다".[2] 실제로 연구진이 흐리멍덩한 시선을 연구한 적도 있다. 사회학자 벤저민 자블로키Benjamin Zablocki는 섬뜩하게 얼어붙은 미소와 함께 게슴츠레하고 위축된 표정을 세뇌 또는 '극단적 인지 순응성extreme cognitive submissiveness'이라고 설명했다.[3] 또 다른 사회학자 마크 갤런터Marc Galanter는 흐리멍덩한 시선에 집단의 경계를 설정하고 외부인을 밀어내는 **절연 효과**가 있다고 믿었다.[4]

하지만 무엇보다 그들의 흐리멍덩한 눈빛은 포기 증후군의 확실한 신호다. 자신의 삶에 대한 책임을 포기하고 아버지 같은 존재에게 헌신하는 어린아이와 같은 상태로 돌아간 사람들의 표정이다. 마치 무엇인가를 포기한 듯한 의식 상태는 최면 상태와 유사하다. 결국 최면의 본질적 특징은 사람이 자신의 의지를 포기하고 최면술사가 자신의 행동을 관리하며 결정과 감정을 통제하는 정신의 집행 기능을 대신하도록 허용한다는 것이다. 하지만 나는 이러한 맥락에서

'세뇌당하다' 혹은 '세뇌'라는 용어를 사용하기가 조금 망설여진다. 세뇌라는 용어는 컬트 공동체 구성원이 악의적 리더의 무고한 희생자라는 점을 암시하기 때문이다. 그것만으로는 설명이 너무 단순해진다. 최면 상태에서 최면을 받는 대상이 최면술사에게 자신의 의지를 맡기는 것처럼 적어도 포기 증후군이 형성되는 초기 단계에서 추종자와 리더 간에 합의가 이뤄진다. 추종자에게는 누군가를 숭배하고 싶은 심리적 욕구가 있고 리더는 숭배받고 싶은 심리적 욕구가 있다. 이처럼 자식 역할을 하고 싶은 사람과 부모 역할을 하고 싶은 사람 사이에 이뤄지는 **합의**를 간과해선 안 된다.

포기 증후군은 결코 그 끝이 좋지 않다. 여느 해로운 관계와 마찬가지로 권위주의적 리더와 그 리더에게 복종하는 추종자 사이의 관계는 애초부터 실패할 운명이다. 결국 그들의 관계는 리더의 **초단절성**과 추종자의 **불안감**이라는 양쪽 모두의 병리를 기반으로 형성된다. 리더 및 측근과 복종하는 추종자 사이의 거대한 간극 때문에 매우 불안정한 관계이기도 하다. 컬트든 정부든 어떤 형태로든 모든 병리주의는 갈등과 혼돈, 자멸을 낳을 수밖에 없다.

10장

단절된 사회, 단절된 사람들

DISCONNECTED

CONNECT

LEADERSHIP

EGO

PATHOCRACY

DEMOCRACY

DISCONNECTED

단절형 사회와 단절된 개인, 또는 연결형 사회와 연결된 개인 사이에는 공생적이고 상호 강화적인 관계가 존재한다. 간단히 말해 단절형 사회는 단절된 사람을 낳고, 연결형 사회는 연결된 사람을 낳는 경향이 있다. 단절형 사회에서는 초연결형 인간이 성공하기 어렵다.

Disconnected

이 시점에서 우리는 개인의 심리를 넘어 사회적 관점에서 바라본 단절에 대해 살펴볼 것이다. 역사적 측면에서 바라보는 색다른 시각도 포함된다. 지금까지는 주로 최근의 인류 역사를 살펴봤다면 지금부터는 훨씬 더 먼 선사시대로 거슬러 올라가 보겠다. 농경 사회가 시작되기 전 수렵 채집 생활을 했던 수만 년의 시간을 포함해 인류가 존재했던 전체 기간을 훑어보려 한다. 동시에 전 지구적 관점에서 오늘날의 전 세계 사회를 연결과 단절의 관점에서 검토할 것이다.

개개인의 인간처럼 인간 사회도 연결의 정도에 따라 평가할 수 있다. 이때 사회적 연결의 연속체를 떠올려보자(22쪽 참조). 개인의 발달과 마찬가지로 사회적 진보 정도도 연속체를 따라 왼쪽에서 오른쪽으로 이동하면서 측정할 수 있다. 강력한 단절형 사회는 부도덕하고 잔인하며 공감과 양심이 없는 어둠의 3요소 특성을 갖고 있다. 그중에서는 높은 수준의 폭력과 위계질서, 가부장제를 간직한 사이코패스 사회다. 사이코패스가 만성적 공감과 양심의 결핍을 겪듯이 사이코패스 사회는 평등과 정의의 결핍 문제에 만성적으로 노출돼 있다. 사이코패스가 다른 사람을 조종하고 학대하는 특징을 갖듯이 사이코패스 사회도 잔인함과 억압이라는 특징을 갖는다.

사이코패스 사회에는 일반적으로 노예제, 고도로 계층화된 계급 또는 카스트, 권위주의적 엘리트 리더가 있다. 또 아이들은 보통 애정 결핍을 겪고 엄격한 훈육과 가혹한 양육을 받으며 여성의 지위는 낮고 가정 폭력도 빈번하게 발생한다. 또한 성 역할이 매우 명확하게 구분돼 있다. 남성의 영역은 일과 사회라는 바깥 세계인 반면, 여성의 영역은 육아와 가사라는 안쪽 세계다. 성적 억압이 심각하며, 특히 여자의 경우 혼전 성관계와 간통을 중범죄로 간주한다. 범죄자에게는 혹독한 처벌을 내리고 동물도 잔인하게 취급한다.

또한 단절형 사회는 상당히 종교적 경향을 보인다. 종교계에서는 철저하고 엄격한 신념과 관습을 따른다. 무신론자가 되거나 국가가 공인한 종교 외에 다른 종교를 따르는 것은 범죄로 취급된다. 민주주의의 수준이나 언론의 자유도는 극히 적으며 반대 의견을 낼 경우 범죄 행위로 간주해 가혹한 처벌을 내린다.

반면 연결형 사회는 연결된 개인처럼 자비롭고 이타적이다. 폭력과 잔인성의 수준이 낮고 위계질서와 억압도 거의 없다. 여성의 지위가 높고 남성과 여성이 안팎의 세계를 공유하는 등 성 역할이 상당 부분 겹친다. 평등과 민주주의 수준이 높으며 모두에게 기회와 권리가 비슷하게 주어진다. 리더의 권한은 제한돼 있고 의사 결정의 과정을 공유한다. 범죄자를 대할 때 처벌보다는 사회 복귀에 중점을 두고 인간적 대우를 받는다. 연결형 사회는 혼전 성관계와 동성애를 허용하는 등 성적으로도 개방적이다. 아이들은 일반적으로 체벌 없이 다정하고 자유로운 방식으로 양육된다.[1]

단절형 사회와 단절된 개인, 또는 연결형 사회와 연결된 개인 사이에는 **공생적**이고 **상호 강화적**인 관계가 존재한다. 간단히 말해 단절형 사회는 단절된 사람을 낳고 연결형 사회는 연결된 사람을 낳는 경향이 있다. 가부장제와 위계질서, 성적 억압과 같은 단절된 사회적 특성은 공격적이고 악의적인 분위기를 조성해 개인의 잔인함을 부추기고 공감과 자비를 저해한다. 노르웨이 사회학자 요한 갈퉁 Johan Galtung의 용어를 빌리면 단절형 사회의 구조적 폭력 또는 간접 폭력은 직접적이고 개인적인 폭력을 초래한다.[2] 한 예로 여성의 지위가 낮은 단절형 사회에서는 가정 폭력과 성폭행의 강도가 세다. 반면 평등과 민주주의, 성적 개방성이라는 연결형 사회의 특성은 개개인의 공감과 친절을 장려하는 사회적 화합의 분위기를 조성한다. 구조적 폭력이 적기 때문에 상대적으로 직접적 폭력이 적으며 연결된 사람은 타고난 동정심과 친절을 표현하도록 교육을 받는다.

단절형 사회에서는 초연결형 인간이 성공하기 어렵다. 이들은 조롱과 적대감의 직접적인 대상이 되고 사회적 낙오자나 국가의 적이 될 수 있다. 심지어 초연결적 특성은 사회적으로 허용되지 않기 때문에 자연스러운 공감과 친절을 억누를 수도 있다. 마찬가지로 단절형 인간이 연결형 사회에서 성공하기도 쉽지 않다. 이들은 민주적 절차와 스스로 오를 수 있는 계층 구조의 부재, 나르시시즘과 탐욕을 인정하지 않는 전반적인 사회적 태도 때문에 제약을 받는다.

당신의 조직은 단절됐는가, 연결됐는가

현재 전 세계에 존재하는 사회 중 일부를 연결 수준 측면에서 평가해 보자. 세계에서 가장 단절된 사회는 주로 중동에서 찾아볼 수 있다. 중동에서는 여성의 지위가 매우 낮고 성적 억압이 심하며 민주주의의 수준이 낮다. 중동 사회는 대단히 종교적이며 환경적 나르시시즘의 수준이 높은 세습 통치자 또는 종교적 광신자로 구성된 병리주의 엘리트가 통치한다. 사우디아라비아에서는 많은 여성이 집안일과 육아라는 실내 영역에 갇혀 사실상 죄수처럼 살고 있다. 여성은 간통죄로 돌에 맞아 죽기도 하지만, 남성은 여러 번 결혼할 수 있다. 동성애는 불법이며 남색은 사형에 처해질 수 있다. 다른 범죄에 대한 처벌로는 공개 처형과 절단, 채찍질 등이 활용된다. 2018년 언론인 자말 카쇼기Jamal Khashoggi 사건에서 알 수 있듯 정치적 반체제 인사는 고문과 살해의 대상이 될 수 있다.

이와는 대조적으로 세계 다른 지역에서는 사회적 연결을 지향하는 추세가 나타나고 있다. 현재 세계에서 사회적으로 긴밀하게 연결된 지역은 스칸디나비아, 네덜란드와 독일 등 일부 북유럽 국가다. 이들 국가는 평등과 사회적 지원, 여성의 지위와 민주주의, 성적 개방성의 수준이 높고 범죄자도 인간적으로 다루고 있다. 또한 분쟁보다는 국제 협력을 선호한다. 이들 국가는 종교적이기보다는 대체로 세속적이다. 스칸디나비아 국가는 세계 웰빙 조사에서 거의 항상 상위권을 차지한다는 점을 눈여겨볼 만하다.

다른 국가는 두 극단 사이의 어딘가에 위치한다. 미국과 영국의 사회적 연결성은 중간보다 높은 수준이며 민주주의와 여성의 지위, 성적 개방성도 상당히 높다. 동시에 상당한 수준의 불평등도 존재한다. 영국에는 여전히 강력한 계급 시스템이 있으며 엘리트 사립학교와 대학이 리더십 직책으로 이어지는 경로 역할을 하고 있다. 미국은 경쟁이 치열하고 개인주의적 사회로 사회적 지원이 거의 없고 백인과 다른 인종 간의 기회와 지위 격차가 큰 편이다.

다른 병리주의 국가들은 매우 단절돼 있다. 예를 들어 러시아와 중국의 경우, 여성의 지위와 성적 개방성이 높으며 일반 인구 사이에 문화적 연결의 징후가 다소 존재한다. 그러나 민주주의와 언론의 자유가 심각하게 부족하고 반대자를 가혹하게 처벌하는 등 정부의 병리주의적 측면에서는 단절적 특성이 높다. 동시에 이들 국가는 공격적이고 팽창주의적 외교 정책을 펼치며 국제 협약이나 동맹에 대한 불신도 크다.

인류 역사 전반에 걸친 사회 역시 연결의 수준에 따라 평가할 수 있다. 초기 인류 사회를 주의 깊게 살펴보면 연결성 수준이 높다는 점에서 이야기는 더욱 복잡해지고 심지어 놀랍기까지 하다. 실제로 인류가 지구상에 살아온 대부분의 시간 동안 우리 사회는 무척이나 연결돼 있었다. 사회가 이토록 단절된 것은 **아주 최근의 일**로 보인다. 상당히 광범위한 주장이므로 좀 더 자세히 설명해 보겠다.

문명 이전의 사회를 돌아보다

문명이 시작되기 전 초기 인류의 삶이 어땠을지 상상해 보라. 더럽고 털이 수북한 야만인이 창이나 몽둥이를 들고 서로에게 소리를 지르며 싸우는 모습이 떠오를지 모른다. 야생 동물과 다른 사람이 공격할까 봐 두려움 속에서 굶주리고 추위에 떨며 살던 조상의 모습을 상상할 수도 있다. 강력한 부족장이 이끄는 작은 부족에 속해 살면서 이웃 부족과 끊임없이 전쟁을 벌였다고 생각할 수도 있다.

그런데 사실 선사시대의 삶은 이런 묘사와는 전혀 달랐다. 인류 역사에 대한 가장 큰 신화 중 하나는 인류가 끊임없이 발전해 왔다는 것이다. 이 신화에 따르면 인간은 무지하고 폭력적인 야만인으로 시작했으며 생존을 위해 잔인하게 투쟁하는 삶을 살았다. 그 이후로 우리는 점차 평화로워지고 문명화됐으며 더욱 편안하고 조화로운 삶을 살게 됐다.

그러나 고고학적·인류학적 증거에 따르면 인류의 신화는 왜곡돼 있으며 인류 역사는 여러 면에서 퇴보해 왔다. 예를 들어 초기 인류가 생존을 위해 투쟁해야 했다는 것은 사실이 아니다. 실제로 선사시대의 집단은 상당히 편안한 시간을 보냈다. 실제로 인간이 지구에 살았던 시간의 95퍼센트에 달하는 기간 동안 우리 조상은 수렵 채집인으로 살았다. 그들은 보통 소규모 부족으로 모여 살면서 몇 달마다 다른 장소로 이동했다. 부족은 동물을 사냥하고 과일과 채소, 뿌리와 견과류를 채집해 살아남았다. 우리 조상과 같은 방식으로 생활하는 수렵 채집 집단에 관한 연구에 따르면 하루 중 약 2~3시간 또는 일주일에 12~20시간 정도만 식량을 찾는 데 썼을 뿐이다. 예를 들어 1979년 인류학자 리처드 리Richard B. Lee가 발표한 연구에 따르면 아프리카의 쿵족은 일주일에 약 15시간만 식량을 수집하고 여가를 풍부하게 누렸다.[3]

다시 말해 수렵 채집을 하던 조상은 우리보다 훨씬 적게 일하고 훨씬 더 많은 여가를 누렸다. 선사시대에는 인류가 지구 표면에 매우 소규모로 흩어져 있었다는 점을 고려하면 무슨 뜻인지 이해가 될 것이다. 당시에는 전 세계 인구가 매우 적었다. 일부 추정에 따르면 약 1만 5천 년 전 유럽의 인구는 2만 9천 명에 불과했고, 전 세계 인구는 50만 명을 넘지 않았다.[4] 게다가 자원이 풍부했기 때문에 생존을 위해 싸우거나 식량을 구하려고 애쓸 필요가 없었을 것이다.

초기 인류의 삶은 다른 면에서도 여유로웠다. 이들의 식사는 현대인의 식단보다 월등히 뛰어났다. 유제품을 먹지 않고 다양한 과일과 채소, 뿌리와 견과류를 육류와 함께 날것으로 먹었다. 선사시대 인류는 후대의 인류보다 질병에도 덜 걸렸다. 사실 19세기와 20세기 현대의학과 위생이 발전하기 전까지 역사상 그 어떤 인류보다 질병을 덜 앓았을지도 모른다. 현재 인류를 괴롭히는 많은 질병은 약 1만 년 전 중동에서 시작돼 전 세계로 서서히 퍼져 나간 농경 시대에 발생했다. 또한 인류가 길들인 동물을 통해 전염됐다. 유엔 식량농업기구에서 농업과 인간 질병의 관계를 검토한 결과, 인간 질병의 거의 4분의 3이 동물에서 비롯된 것으로 밝혀졌다. 돼지와 오리는 독감

을, 말은 감기를, 소는 천연두를, 개는 홍역을 인간에게 옮겼다.[5]

• • •

더욱 명확하게 말하자면 선사시대의 삶은 갈등에서 자유로웠다. 한 마디로 전쟁이 없었다. 초기 인류가 야만스러워 폭력적이고 호전적이었으며 시간이 흘러 점차 평화로워졌다는 생각은 가장 근거가 없으면서도 가장 확고하고 오래된 편견 중 하나다. 2005년에 전작『자아폭발』을 출간했을 때만 해도 선사시대의 평화라는 개념에 대해 논란이 있었다. 몇몇 평론가는 내가 고귀한 야만인의 신화를 퍼뜨리고 있다고 비판했다. 하지만 그 이후로 많은 증거가 나오면서 사람들이 선사시대의 평화라는 개념을 훨씬 더 많이 수용하게 됐다고 말할 수 있어서 기쁘다. 예를 들어 2013년 인류학자 조너선 하스Jonathan Haas와 매슈 피시텔리Matthew Piscitelli는 과학 문헌에서 2,900개의 선사시대 인간 골격에 대한 설명을 검토했다. 이들은 폭력의 흔적이 있는 해골은 단 네 점에 불과했으며 이마저도 전쟁이 아니라 살인에 해당하는 흔적이었다는 사실을 알아냈다. 스무 명이 사망한 수단의 학살 현장만이 예외였다. 이처럼 폭력이 없었다는 사실은 해골 자국과 무기, 예술품과 방어 지역 및 건축물에서 전쟁의 흔적이 분명하게 드러나는 후기 시대와는 사뭇 대조적이다.[6] 2013년 인류학자 브라이언 퍼거슨Brian Ferguson 역시 신석기 유럽과 근동의 고고학 조사 자료를 자세히 조사했는데, 전쟁의 증거를 거의 발견하지 못

했다. 당시 증거를 살펴보면 이 지역에서는 기원전 3500년경에야 전쟁이 흔하게 발생했다.[7]

사실 선사시대의 적은 인구수를 고려해 볼 때 전쟁이 없었다는 것은 어찌 보면 당연하다. 많은 인류학자는 영토와 자원을 차지하려는 경쟁의 결과가 곧 전쟁이라고 생각한다. 선사시대에는 인구 밀도가 매우 낮았기 때문에 아마도 이런 경쟁이 존재하지 않았을 것이다. 희소성이 없는 세상에서 사람들이 싸울 필요가 있겠는가? 하스와 피시텔리는 다음과 같이 설명했다. "인류가 지구상에 존재한 19만 년 동안 인구 밀도가 낮을 때는 전쟁과 종족 내 갈등의 생물학적 또는 문화적 이유가 모두 사라졌다."[8]

전쟁이 없었다는 점을 고려하면 우리 조상이 이동하는 방식도 이해하기 쉬워진다. 즉, 선사시대 조상은 자신을 특정 지역과 동일시하지 않아 생활공간을 보호하고 확장할 필요가 없었을 것이다. 잠시 동안 그곳에 머물 것인데 특정 지역에 애착을 느낄 이유가 없기 때문이다. 연구에 따르면 현대의 유목 수렵 채집인도 대체로 영토에 대한 개념을 갖고 있지 않다. 이들은 특정 지역을 소유한다고 생각하지 않으며 자신이 사는 지역을 침범하는 사람에게 공격적으로 맞서지 않는다. 수렵 채집 집단은 갈등을 일으키기보다는 서로 활발하게 교류한다. 정기적으로 서로를 방문하고 결혼 동맹을 맺으며 자주 구성원을 바꾼다.[9] 최근 인류학자 더글러스 프라이Douglas. P. Fry와 파트리크 쇠데르베리Patrik Söderberg는 현대의 수렵 채집 집단 스물한 곳을 대상으로 연구한 결과, 지난 100년 동안 집단 간 갈등에 대한 증거를 좀처럼 찾기 힘들었다고 한다. 집단 살인의 역사가 있는 사회는 단 한 곳, 티위Tiwi라는 이름의 호주 원주민 집단뿐이었다.[10]

• • •

이쯤에서 우리가 지금까지 들어 온 부족민 이야기, 이웃 부족과 끊임없이 싸우고 자신의 영토에 들어온 이방인을 살해하거나 심지어 잡아먹는 맹렬한 전사에 관한 이야기가 떠오를 것이다. 예를 들어 선사시대의 전쟁에 대한 통계학적 증거를 제시한 스티븐 핑커가 쓴 『우리 본성의 더 나은 천사』에서 그 시대의 여러 부족민에 대해 알게 됐을 수도 있다.

그러나 인류학자가 단순simple 수렵 채집 집단이라고 일컫는 사람과 복합complex 수렵 채집 집단이라고 일컫는 사람을 구분하는 것이 중요하다. 핑커는 둘을 구분하지 않는다. 단순 수렵 채집 집단은 식량이나 자원을 나중에 사용하기 위해 저장하기보다 즉시 사용하는 '즉각적 보상immediate return' 생활 방식의 삶을 살았다. 평등주의적이고 소규모인 이동 집단으로 살았으며 소유물이 거의 없었다. 이들은 서로 다른 집단 사이에서 왕성하게 자주 협력했으며 집단은 대체로 평화로웠다. 그리고 인류는 지구상에서 대다수의 시간을 이러한 사회에서 살아왔다. 퍼거슨은 "20만 년 이상 인류가 존재했던 대부분의 시간 동안 인류 사회의 특징은 단순한 수렵과 채집이었다."라고[11] 말했다.

반면 복합 수렵 채집 집단은 같은 장소에 머무르고 인구가 더 많은 경향을 보였다. 이들에게는 대체로 권위주의적 리더와 사회적 서열, 조상에게 물려받은 특권, 다소 민주적이지 않은 권력 구조가 있었다. 게다가 호전적이었다. 복합 수렵 채집 집단은 역사적으로 훨씬 더 최근에서야 발전했다. 그러나 핑커와 같은 일부 저자는 이 집단을 인류 역사에서 전쟁이 보편적으로 존재했다는 증거로 잘못 제시하고 있다. 또한 핑커는 유럽 식민지 개척자와의 접촉으로 생활 방식이 심각하게 파괴됐기 때문에 선사시대 수렵 채집인을 대표하지 않는 집단을 선택했다.

집단의 역사는 '연결'에 기반한다

수많은 증거에 따르면 단순 수렵 채집 집단은 **강력한 연결형 사회**였음을 알 수 있다. 물론 시간이 흐르면서 식민지와 세계화 때문에 문화적 혼란을 겪는 집단이 점점 더 많아지고 있기는 하다.

지난 100년 동안 인류학자는 우리 조상과 같이 단순 수렵 채집 생활을 하는 수많은 집단을 관찰해 왔다. 단순 수렵 채집 집단은 지속적으로 연결형 사회의 특징을 보였다. 예를 들어 대부분 정교하고 대단히 합리적일 정도로 민주적이다. 대부분의 사회에 리더 같은 사람이 있기는 했지만 권한은 대개 매우 제한적이며 나머지 구성원이 불만을 품으면 쉽게 리더 자리에서 물러날 수 있다. 리더에게는 독자적 결정을 내릴 권리가 없다. 대부분의 부족에서는 합의를 통해 결정이 이뤄진다.

단순 수렵 채집 집단 역시 매우 평등주의적이다. 권력과 부를 기반으로 한 위계질서가 존재하지 않는다. 실제로 이들은 개인의 재산이나 영토라는 개념을 완전히 낯설게 받아들인다. 인류학자 제임스 우드번James Woodburn은 수렵 채집 집단의 심오한 평등주의에 대해 언급하며 "수렵 채집 집단은 자신에게 당장 필요한 것 이상의 동산을 축적할 권리가 없다. 이들에게는 그 동산을 공유할 도덕적 의무가 있다."라고 설명했다.[12] 예를 들어 아프리카의 하드자 부족은 결코 두 번째 도끼나 두 번째 셔츠처럼 불필요한 소유물을 며칠 이상, 보통 몇 시간 이상 소유하지 않는다. 이들에게는 소유물을 공유해야 한다는 도덕적 의무감이 있다.

단순 수렵 채집 집단은 성별의 측면에서도 평등주의적이다. 인류학자 브루스 노프트Bruce Knauft는 이들의 극단적인 정치적·성적 평등주의에 대해 언급했다.[13] 단절형 사회에서와 달리 이 집단에서는 남성에게 여성을 지배할 권위가 없다. 대체로 여성이 결혼 상대를 직접 선택하고 자신이 하고 싶은 일을 결정하고 자신이 원하는 아무 시간에나 일한다. 결혼생활이 파탄에 이르면 자녀에 대한 양육권은 여성에게 있다.[14]

경제적 측면에서 볼 때 수렵 채집 집단에서 여성의 역할이 남성의 역할만큼 혹은 종종 그 이상으로 중요하다는 사실은 아마도 식량의 배분 문제에서 중요한 의미가 될 것이다. 이 사회에서는 여성이 채집을 통해 집단의 식량 대부분을 공급하는 형태가 일반적이었다.

예를 들어 호주 원주민 공동체에 관한 연구에 따르면 집단 대부분이 남성이 사냥한 고기보다 여성이 채집한 뿌리와 과일, 씨앗을 식량으로 의지하는 경우가 더 많았다. 어떤 상황에서는 남성이 식량의 10퍼센트 미만을 제공하기도 했다.[15] 그런 점에서 수렵 채집 집단을 채집 사냥꾼이라고 부르는 편이 더 정확할 것이다.

단순 수렵 채집 집단은 평등주의를 유지하기 위해 상당한 노력을 기울인다. 인류학자 크리스토퍼 보엠Christopher Boehm의 말을 빌리면 이들은 "지배적 리더십과 과도한 경쟁을 억제하기 위해 사회적 통제 기술을 적용한다".[16] 이를 위한 한 가지 방법은 공로를 공유하는 것이다. 예를 들어 아프리카의 쿵족은 사냥을 하기 전에 화살을 교환하고 동물을 쏴 죽이면 화살을 쏜 사람이 아니라 화살을 가져온 사람에게 공로를 돌린다. 동시에 오만하고 자기 과시적인 사람을 비하하고 조롱한다.

이 집단에서는 부적합한 사람이 권력을 차지하지 못하도록 세심한 주의도 기울인다. 권력과 부를 향한 욕망의 징후를 보이는 사람은 일반적으로 리더감으로 고려되지 않는다. 단절된 개인, 즉 권력에 굶주린 개인이 지배력을 행사하기 시작하면 보엠이 '평등주의적 제재egalitarian sanctioning'라고 부르는 방식을 실행한다. 이들은 권력을 휘두르는 사람에게 맞서 그 사람을 외면하고 떠나 버린다. 심지어 극단적 상황에서 그 사람의 행동으로 목숨이 위험에 처할지 모른다고 느끼면 그 사람을 암살하기도 한다.

보엠이 지적했듯이 수렵 채집 집단의 평등주의적 접근 방식은 유목 상태로 남아 소규모 무리로 살아가는 수렵 채집인에게 보편적인 것으로 보인다. 또한 **정치적 평등주의가 무척 오래됐다**는 사실을 암시한다.[17] (이러한 척도에 대해서는 추후 현대 사회가 단절된 리더로부터 자신을 보호하기 위해 무엇을 할 수 있는지 살펴볼 때 다시 다룰 것이다.)

개인적으로나 사회적으로 진보의 수준은 **연결의 관점**에서 측정하는 것이 가장 좋다고 주장한 바 있다. 이러한 측면에서 선사시대 사회가 후대 사회, 심지어 수많은 현대 사회보다 더 발전했다는 증거는 엄청나게 많다. 선사 사회는 전쟁과 위계질서, 가부장제와 권위주의 같은 단절형 사회의 특성을 보이지 않았다. 반면 선사 사회에는 평등주의와 민주주의, 친절한 자녀 양육 방식과 성적 개방성, 성 역할 구분의 부재 등 연결성을 지닌 특성이 있었다. 인간이 지구상에서 살아온 시간의 95퍼센트 동안 이처럼 연결형 사회가 존재했다는 사실은 연결이 인간에게 **자연스러운 상태**이며, 최근의 초단절형 사회는 **일탈적 현상**임을 보여 준다.

단절형 사회는 어떻게 등장했는가

단절형 사회가 일탈적 현상이라면 이 사회는 어떻게 생겨난 것일까? 왜 사회적으로 연결된 상태는 단절된 상태로 전환하게 됐을까?

약 1만 년 전, 몇몇 인류 집단이 수렵 채집 생활을 포기하고 정착하기 시작한다. 이들은 150명 이하의 작은 마을에서 보리와 밀 같은 농작물을 재배하고 양과 염소 같은 가축을 기르며 살기 시작했다.

개는 이미 수렵 채집 집단의 일부였다. 처음에 이들은 농부보다는 정원사나 원예사에 가까웠다. 기원전 7000년경에는 중동의 일부 지역에서 정착된 생활 방식이 구축됐고 서서히 유럽과 아시아 전역으로 퍼져 나가기 시작했다. 기원전 5000년경에는 인도까지 퍼졌고 기원전 3000년경에 마침내 영국과 스칸디나비아, 동쪽의 중국에 이르렀다.

어떤 저자는 수렵 채집 시대의 종말을 위계적이고 호전적인 사회 또는 우리가 흔히 말하는 단절형 사회로의 전환과 연관 짓는다. 이 이론에 따르면 우리 조상은 정착한 후 영토를 소유하고 부와 재산을 축적하며 다른 집단의 영토와 재산을 탐하기 시작했다. 하지만 수렵 채집 방식의 종말과 사회적 단절의 도래 사이에 직접적 관련이 있지는 않다. 최초로 정착한 공동체의 사회적 특성은 수렵 채집 공동체와 매우 비슷했다. 분명 폭력적 갈등에 대한 증거가 부족하기는 하다.

퍼거슨은 기원전 9000년 경부터 인구 밀도가 높아졌고 농경이 이뤄졌음에도 불구하고 현재의 요르단과 시리아, 이스라엘과 팔레스타인을 포함하는 레반트 지역에서 전쟁의 증거를 발견하지 못했다.[18] 더욱이 원예 사회의 매장 관습에서 나온 증거에 따르면 신분 차이가 없고 강력한 개인 리더도 없었다. 여성은 여전히 높은 지위를 누렸고 중요한 사회적 역할을 담당했다. 실제로 여성이 농작물을 재배하는 책임을 졌고 남성은 새로운 정원을 위해 땅을 개간하거나 사냥을 계속했다. 원예로 생계를 유지하는 많은 현대인에게도 같은 방식이 적용된다. 보엠에 따르면 원예사 집단은 "성인 남성의 강력한 리더십과 지배력이 부족하고, 합의를 통해 집단의 결정을 내리며, 평등주의 이념을 갖췄다는 점에서 수렵 채집가와 유사하다".[19]

다시 말해 초기 정착민은 수렵 채집 생활을 포기한 후에도 수천 년 동안 사회적 연결을 유지하며 살았다.

● ● ●

그런데 약 6,000년 전, 전환이 시작됐다. 초단절형 사회가 연결 집단을 대체하기 시작했다. 중동과 중앙아시아에서 등장한 집단에서 위계질서와 전쟁, 가부장제의 징후를 보이기 시작했다. 초기 인류는 보통 공동으로 매장했지만 이제는 개인별로 매장하는 것이 일반화됐다. 사람들은 신분과 재산의 흔적과 함께 묻혔다. 족장처럼 중요한 사람은 말과 무기, 심지어 아내를 포함한 많은 재산을 함께 묻었다. 예술 작품은 전투 장면과 무기의 이미지로 가득 찼다. 수많은 전투 유적을 보면 선사시대의 오랜 평화가 만성적이고 야만적인 전쟁의 새로운 국면으로 바뀌었음을 알 수 있다. 경제적 측면에서 초기 정착 집단의 단순한 원예 중심 생활 방식은 쟁기, 소와 말 같은 동물의 가축화 등 현대 농업과 더욱 유사하고 더 무거운 유형의 농업으로 바뀌었다.

이후 수 세기에 걸쳐 새롭게 등장한 단절형 집단은 아시아와 유럽 전역으로 이동했다. 두 대륙 곳곳에 걸쳐 이 집단이 기존의 연결형 사회를 정복하면서 혼란과 파괴의 흔적이 발견됐다. 기원전 2500년경에는 유럽, 중동, 아시아의 대부분이 단절형 사회에 점령됐다. 일부 고립된 지역에서는 연결형 사회가 더 오래 살아남았다. 예를 들어 크레타섬에서는 기원전 1500년경까지 강력한 연결형 사회가 번성했다. 미노스 문화가 발달한 이곳 사회에서는 여성의 지위가 높았고 전쟁의 흔적이 없었다. 미노스의 예술 작품에는 여사제와 여신, 사교 행사에서 춤추고 이야기하는 여성의 모습이 묘사돼 있다. 꽃과 새, 물고기, 기타 여러 동물의 화려하고 생생한 이미지와 함께 아름다운 상징과 무늬로 자연에 대한 깊은 경외심을 드러냈다. 문화 전체가 기쁨과 경쾌함의 분위기로 가득 차 있고 억압과 공포라고는 없어 보였다. 그러나 결국 크레타섬은 그리스 본토에서 온 전사들에게 침략당했고 이들은 새로운 단절적 특성을 섬에 들여왔다. 이제 전쟁의 흔적이 나타나기 시작하고 여성의 지위가 낮아졌으며 예술 작품에 전쟁과 의인화된 신의 이미지가 두드러지게 나타났다.

단절로의 타락은 극심했다. 유라시아 대륙 전역에서 여성의 지위가 단순한 재산으로 취급될 정도로 떨어졌다. 고대 인도와 중국에서는 남편이 죽은 직후 아내가 자살하거나 살해당하는 것이 당연시됐다. 마치 남편 없이는 아내의 삶이 가치가 없는 것처럼 여겨졌다. 어떤 문화권에서는 빚을 갚기 위해 고리대금업자나 세금 징수원이 여자를 데려가기도 했다. 많은 사회에서 여성은 재산이었기 때문에 다른 남성이 탐내지 못하도록 온몸과 머리를 가려야만 했다.

선사시대 사회가 평등주의 사회였다면 새로운 단절형 사회에는 수많은 노예와 더불어 부와 특권을 누리는 **엘리트 집단**이 존재했다. 농민과 농노는 거의 굶주리다시피 하며 살았다. 선사시대 사회에서는 성과 인체에 대해 건강하고 개방적인 태도를 보였던 반면, 새로운 단절형 사회에서는 혼전 및 혼외 성관계를 범죄로 간주했으며 때로는 사형에 처할 수 있는 범죄로 취급했다. 또 다른 변화로 아이들이 더 가혹한 대우를 받기 시작했다. 사람들은 실제로 가혹한 대우가 아동에게 유익하다고 믿기 시작했다. 심지어 구타나 매질 같은 신체적 학대조차 아이들에게 규율을 가르치고 회복력을 키우는 방법이라고 옹호됐다.

이러한 변화는 종교에서도 분명하게 나타났다. 선사시대의 종교는 유신론적이지 않았다. 이들의 종교는 공기를 채우고 자연 현상에 깃들 수 있는 개별적 영혼과 만물에 퍼져 생명과 지각을 부여하는 보다 근본적이고 영적인 힘이라는 두 가지 개념에 기반을 두었다. 그러나 새로운 단절형 문화에서 신은 세상과 동떨어져 있었으며 멀리서 세상을 바라봤고 세상사에 개입할 수 있는 능력이 있었다. 원래 단절된 민족은 정부의 여러 부분을 관리하는 장관처럼 인간 삶의 서로 다른 측면을 통제하는 서로 다른 신을 상상했다. 훗날 몇몇 집단에서는 절대 권력자처럼 삶의 모든 측면을 책임지는 전능한 단일 신의 개념을 발전시켰다. 다시 말해 다신교에서 일신교로 전환됐고 일신교는 결국 중동과 유럽 전역에서 지배적인 종교가 됐다.

'위대한' 고대 문명도 단절형 사회였다

소위 '위대한' 고대 문명과 문화는 사이코패시 성향의 사회로 분류될 정도로 단절돼 있었다. 문명의 도래로 기술적·문화적 진보가 일어났을지 모르지만, 이를 제외한 다른 모든 측면에서 보면 진보가 아니라 엄청난 퇴보가 이뤄졌다. 대체로 최초의 문명이라고 하는 고대 이집트와 수메르는 매우 호전적이고 가부장적이며 위계질서가 강했으며 전제적인 전사 리더와 귀족 엘리트가 통치했다. 한 고고학자의 말에 따르면 수메르 문화의 특징은 부와 소유를 향한 강박적 욕구였으며 그 결과 엄청난 사회적 불평등을 초래했다.[20] 수메르인은 자신의 가족에게도 매우 잔인했으며 "간통을 저지른 아내나 말을 듣지 않는 자녀에게 내리는 처벌의 잔혹성은 (…) 점점 더 커져 갔다".[21] 고대 이집트에서는 소수의 귀족이 땅을 전부 소유하고 나머지 인구는 농노로 일해야 했다. 농노는 언제든 밭에서 불려 나와 귀족을 위한 다른 일, 즉 피라미드 건설에 동원될 수 있었다.

고대 그리스와 로마의 후기 문명은 민주주의와 권력 공유의 중요성을 이해했다는 점에서 이집트와 수메르보다 더욱 연결돼 있었지만 극도로 호전적이었으며 노예제가 있고 여성의 지위가 매우 낮았다. 고대 그리스에서 여성은 재산을 소유할 수 없었고 정치적 권리도 없었다. 가족 외의 남성과는 접촉할 수 없었고 어두워지면 집 밖에 나가지 못했다. 역설적으로 고대 아테네인은 무척이나 정교하고 계몽적인 정치 시스템을 발전시켰다. 고대 로마는 사실상 노예제 사회로 노예가 인구의 20~30퍼센트를 차지하며 수많은 필수 업무를 수행했다. 로마 제국은 정복과 노예화, 살육의 거대한 프로젝트와도 같아 나치 제3제국에 영감을 줄 만도 하다.

이러한 고대 사회는 유럽과 중동 및 아시아 전역에서 수 세기에 걸쳐 소위 문명의 틀을 세웠다. 근대가 될 때까지 전 세계의 표준 사회 모델은 봉건적 계층제였으며 소수의 족장과 상류층, 또는 귀족이 대다수의 하류층, 농노 또는 농민을 지배했다. 두 계급 사이의 격차가 너무 커서 귀족은 종종 자신을 농민과 다른 종족으로 여겼다. 중세 영국 영지의 법률 문서에는 농민의 자녀를 새끼나 떼라고 언급한 대목이 있다. 다른 상류층은 농민을 가축이라는 범주에 포함시키기도 했다.

이 사회에서는 전쟁이 만연했기 때문에 다른 인간을 공격하고 죽이는 것을 자연스러울 뿐만 아니라 명예로운 활동으로 보았다. 19세기까지 유럽 국가는 한 국가 또는 그 이상의 이웃 국가와 전쟁을 벌였다. 평균적으로 거의 2년에 한 번씩 전쟁을 치렀다. 즉, 평화로운 해를 보내고 난 후에는 전쟁을 치르는 한 해가 찾아왔다. 당연히 이러한 전근대 사회는 가부장적 성격이 강했다. 사회의 가장 높은 계층에서도 여성은 권리가 거의 없거나 전혀 없었고 지역 사회의 정치나 문화에 영향을 미치지 못했으며 남성보다 지적으로 열등한 존재로 여겨졌다.

그 후 약 500년 전부터 초단절형 사회에서 비롯된 집단이 단절의 특성을 다른 대륙으로 전달시켰다. 단절의 특성은 북미와 남미,

아프리카와 오스트랄라시아 전역으로 퍼져 나가게 됐다. 이 현상이 바로 **식민지 시대의 병리주의**다. 단절형 사회는 연결을 향한 추세가 증가하고 있음에도 불구하고 오늘날까지 계속 세계를 지배하고 있다.

심리적 단절에서 사회적 단절로

약 6,000년 전부터 시작된 사회적 단절로의 타락을 어떻게 설명해야 할까? 『자아폭발』을 통해 이러한 전환이 본질적으로 **심리적 문제**라고 밝힌 바 있다. 어떤 인간 집단에서 **개별성의 강화**를 경험하기 시작하면 이후 새로운 분리감이 생겨난다. 사람들은 자신이 자기만의 정신적 공간 안에 살고 나머지 세상과 다른 모든 사람은 저 밖의 다른 쪽에 있다고 느끼기 시작한다.

  선사시대 인류에게도 분명 자아정체감이 있었지만, 이제 사람들의 정체성은 더욱 명확하고 한정된 개념이 됐다. 사람들은 주변 세계뿐 아니라 자기 자신의 공동체, 심지어 자신의 몸과도 분리돼 있다고 느끼기 시작했다. '나'라는 세계가 예전보다 훨씬 더 중요해졌다. 사람들은 개인적 욕망과 야망, 성취와 지위에 대한 자신의 개인적 이야기에 더 많은 관심을 보이게 됐다. 그리고 이러한 심리적 단절은 사회적 단절을 초래했다. 새로운 단절형 사회는 개개인의 **단절된 마음**이 명확하게 드러난 것이라고 할 수 있다.

  따라서 사회적 단절이 왜 발생했는지에 대한 질문은 특정 집단의 구성원이 왜 심리적 전환을 경험하게 됐는가에 대한 질문과 같다. 수천 년 전에 일어난 사건의 원인을 규명하기는 분명 어렵다. 하지만 나는 『자아폭발』에서 그 원인이 **환경적 요인** 때문일 수 있다고 주장했다. 약 6,000년 전 중동과 중앙아시아, 북아프리카의 거대한 지역이 건조해지기 시작했다. 이 지역은 과거 많은 동물과 인간이 살아가기에 충분히 비옥한 땅이었다. 하지만 이제 강우량이 감소하고 강과 호수는 마르고 초목이 사라졌으며 기근과 가뭄이 닥쳤다. 이러한 환경 변화에는 중요한 의미가 있다. 같은 시기, 같은 지역에서 심리적·사회적 단절의 새로운 징후가 동시에 발생했기 때문이다.

『자아폭발』에서 펼친 내 이론에 따르면 이처럼 새로운 환경적 압력 때문에 독창성과 기술 혁신이 요구되면서 새로운 유형의 추상적이고 자아적 지능이 필요했다. 동시에 삶이 어려워지면서 새로운 이기심과 경쟁 정신을 부추겼다. 결과적으로 사람들의 자아정체감이 더욱 강해졌다. 사람들은 세상으로부터 분리돼 자기 안에 갇혀 살기 시작했다. 개개인뿐 아니라 자신의 몸과도 단절됐다. 또한 이들의 새로운 추상적 지능으로 새로운 기술과 실용적 기술이 생겨 오래된 연결형 문화를 쉽게 정복하고 새로운 단절형 문화를 전 세계에 전파할 수 있게 됐다.

전쟁과 위계질서, 가부장제와 같이 사회적으로 단절된 특성은 단절된 정신으로 이어진 집단의 집합적 결과다. 1장에서 나는 초단절형 인간이 부와 권력에 강력한 욕망을 느끼는 이유를 다음과 같이 설명했다. 이들은 강력한 결핍감과 취약성에 시달리며 곧 축적에 대한 충동을 일으킨다. 다른 집단을 공격하고 정복하며 그들의 영토와 재산을 빼앗는 전쟁은 이러한 충동의 집단적 표현이다. 축적에 대한 동일한 충동으로 단절된 사람들은 자신의 사회 내에서 부와 지위를 놓고 다투게 됐다. 그 결과 계급과 불평등이 생겨났다. 단절된 사람들은 동일한 충동 때문에 여성을 지배하고 다른 사회 계층과 민족 집단을 억압하게 됐다. 정신과 육체 사이의 새로운 분리감으로 인해 육체적 충동과 과정에 대한 이질감과 적대감이 조성됐고 결과적으로 성적 억압을 초래했다. 집단적 단절의 또 다른 결과는 유신론적 종교였다. 전능한 신이 세상을 감시하고 삶에 일어나는 사건을 통제한다는 개념은 분리된 자아에서 비롯된 새로운 무의미함과 취약성을 상쇄하려는 시도였다.

이 시점부터 이러한 집단의 구성원은 단절을 일반적 현상으로 경험했다. 분명 개인마다 단절의 정도는 달랐다. 현대인과 마찬가지로 많은 집단 구성원은 경미한 단절을 겪었을 것이며 어느 정도의 공감과 이타주의가 여전히 가능했을 것이다. 하지만 현대 사회에서와 마찬가지로 가장 심하게 단절된 사람들이 집단을 지배했을 것이다. 그리고 단절형 사회의 구조와 특성이 더욱 확고해지면서 집단의 일반적 단절 수준은 시간이 지나면서 증가했을 것이다.

이번 장의 앞부분에서 설명했듯이 개인적 단절과 사회적 단절 사이에 **공생 관계**가 있다는 점을 기억해야 한다. 심리적 단절이 수천 년 동안 유지돼 온 이유를 이해하는 데 도움이 될 것이다. 단절은 인류 역사의 극히 일부분에서만 존재해 왔고 과거의 인간 행동과도 무척 상반되기 때문에 단절이 인간의 타고난 본성이라고 말할 수는 없다. 오히려 그 반대일 가능성이 높다. 우리는 지구상에서 살아온 **95퍼센트**의 시간을 개인적·사회적으로 연결된 상태에서 살아왔기에 연결이야말로 우리의 **타고난 본능**이다.

하지만 사회가 단절되면 개인의 단절도 지속된다. 공정성과 정의의 부재가 팽배해지면 잔인함과 억압이 두드러지게 나타난다. 부의 축적과 출세주의 같은 단절적 특성도 사회적으로 바람직한 현상으로 자리 잡는다. 개인의 공격성과 무자비함은 장려되는 반면, 공감과 감정은 억제된다. 어린아이나 청소년이 공감과 감정의 징후를 보였을 때 이들은 이 징후가 사회적으로 용납되지 않는다는 사실을 금세 알아차리고 이를 억누르기 시작한다.

아마 더욱 중요한 사실은 자녀 양육 방식을 통해 사회적 단절이 개개인의 단절로 이어진다는 점일 것이다. 1장에서 어린 시절의 정서적 박탈과 트라우마가 초단절성의 주요 원인이라고 주장했다. 따라서 단절된 사회에서 주로 체벌과 다른 형태의 가혹한 훈육을 포함한 엄격하고 애정 없는 자녀 양육 방식이 구축되면 성인에게 어느 정도의 심리적 단절이 생길 수밖에 없다. 이러한 사회의 많은 구성원은 자연스러운 공감 능력을 차단하는 방법을 배워 나간다.

동시에 단절은 고난 때문에 계속 이어지기도 한다. 심리적 단절은 생존을 위한 투쟁에서 시작됐고 전 세계 사람 대부분에게 이 투쟁은 수천 년 동안 계속됐다. 물론 지금도 많은 사람에게 계속되고 있다. 처음에 투쟁은 주로 환경의 영향을 받았다. 즉, 굶주림과 고난과의 직접적인 싸움이었다. 하지만 단절형 사회가 정착되면서 평범한 사람들이 전쟁과 억압, 노예제, 자유와 기회의 부족, 늘어가는 질병 등 다른 많은 문제에 직면하게 됐다. 사회적 조건에 따라 애초에 타락의 원인이 됐던 이기주의와 이기심이 조장되면서 단절이 계속 이어지게 됐다.

연결을 회복하기 위한 움직임

식민지화를 통해 전 세계로 사회적 단절이 퍼진 이후의 몇 세기 동안 인간의 삶은 대부분 단절된 개인과 그들이 구축한 단절된 사회 때문에 잔인함과 갈등, 고통으로 가득 차게 됐다. 많은 사람이 평온한 사후 세계에 대한 믿음으로 자기 자신을 위로하는 것도 당연하다. 이들의 삶은 불의와 고난으로 가득 차 있어 삶의 끝에서 어떤 보상도 얻지 못한다는 사실을 받아들일 수 없을 만도 하다. 그런데 지난 250여 년 동안 중대한 변화가 일어났다. 전 세계에서 연결을 향한 수많은 움직임이 시작된 것이다.

예를 들어 현대 유럽인이나 미국인이 17세기로 돌아갔다면 조상의 삶이 잔인함으로 가득 차 있다는 데 놀라고 말 것이다. 영국과 프랑스 같은 나라에서는 어린아이와 동물을 상대로 방대한 학대가 이뤄졌다. 원치 않는 아기는 일상적으로 버려졌고 가난한 부모는 자녀를 도둑이나 매춘부로 키우기도 했다. 거리에는 집 없는 아이들이 넘쳐나서 종종 부랑자법 위반으로 체포돼 감옥에 갇혔다. 가장 인기 있었던 스포츠는 높은 창문에서 고양이를 떨어뜨려 어느 쪽이

먼저 땅에 떨어지는지 맞추는 고양이 떨어뜨리기 또는 개가 얼마나 많은 쥐를 죽일 수 있는지를 두고 내기하는 쥐잡기처럼 동물 학대의 형태를 띠었다. 범죄자에 대한 처벌은 현대의 사우디아라비아나 탈레반처럼 야만적이었다. 절도나 밤 도둑질처럼 사소한 범죄를 저지른 사람은 교수형에 처해졌다. 형틀을 활용한 처벌 방식도 오락의 형태로 인기를 끌었다. 사소한 죄를 저지른 범죄자에게 사람들은 썩은 과일이나 돌을 던지곤 했고 실제로 범죄자가 다치고 죽을 때도 있었다.

사실 18세기 이전 유럽 국가 대부분의 생활은 여러모로 사우디아라비아와 같은 현대의 초단절형 사회와 비슷했다. 여성은 지위가 매우 낮았으며 교육을 받거나 직업에 종사할 기회가 거의 또는 전혀 없었다. 농민이 생존을 위해 고군분투하는 동안 세습 엘리트는 막대한 특권과 부를 누리며 사회를 지배했다. 사회는 무척 종교적이어서 서로 다른 교파 간의 분쟁이나 이웃 국가와의 종교 전쟁이 발생하기 쉬웠다.

하지만 18세기 후반에 변화가 시작됐다. 정의와 권리의 중요성에 대한 새로운 인식과 함께 공감과 연민의 새로운 물결이 일어났다. 뒤이어 여성 인권 운동이 등장했고 노예제 반대 운동과 동물 권리 운동, 민주주의와 평등주의 개념의 발전 등으로 이어졌다. 마치 인간에게 서로 소통할 수 있는 새로운 능력이 생겨서 서로의 관점으로 세상을 바라보고 서로의 고통을 느낄 수 있게 된 것 같았다.

불의와 인권에 대한 새로운 인식이 퍼지면서 프랑스혁명과 미국 헌법이 탄생했다. 두 사건 모두 모든 인간은 평등하게 태어났으며 동일한 기회와 권리를 누릴 자격이 있다는 주장을 바탕으로 낡은 사회 질서에 도전했다. 새로운 인식은 낭만주의 운동에서는 문화적으로 표출됐다. 18세기 말과 19세기 초의 낭만주의 시인과 화가, 작곡가는 정의와 민주주의라는 새로운 사회적 이상에서 영감을 받았다. 이들의 작품은 자연의 아름다움과 웅장함에 대한 새로운 감각에서도 영감을 받았다. 마치 경계가 허물어지면서 인간이 세상을 멀리서 관찰하기보다 다시 세상에 참여할 수 있게 된 것 같았다. 동시에 낭만주의자는 자기 내면의 존재, 특히 자신의 감정과 더 많이 연결되는 것 같았다. 어떤 의미에서 낭만주의 운동은 차갑고 이성적인 단절의 둑 너머로 물이 넘치듯 솟구치는 거대한 감정의 분출과도 같았다.

연결을 향한 경향은 19세기와 20세기까지 계속됐다. 민주주의는 다른 나라로 확산됐다. 여성의 지위는 계속해서 상승했고 성 및 신체에 대한 개방성도 높아졌다. 여성을 포함한 많은 인구가 교육, 의료, 위생과 개선된 식생활을 활용할 수 있게 되면서 계급 구분이 약해졌다. 단, 책의 앞부분에서 살펴본 바와 같이 오래된 사회 구조가 해체될 때 발생하는 치명적인 부작용이 있다. 바로 소비에트 연방과 나치 독일에서처럼 초단절형 인간이 등장해 권력을 장악할 수 있게 됐다는 점이다.

20세기에는 자연과의 연결에 관한 관심이 높아지면서 환경 운동이 일어났다. 동물에 대한 공감대가 커지면서 채식주의와 비건주의가 증가했다. 남녀 모두 안팎의 세계를 공유하면서 성 역할이 흐릿해졌다. 제2차 세계대전이 끝난 이후, 특히 유럽에서는 평화와 화해로 나아가는 추세가 나타났다. 프랑스와 스페인, 영국과 독일 등 끊임없이 전쟁을 벌이던 국가들은 거의 80년 동안 평화를 유지해 오고 있다. 최근 수십 년 동안의 또 다른 중요한 추세는 영적인 길과 수행을 따르는 사람의 수가 계속 증가하고 있다는 것이다. 나아가 사람들이 저마다 자신의 존재를 탐구하고 인식의 폭을 넓히고 있다는 점은 유독 중요하다. 영적 발전은 본질적으로 연결성 증가를 향한 움직임이기 때문이다.

단절된 사회에 맞서는 연결의 가치

우리 시대의 가장 중요한 문화적 주제 중 하나는 오래된 단절적 특성과 새롭게 떠오른 연결적 특성 사이의 갈등이다. 보다 구체적으로는 가부장제와 물질주의, 민족주의와 유일신 종교와 같이 전통적 가치를 옹호하고 수호하는 사람들과 평등과 환경주의, 초국가주의와 영성 등 새로운 가치를 구현하는 사람들 간의 갈등이다.

전통적 단절주의자들은 떠오르는 연결주의자들에게 위협을 느끼며 마치 넘어지는 사람이 손에 힘을 주는 것처럼 자신의 가치를 더욱 강력하게 주장하려 한다. 가부장적이고 민족 중심적인 사고방식을 갖춘 사람은 성평등과 인종 평등에 대한 요구가 증가함에 따라 위협을 느낀다. 전통적으로 종교를 믿는 사람은 비종교적 영성의 흐름에 위협을 느끼며 자신의 신앙을 더욱 철저히 굳힌다. 영국의 유럽연합 탈퇴, 미국 공화당의 극단주의 강화, 인도의 모디Modi 대통령과 같은 극우파 리더의 당선에서 볼 수 있듯이 최근 우파 민족주의의 부상에서도 단절적 가치의 주장이 나타나고 있다.

이와 같은 모습이 바로 우리 시대의 특징인 **문화 전쟁**이다. 더 정확하게는 **연결 전쟁**이다. 연결적 가치와 특성의 흐름에 맞서 단절적 사회가 제 구조를 유지하려는 몸부림 말이다. 수천 년이 지난 지금, 단절적 특성은 뿌리 깊고 견고해 쉽게 몰아내기 어렵다. 그러나 연결적 특성에는 활력과 추진력이 있으며 해가 갈수록 더 강해지고 있는 것으로 보인다.

최근 주목받는 '워크woke'(인종적 차별과 편견에 대한 경계를 의미한다—옮긴이)라고 불리는 가치는 근본적으로 연결적 가치다. '깨어 있음wokeness'(사회적 정의와 같은 문제에 대해 민감한 정도—옮긴이)이 너무 무겁게 사용될 수 있고 때로는 정체성과 타자성을 만들어 냄으로써 단절을 일으키는 경직된 사상이 될 수 있는 것도 사실이다. 그러나 워크의 가치는 공감과 연민에 뿌리를 둔다. 불의와 불평등에 도전하고 다른 사람의 권리를 존중하며 그들의 필요에 민감하게 반응하는 것이다. 이런 의미에서 '깨어 있음'은 사회적 연결을 향한 움직임의 또 다른 표현이다.

따라서 단절된 사람들이 워크의 가치를 그토록 평가절하하는 것도 놀라운 일이 아니다. 누군가 지나치게 민감한 사람들을 '눈송이snowflake'라고 비난할 때, 그 사람은 감정을 평가절하하는 단절된 사람들과 같은 방식으로 행동하는 것이다. 공감을 약점으로 깎아내리는 사람들과 같은 방식으로 행동하는 것이기도 하다.

좌파와 우파 사이의 투쟁

정치적 측면에서 광범위하게 볼 때 연결과 단절의 특성은 좌파와 우파의 측면으로 표현된다. 깨어 있는 가치관과 마찬가지로 좌파의 이상은 단절된 사람들에게 쉽게 빼앗길 수 있어 상당히 복잡한 문제다. 이미 살펴봤듯이 역사상 가장 심각하게 단절된 사람 중 일부는 마오쩌둥과 스탈린, 수많은 다른 공산주의 리더와 같이 좌파 사상을 채택했다. 사실 정치사상으로서의 공산주의는 병리주의 리더에게 완벽하게 어울린다. 공산주의는 억압과 지배를 통해서만 살아남는다고 할 정도로 인간의 심리적 욕구를 거스르는 것이기 때문이다. 또한 개인의 정체성과 의지를 억압하고 개인의 성취와 소유권 같은 인간 욕구를 부정하므로 병리적 형태를 띨 수밖에 없다.

그러나 공산주의는 좌파 정치의 왜곡된 형태다. 좌파 정치 또는 사회주의의 기본 원칙은 연결적인 반면, 우파 정치의 일반 원칙은 단절적이다. 좌파 정치의 진정한 의미는 사회적 불평등에 대한 공감적 대응이며, 평등과 공정성을 증진하고 모든 시민이 동일한 권리와 기회를 누리게 하는 것을 목표로 삼는다. 즉, 소수의 특권층에게 권력과 부를 집중시키는 계층적 사회 구조를 해체하는 것을 목표로 한다.

반면 우파 정치는 전통적이며 단절적인 사회 구조를 옹호한다. 경쟁과 개인주의를 강조하고 위계질서와 불평등을 유지하려 한다. 우파 정치인은 시민을 돕고 빈곤과 불공정, 특권을 감소하겠다고 말하지만 실제로 정책적으로는 불평등을 심화한다. 경쟁과 자유 시장을 강조하기 때문에 특권층과 부유층의 권력을 제한하는 그 어떤 조치도 취하지 않으려 한다. 또한 개인적 책임을 중시하므로 소외된 사람들에게 사회적 지원과 기회를 제공하기를 꺼리는 탓에 빈곤이 유지된다. 그뿐 아니라 자본주의의 사상은 분리된 자아를 강화하기 위해 소유와 부, 지위와 권력을 축적하려는 심리적 욕구, 즉 **축적을 향한 단절적 욕구**를 기반으로 삼는다. 이런 의미에서 자본주의는 단절의 직접적인 표현이다.

연결을 추구하는 것은 일종의 진화다

19세기부터 연결을 향한 움직임이 나타난 이유는 무엇일까? 이미 단절은 고난과 관련이 있다는 점을 설명했으므로 이러한 움직임이 그저 최근의 생활수준이 개선된 결과라고 생각할 수도 있다.

하지만 대다수 사람의 생활 여건은 연결을 향한 움직임이 시작된 지 한참 후에도 크게 개선되지 않았다. 대부분의 평범한 유럽과 미국인의 삶은 20세기까지 계속 어려웠다. 19세기에는 산업혁명이 일어나 수많은 평범한 사람의 생활 여건이 실제로 더 나빠졌다. 사실 우리는 연결과 생활 여건 사이의 인과 관계를 반대로 생각해 봐야 할 것이다. 연결을 향한 움직임이 나타나면서 노동계급의 생활 여건이 개선된 것이다. 정치인이나 공장주 등 중상류층이 노동계급의 어려움에 공감하고 생활 및 노동 조건을 개선하기 위한 조치를 취하기 시작했기 때문이다.

나는 『자아폭발』에서 연결을 향한 움직임이 본질적으로 **진화적 현상**이라고 주장했다. 물리적 수준에서 진화는 생명체의 변이와 복잡화 과정이다. 그러나 진화는 내면적이고 정신적인 측면이기도 하다. 생명체는 물리적으로 더 복잡해지는 과정을 거치면서 지각을 더욱 갖추고 의식적 존재가 된다. 주변 세계와 다른 생명체, 자기 자신의 내면에 대해 더 잘 인식하게 된다. 이러한 관점에서 볼 때 진화 그 자체가 **연결을 향한 움직임**이다. 생명체는 더욱 의식적으로 변할수록 세상과 상호 간, 내면의 자기 존재와 더 많이 연결된다. 따라서 지난 250년 동안 사회적 연결이 증가해 온 현상은 이와 같은 진화적 움직임을 반영한다. 본질적으로는 집단적 인식의 확장을 의미했으며, 또한 그 결과였다. 현상은 개인의 영적 발달에도 적용된다. 여기에는 개인의 인식이 팽창하는 현상이 포함되며 **연결성을 높이는 과정**이기도 하다.

여기서 한 가지 의문이 생긴다. 왜 지금 이런 진화론적 움직임이 나타나고 있을까? 약 250년 전에 시작돼 지난 수십 년 동안 점차 뚜렷해진 이유는 무엇일까?

어쩌면 특별한 이유가 없을지도 모른다. 진화의 발전은 그저 자연적으로 발생할 때도 있다. 나는 진화가 우연적이고 무작위적인 과정이라는 신다윈주의적 관점에 동의하지 않는다. 전작 『영적 과학 Spiritual Science』에서 논의했듯 진화 과정의 경이로운 창조성을 무작위 돌연변이와 자연 선택의 관점에서 설명할 수 없다고 생각하는 생물학자가 점점 더 늘어나고 있다. 그들은 신다윈주의에 의문을 제기하고 있다. 생존에 유리한 유형의 무작위 돌연변이는 워낙 드물게 발생하기 때문에 지구상에 존재하는 생명체의 풍부한 다양성 전체를 설명할 수는 없다.

나는 진화 과정에 내재된 창의성, 즉 생명체가 물리적 복잡성과 주관적 인식을 증가시키는 방향으로 나아가는 원동력이 있다고 믿는다. 고생물학자 사이먼 콘웨이 모리스Simon Conway Morris가 쓴 글에 따르면 진화에는 적절한 해결책을 찾아내는 기이한 능력이 있다.[22] 이러한 능력은 생명체가 생존하는 데 도움이 될 때 유익한 돌연변이가 자연적으로 발생할 수 있음을 암시하는 적응적 돌연변이adaptive mutation(또는 비무작위 돌연변이) 현상으로 표현된다. 예를 들어 유당을 처리할 수 없는 박테리아를 유당이 풍부한 배지(미생물이나 세포 등을 증식시키기 위해 고안된 액체 상태의 영양원—옮긴이)에 놓으면 세포의 20퍼센트가 빠르게 돌연변이를 일으켜 유당을 분해할 수 있는 능력이 생긴다. 이러한 돌연변이는 박테리아 게놈의 일부가 돼 다음 세대에 유전된다.

인간이 수정된 이후 성인이 되기까지 겪는 생물학적 발달 과정과 진화의 과정을 비교할 수 있다. 최초의 단세포 생명체부터 동물과 인간 그리고 그 너머에 이르기까지 신체적 복잡성과 의식의 측면

모두에서 필연적인 성장의 유사한 과정이 대규모로 확장되고 있다. 이러한 측면에서 보면 지난 250여 년 동안의 변화는 아이들이 한 번씩 겪는 성장의 급격한 변화와 비슷하다고 할 수 있다.

환경과의 단절은 생존의 위협이다

반면 생명체의 생존에 필요한 경우 적응 돌연변이가 발생하는 것과 마찬가지로 필요한 경우에 성장 급등이 발생할 수 있다. 어쩌면 인류의 생존을 위협하는 잠재적 생태 재앙 때문에 성장 급등이 일어나고 있는 것일 수도 있다.

잠재적 생태 재앙은 단절의 가장 심각한 결과다. 인간은 타락을 경험하면서 자연과 분리되는 감각을 발달시켰다. 선사시대의 인간은 마치 자연 '속에서' 자연에 관여하면서 깊이 연결돼 있었다. 현대 원주민의 관점에서 보면 우리 조상은 마치 땅과 자신의 존재를 공유하는 것처럼 친밀한 유대감을 형성했다. 그들은 자연 현상에 지각이 있고 신성하며 자연에 영적 본질이 깃들어 있다고 느꼈다. 그러나 타락으로 말미암아 인간과 자연과의 연결이 끊어졌다. 이제 우리는 자연 '밖에서' 자연을 멀리서 관찰하는 이원적 상태에 놓이게 됐다. 인간은 더 이상 자연에 끌리지 않게 됐다. 이제 자연은 맞서 싸울 적이자 착취해야 할 자원의 공급원, 즉 우리와 '다른' 무언가로 전락했다.

나무와 바위, 심지어 동물까지 이용하고 학대하는 대상이 됐다.

이런 점에서 기후 비상사태는 일어날 수밖에 없다. 우리가 자연 밖으로 이동하고 자연을 신성하다고 느끼지 않게 된 순간부터 시작된 일이기 때문이다. 이제 우리는 사이코패스적 특성이 있는 사람이 다른 사람을 착취하는 것과 같은 방식으로 자연을 가차 없이 학대하고 착취할 수 있게 됐다. 실제로 자연에 대한 우리의 단절된 태도를 '생태정신병리학ecopsychopathy'이라고 부를 수 있다. 생태정신병리학은 자연 세계에 대한 공감과 책임감이 부족해 자연을 학대하고 착취하는 것으로 정의할 수 있다. 사이코패스가 다른 사람과 맺는 관계처럼 자연을 대하는 우리의 문화적 태도는 지배와 통제에 기반을 두고 있다. 남성이 여성을 지배하고 특권층이 하층 계급을 지배하고 국가가 서로를 지배하려는 것처럼 단절된 사회는 자연과 다른 종, 지구 전체를 지배하려 한다.

생태정신병리학이라는 용어를 직접 사용하지는 않았더라도 원주민은 현대 사회가 생태정신병리학에 시달리고 있다는 사실을 항상 인식해 왔다. 유럽인이 미국 해안에 처음 도착한 순간부터 아메리카 원주민은 식민지 개척자가 땅을 착취하는 태도에 공포를 느꼈다. 1854년 시애틀 추장은 "그(백인 남자)의 식욕은 지구를 삼키고 사막만을 남길 것이다."라고[23] 말한 것으로 알려졌다.

1877년 미국 정부 대표와의 회의에서 네즈 퍼스 족장 투훌쿠츳Tuhulkutsut은 부족의 땅을 매각하는 것에 대해 우려를 표명했다. 그는 이렇게 말했다. "땅은 제 몸의 일부입니다. 저는 제가 태어난 땅에 속합니다. 땅은 저의 어머니입니다." 그러자 정부 대표가 강경하게 대답했다. "(당신은) 지구가 당신의 어머니라는 말을 스무 번도 넘게 반복하는군요. 더 이상 듣지 않고 일을 진행하겠습니다."[24]

자연을 착취하는 태도 때문에 우리의 삶이 의존하는 취약한 생태계가 완전히 파괴되는 것은 불가피하다. 이러한 파괴는 이미 진행 중이며 홍수나 허리케인과 같은 기상이변 그리고 다른 종의 대멸종을 일으키고 있다. 이 과정을 막지 못하면 지구에서 살아가기란 점점 더 어려워지고 인류는 또 하나의 멸종 종이 될 것이다.

다행히도 연결을 향해 나아가는 움직임의 일환으로 생태계 파괴에 저항하는 물결이 점점 더 커지고 있다. 낭만주의자의 사례에서 알 수 있듯이 자연에 공감하는 새로운 태도가 약 250년 전부터 나타나기 시작했다. 최근 수십 년 동안 환경에 대한 인식이 크게 성장하면서 다양한 사회 운동과 단체가 생태정신병리학적 태도에 맞서고 있다. 이런 점은 문화 전쟁의 또 다른 측면으로, 여전히 자연에 사이코패스적 태도를 취하며 이익을 위해 지구를 계속 남용하는 단절된 사람들과 자연 세계에 공감하고 책임을 느끼는 연결된 사람들 사이의 투쟁이다.

따라서 적어도 부분적으로는 **연결을 향한 진화의 움직임**이 우리의 생존에 필요한 적응 과정일지도 모른다. 이러한 진화적 변화 없이 우리가 어떻게 살아남을 것인지 파악하기는 분명 어렵다. 우리는 문화 전쟁의 결과가 어떻게 될지, 돌이킬 수 없는 피해가 발생하기 전에 변화가 제때 이루어질지 예측할 수 없다. 인류의 미래는 **단절과 연결 사이의 균형**에 달려 있다.

11장

인간 본성의 법칙을 들여다보다

DISCONNECTED

CONNECT

LEADERSHIP

EGO

PATHOCRACY

DEMOCRACY

DISCONNECTED

———
우리에게는 이타심이 아니라 이기심에 대한 설명이 필요하다. 선이 아니라 악에 대한 설명이 필요하다. 인간에게 선은 자연스러운 것이지만 악은 그렇지 않다. 근본적인 연결성을 잃는 순간 우리는 이기적이고 무감각해지며 거짓된 분리감으로 현실의 본질에서 멀어지게 된다.

Disconnected

나는 2018년 영국 맨체스터에서 신장 이식 50주년을 기념하기 위해 열린 '생존 시 신장 기증'에 관한 학회에 연사로 초청을 받았다. 주최 측은 내게 이타주의의 심리, 특히 사람들이 익명으로 자신의 신장 중 하나를 이식이 필요한 사람에게 기꺼이 기증하는 이유에 대해 연설해 달라고 요청했다.

대부분의 신장 기증자는 사망한 사람이지만, 3분의 1 이상이 생존 시 기증자다. 대부분 기증자는 환자의 친척이다. 그러나 약 11퍼센트는 환자와 아무런 관련이 없는 불특정 기증자다. 이들은 보통 누가 자신의 신장을 이식받았는지, 심지어 이식 수술이 성공했는지 조차 알지 못한다. 단지 같은 인간의 고통을 덜어 주기 위해 희생하겠다고 결심했을 뿐이다.

한 번도 만난 적 없고 앞으로도 만날 일이 없을 환자에게 장기를 기증하기 위해 합병증이 발생할 수 있는 대수술을 받겠다고 결심하는 이유는 무엇일까? 수많은 불특정 기증자 다수가 최근 인생의 위기를 겪은 사람이라는 점에 주목해야 한다. 목숨이 위태로운 분쟁 지역에 있다가 집으로 돌아온 군인도 있었다. 중대한 질병에서 회복했거나 사별의 아픔을 겪은 사람도 있었다. 이들은 스스로 고통받은 경험이 있기에 다른 사람의 고통을 덜어 주고 자신의 삶에 의미와 목적을 부여하기 위해 다른 사람을 돕고자 하는 열망으로 가득차 있다.

위험과 위기 속에 발현되는 본능

생존 시 신장 기증은 계획적으로 이뤄지기 때문에 이례적 형태의 이타주의다. 영웅적이라고까지 할 수 있다. 대부분의 이타적 행동은 자발적이다. 의식적 생각 없이 위험과 고통에 대한 본능적 반응으로 발생한다. 낯선 사람에게 신장 중 하나를 기증한다는 것이 상상하기 어려울 수 있겠지만 다음과 같은 시나리오를 생각해 보기로 하자. 당신이 기차 승강장에 서 있다. 옆에 있던 사람이 갑자기 기절해 의식을 잃고 선로에 쓰러진다. 멀리서 기차가 다가오는 것이 보인다. 어떻게 하겠는가? 너무 놀라서 기차가 다가오는데도 반응하지 않고 그 자리에 굳은 채로 서 있겠는가? 아니면 사람을 구하기 위해 뛰어내리겠는가?

이런 상황에서 과연 자신이 영웅적으로 행동할지 의문이 생길 수도 있다. 하지만 자신을 과소평가하지 말기 바란다. 내 친구가 런던 근처의 어느 역에서 기차를 기다리고 있었는데, 옆에 있던 할머니가 발작을 일으켜 선로에 쓰러지고 말았다. 내 친구는 생각할 겨

를도 없이 선로에 뛰어들었고 승강장에 있던 다른 남자의 도움을 받아 할머니를 끌어올린 후 안전한 곳으로 옮겼다. 몇 초 후에 기차가 도착했다.

이 사건은 내 친구의 인생을 바꿔 놓았다. 친구는 자신이 특별히 용감하거나 친절한 사람이라고 생각해 본 적이 전혀 없었다. 그런 영웅적 행동을 할 수 있을 줄은 꿈에도 몰랐다. 친구는 그동안 자신을 과소평가하고 있었고 자신이 마땅히 누려야 할 삶을 온전히 살지 못하고 있다는 사실을 깨달았다. 당시 그는 도박장 카운터에서 일하고 있었는데 이후 일을 그만두고 대학에 가기로 결심했다.

이러한 영웅적 행동이 얼마나 흔한지 알면 아마 놀랄 것이다. 구글에 '생명을 구하기 위해 기차 선로에 뛰어든 사람'을 검색하면 감동적인 동영상을 포함한 수십 개의 사례를 찾을 수 있다. 최근 뉴욕 지하철에서 휠체어를 탄 남자가 선로에 떨어진 영상도 있었다. 한 행인이 즉시 뛰어내려 휠체어를 한쪽으로 밀고 승강장에 있던 다른 사람의 도움을 받아 남자를 끌어올렸다. 열차는 불과 10초 후 도착했다.

2007년 뉴욕에서는 웨슬리 오트리Wesley Autrey라는 남성이 지하철을 기다리고 있는데 옆에 있던 남성이 간질 발작을 일으키며 선로에 쓰러지는 사고가 발생했다. 오트리는 열차가 다가오는 소리를 듣고 충동적으로 뛰어내려 남성을 구하려 했다. 다가오는 열차가 너무 빨리 움직이고 있다는 것을 깨달은 오트리는 남자 위로 뛰어올라 그를 선로 사이의 도랑으로 밀어 넣었다. 열차 다섯 대가 그 위를 지나갔지만 두 사람은 기적적으로 무사했다.

사실 온갖 종류의 위험과 위기는 종종 자발적이고 이타주의적인 행동을 불러일으킨다. 2015년, 런던의 한 주요 도로에서 한 자전거 운전자가 2층 버스 바퀴에 갇히는 사고가 발생했다. 약 100명의 군중이 재빨리 모여 놀랍도록 조화롭고 이타적인 동작으로 버스를 들어 올리고 남성을 구해 냈다. 남성을 치료한 한 구급 대원은 그의 목숨을 구한 기적에 가까운 행동이었다고 말했다. 또 2013년에는 스코틀랜드 글래스고에서 헬리콥터가 술집에 추락해 열 명이 사망하는 비극적인 사고가 발생했다. 사고 직후 사람들은 사고 현장으로 달려가 인간 사슬을 만들어 부상자와 의식을 잃은 희생자를 위험에서 벗어나게 하고 응급 구조대의 손에 넘겨줬다.

물론 대부분의 이타주의 행위는 이보다 훨씬 작은 규모로 이뤄진다. 노숙자에게 돈이나 음식을 주고 넘어지거나 사고를 당한 사람을 돕기 위해 멈춰 서서 도와주기도 한다. 또 어려운 이웃을 위해 장을 봐주고 어려움에 처한 친구를 돕고 자선단체에 기부하는 등 이타주의 행위는 날마다 우리 대부분의 삶을 채우고 있다.

순수한 이타주의는 존재하는가

어떤 과학자는 인간이 본질적으로 이기적이라는, 자신을 포함한 현대 과학자들의 가정과 모순되기 때문에 이타주의를 설명하기 어렵다고 생각한다. 현대 세속 문화에 만연한 유물론적 관점에 따르면 인간의 행동은 오직 생존과 번식에만 관심이 있는 유전자에 따라 결정된다. 도킨스의 용어를 빌리자면 우리는 다른 생존 기계와 생존을 위해 경쟁하는 '생존 기계'다. 이런 관점에서 보면 인간이 왜 낯선 사람을, 특히 자신의 목숨에 위험이 따를 때도 기꺼이 돕는지 이해하기 어렵다. 이기적 생존 기계가 왜 그렇게 이타적으로 행동할까?

많은 과학자가 유물론적 세계관에 맞는 방식으로 이타주의를 설명하고자 노력했다. 어떤 사람은 이타주의가 친족 선택에 기반한다고 주장한다. 우리가 진화에 따라 우리와 유전적으로 밀접한 관련이 있는 사람에게 이타적으로 대할 준비가 돼 있다는 뜻이다. 그렇게 하면 자신의 유전자가 생존할 수 있도록 돕는 것이기 때문이다. 우리가 가까운 가족이나 친척에게 가장 이타적 경향을 보이는 것은 사실이다. 어쨌든 18년 동안 자식을 돌보는 데 헌신하는 부모나 노부모의 말년을 돌보는 성인 자녀보다 더 이타적인 사람이 있겠는가?

그러나 우리의 이타심은 종종 나와 관련이 있는 사람을 훨씬 넘어선다. 왜 우리가 한 번도 본 적이 없고 아무런 연계도 없는 사람을 돕고 싶다는 강한 충동을 느낄까? 심지어 그들을 위해 목숨까지 걸고 도와야 할까? 게다가 우리는 종종 자신의 반려동물뿐 아니라 동물에게도 이타적 행동을 보인다. 어느 날 아침 길을 걷다가 차에 치여 다친 고슴도치나 고양이에게 공격당한 새를 발견했다면 어떻게 하겠는가? 대부분은 멈춰 서서 동물을 돌보거나 수건에 감싸 안으로 데려가거나 가까운 동물병원 또는 동물 보호소에 데려갈 것이다. 그러므로 친족 선택은 인간의 이타심을 설명하기에 적절하지 않다.

또 이타심이 결국 우리에게 숨겨진 이익을 가져다준다는 의미에서 이타주의는 감춰진 이기심의 한 형태라는 관점도 있다. 예를 들어 이타적 행동이 사회적 지위를 향상하거나 우리를 더욱 매력적으로 보이게 함으로써 번식 가능성을 높일 수 있다. 다른 사람에게 과시하거나 스스로 좋은 사람이라는 것을 증명함으로써 자존감도 높일 수 있다. 또 이타주의는 본질적으로 호혜적이라는 주장도 있다. 언젠가는 다른 사람도 답례로 호의를 베풀어 줄 것이라는 본능적인 기대감에서 호의를 베푼다는 논리다.

어느 정도 일리가 있는 주장들이다. 분명 일부 이타적 행동에 적용되기도 한다. 하지만 이런 주장들로는 인간의 이타심을 완전히 설명할 수 없다. 사람들이 낯선 사람을 위해 목숨을 거는 이유나 익명으로 신장을 기증하는 이유도 설명할 수 없다. 많은 사람이 감사나 보상을 기대하지 않은 채 일상적으로 행하는 조용한 익명의 이타적 행위도 설명할 수 없다. 이타적 행동은 숨겨진 이기적 동기 없이 '순수하게' 이뤄질 수 있다.

1984년, 록 가수 밥 겔도프Bob Geldof는 에티오피아의 기근에 관한 BBC TV 보도를 보고 큰 충격을 받았다. 그는 기근 구호 기금 마련을 사명으로 삼아 노래를 녹음하기로 결심했다. 몇 달 후, 겔도프는 런던에서 〈라이브 에이드Live Aid〉라는 대규모 콘서트를 개최했다. 전 세계, 특히 미국에서도 같은 목적의 콘서트가 열렸다. 당시 음반과 콘서트를 통해 약 1억 5,000만 파운드가 모금됐다. 이 중 대부분은 에티오피아의 비정부기구에 직접 전달됐다. 이 행사는 인도주의적 문제에 대한 새로운 인식을 불러일으켰고 처음으로 인도주의적 문제가 정부 정책의 중심에 서게 됐다.

많은 사람이 겔도프의 이타심을 칭찬했지만 몇몇 사람은 냉소적으로 바라봤다. 이들은 겔도프가 밴드의 낮은 음반 판매량을 의식해 인지도를 높이려 한다고 주장했다. 물론 그의 밴드 붐타운 랫츠 Boomtown Rats도 영국 콘서트에서 공연했다. 어쩌면 그는 자신의 유명세가 시들해지는 것을 보며 중요한 사명과 행사에 앞장섰는지도 모른다. 훨씬 더 냉소적으로 바라보는 사람들은 그가 기부금 일부를 자신의 은행 계좌로 빼돌렸다고 주장하기도 했다.

그러나 실제로는 틀림없이 더 간단한 답을 들을 수 있을 것이다. 겔도프는 인간이 겪는 극심한 고통에 공감과 연민으로 반응했을 뿐이다. 전 세계 사람들이 굶주리고 있는데도 몇 년 치 식량을 비축하고 있는 서구 정부의 도덕적 결함에 분노했을 뿐이다. 사실 겔도프는 기근 구호 활동에 너무 많은 시간과 에너지를 쏟느라 음악 활동을 중단했다. 더 이상 스스로 돈을 벌지 못했기 때문에 재정적 문제를 겪기도 했다. 그의 행동은 분명 순수한 이타주의의 결과였다.

'연결된' 감각에서 우리가 느끼는 것들

순수한 이타주의는 인간 사이에서 일어나는 근본적 연결의 직접적인 결과이기에 중요하다. 대부분의 이타적 행동은 위기나 긴급 상황에 대응해 충동적이고 자발적으로 이뤄진다는 점에 주목해야 한다. 이는 이타주의가 우리 존재의 가장 깊은 수준에서 무의식적으로 그리고 직접적으로 발생하는 자연스러운 행동이라는 것을 암시한다. 반면 단절은 더욱 피상적 정신 또는 자아의 수준에서 발생한다는 것을 의미한다. 우리는 자아 수준에서는 이기적이고 심지어 무감각할 수도 있지만 자아 아래에는 공감과 순수한 이타심을 불러일으키는 깊은 상호 연결의 층이 존재하는 것처럼 보인다.

사실 인류의 문화적 진화를 살펴보면 이타주의가 인간에게 **타고난 본능**이어야 한다는 점을 완전히 이해할 수 있다. 많은 신다윈주의자와 진화심리학자는 인간이 생존하려는 압박 때문에 이기적으로 진화했다고 믿는다. 우리 조상은 생존을 위해 고군분투해야 했기 때문에 자연스레 경쟁을 지향하게 되고 무자비해졌다는 것이다. 하지만 지난 장에서 우리는 이 생각이 완전히 잘못됐다는 것을 알게 됐다. 지구상에 살아온 대부분의 시간 동안 인류는 평화롭고 평등주의를 추구하며 협동적 사회에서 살아왔다. 인구가 매우 적고 자원이 풍부했기 때문에 생존하기가 쉬웠다. 인류의 역사에서 이기심과 경쟁심이 생길 만한 요소는 없었다. 그리고 **협력**과 **평등주의**는 이타주의를 불러일으킬 만한 조건이다.

하지만 이타주의가 인간에게 타고난 본성이 된 또 하나의 근본적인 이유가 있다. 바로 **연결 그 자체**가 타고난 본성이기 때문이다.

어둠의 3요소 특성을 가진 사람과 달리 우리 대부분은 근본적으로 서로 연결돼 있기 때문에 순수한 이타주의를 구현할 수 있다.

우리도 가끔, 심지어 자주 자기중심적이고 이기적일 때가 있지만 서로 공감할 수 있게 만드는 근본적 연결을 느낀다. 서로의 고통을 감지할 수 있으므로 이타주의를 발휘할 수 있는 조건을 갖췄다. 우리는 자신의 고통에 반응하듯 다른 사람의 고통에 반응한다. 즉, 고통을 완화하려는 충동을 느끼고 이타적 행동을 실행하려고 노력한다. 지난 장에서 내가 주장한 바와 관련해 현대의 인간은 몇 세기 전의 우리 조상보다 일반적으로 더 이타적이라고 보는 것이 타당하다. 오늘날 우리는 서로 더 많이 연결돼 있기 때문이다. 이타주의를 발휘하는 능력이 높아졌다는 것은 곧 **연결을 향한 진화적 움직임**을 통해 이룬 결실 중 하나다.

미국 심리학자 대니얼 뱃슨Daniel Batson은 모든 이타주의가 이기적이라는 개념에 반대해 '공감 이타주의empathy-altruism' 가설을 제시했다. 뱃슨은 사람들이 공감이라는 기초 위에 진정한 관심을 갖기 때문에 아무 이득을 얻지 않고도 이타적일 수 있다고 주장한다. 뱃슨은 로라 쇼Laura Shaw와 공동 집필한 논문에서 다음과 같이 설명한다. "도움이 필요한 사람에게 공감하면 (그 사람을) 돕고자 하는 동기가 생긴다. 이러한 행동을 하며 자신에게 생기는 혜택은 도움의 궁극적 목표가 아니라 의도치 않은 결과일 뿐이다."[1]

말하자면 순수한 이타주의 행위를 하면 가끔 자신에 대해 더 좋은 느낌을 받을 수 있다. 다른 사람의 존경을 더 많이 얻거나 훗날 도움을 받을 가능성도 높아질 수 있다. 하지만 사람들이 이타적 행동을 하는 진정한 이유는 따로 있다. 이타적 행동의 원동력은 고통을 덜어 주고자 하는 충동적이고 이기적이지 않은 욕망이었다.

이타주의는 연결에서 생길 뿐 아니라 그 자체로 연결의 '경험'이 라는 점 역시 중요하다. 다른 사람을 도울 때 우리는 자신을 넘어 그 들과 연결된다는 느낌을 받는다. 이타적 행동을 하고 나면 항상 기 분이 좋아지는 이유 중 하나는 신뢰와 존중이 떼려야 뗄 수 없는 유 대감을 형성한다는 것이다. 이타주의에는 그저 자신을 과시하거나 기분이 좋아지게 하는 것 이상의 효과가 있다. 자아의 분리에서 벗 어나 타인과 연결될 수 있게 만들고 우리에게 **안녕감**을 가져다준다. 자기밖에 모르거나 자기중심적이었던 사람도 연결을 통해 가족에 게 돌아온 여행자처럼 안도감과 정의감을 맛볼 수 있다. 때로는 특 정한 사람을 향한 연결감뿐 아니라 보다 일반적인 연결감이 생길 수 도 있다. 인류 전체나 영적인 힘, 또는 어떤 형태의 공유된 의식을 향 한 연결감일 수 있다.

우리가 이타적 행동을 '목격하기만' 해도 강력한 안녕감이 생기 는 것이 바로 연결감 같은 감정 때문이다. 기찻길에 떨어진 사람을 구하기 위해 내려오는 행인의 모습이나 자전거 운전자를 구하기 위 해 수십 명의 사람이 모여 버스를 들어 올리는 장면을 보면서 어떤 기분이었는지 생각해 보라. 분명 감동과 희망을 느꼈을 것이다. 심지 어 눈물을 흘렸을 수도 있다. 심리학자 조너선 하이트Jonathan Haidt는 이러한 경험을 '**고양감**elation'이라고 불렀다. 고양감은 친절한 행위를 목격했을 때 느끼는 따뜻하고 뿌듯한 감정으로, 하이트의 표현에 따 르면 '마음이 확장되는 느낌, 도움을 주려는 마음이 커지고 타인과의 연결감이 높아지는 것'[2]이다. 한편으로 고양감은 인간 본성에 대한 믿음이 회복되고 인간의 본질적 선함을 인식하면서 생겨난다. 하지만 하이트가 주장하듯이 고양감은 연결감에서 비롯되기도 한다. 이러한 면에서 이타주의 행위는 그 행위를 하는 사람, 행위의 혜택을 받는 사람, 목격하는 사람 사이에서의 삼자 간의 연결 효과가 있다.

우리는 각자이지만 결국 하나다

인간 사이에 근본적 연결이 존재한다면 그 연결의 본질은 무엇일까? 우리를 서로 연결해 주는 힘은 정확히 무엇일까? 우리가 서로의 고통과 아픔 또는 서로의 기쁨을 느낄 때 공유되는 경험의 근거는 무엇일까? 우리가 서로의 감정에 맞출 수 있다고 한다면 정확히 무엇에 맞추는 것일까?

여기서는 철학자가 형이상학적이라고 부르는 문제, 즉 현실의 본질과 인간의 본질에 대한 문제를 다루려 한다. 연결과 단절 중 어느것이 세상의 근본적 실체인지에 대해 논의해 보겠다. 우리 문화를 바라보는 기본적 세계관은 단절을 근본적 개념으로 가정하는 유물론materialism 또는 더 현대적 용어로는 물리주의physicalism다. 우주를 이루는 근본적 수준의 요소는 작은 물질 입자다. 당구공과 같은 물질 입자는 모든 물리적 형태와 생명체의 구성 요소다. 모든 생명체역시 별개의 개체이며 이기적 유전자로 구성된 생물학적 기계다. 우리는 언어 및 기타 신호를 통해 소통할 수 있으며 신호를 통해 소통할 수 있고 서로의 신체적 형태를 만질 수도 있다. 하지만 모두 본질적으로 분리돼 있고 혼자다. 우리는 근본적으로 분리돼 있고 근본적으로 이기적이다.

유물론 또는 물리주의적 가정은 문화적으로 참혹한 효과를 내포한다. 즉, 단절된 사람들이 판을 치는 치열한 경쟁 문화를 조장해왔다. 단절된 사람들은 기업과 정부가 무자비하게 행동하고 다른 사람과 자연 세계를 착취하도록 부추김으로써 자본주의 시스템의 횡포를 정당화하는 데 일조했다. 삶에 의미나 목적이 없다고 가정함으로써 우리가 지구상에 있는 동안 결과를 고려하지 않은 채 그저 최대한 즐기고 세상으로부터 최대한 많은 것을 얻어야 한다는 문화적 허무주의를 부추겨 왔다.

하지만 나는 분리가 아니라 연결이 근본적인 것이라고 생각한다. 전작 『영적 과학』에서 나는 세상의 근본적 실체는 물질이 아니라 의식 또는 영혼이라는 원칙에 기반한 '범정신주의panspiritism'라는 철학적 접근 방식을 설명했다. 우주의 근본적 요소는 물질 입자와 물리적 힘이 아니라 모든 공간과 모든 물리적 구조에 퍼져 있는 비물질적 특성으로 구성돼 있다. 내가 보통 '근본 의식fundamental consciousness' 또는 단순히 '정신'이라고 부르는 것들이다. 근본 의식은 지금 이 순간에도 우리 주변 어디에나 존재한다. 우리 주변의 공간과 여러분 주변의 모든 물리적 사물에 퍼져 있다. 스펀지를 적시는 물처럼 우리가 앉아 있는 의자, 주변의 벽, 정원의 나무와 꽃에도 스며들어 있다. 근육과 뼈, 피부 등 신체의 물리적 요소는 물론, 몸 안의 모든 세포와 분자, 원자에까지 퍼져 있다. 그뿐 아니라 근본 의식은 **마음** 또는 **내면적 존재의 본질**이다. 자신의 의식은 우주적 정신의 유입 또는 발현이다.[3]

물론 근본 의식에 대한 주장이 나만의 견해는 아니다. 동일한 원리를 기반으로 성립하는 철학적·영적 전통이 많이 있다. 인도 철학에서 우주의 궁극적 실체는 '브라만brahman', 즉 모든 곳과 모든 것에 존재하는 빛나는 영적 힘이다. 우리 자신의 내적 존재 또는 정신인 '아트만atman'도 브라만과 본성이 같으므로 우리는 본질적으로 우주 그리고 그 안의 모든 것과 하나다. 서양 철학에는 관념론이라는 철학적 접근 방식이 있다. 관념론에서는 마음이나 의식이 우주의 근본이며 물질적인 것은 마음의 발산 또는 표현이라고 본다. 수많은 원주민 문화권에는 모든 것에 퍼져 있는 영적인 힘에 대한 비슷한 개념이 있다. 예를 들어 북미의 라코타 인디언은 '와칸 탕카wakan-tanka', 호피족은 '마사우우maasauu'라고 부른다.

범정신주의에 따르면 뇌는 의식을 생성하는 것이 아니라 근본 의식 또는 정신을 우리 자신의 존재로 전달하고 인도하는 일종의 수신기 역할을 한다. 신경과학자는 뇌를 컴퓨터에 비유하기도 한다. 하지만 아마도 뇌는 방송 프로그램을 실제로 생산하기보다 수신하고 송신하는 라디오에 더 가까울 것이다. 근본 의식의 본질은 인간의 뇌뿐만 아니라 다른 모든 동물의 뇌를 통해 우리 개개인의 의식으로 전달된다. 인간의 뇌는 매우 크고 복잡하기 때문에 매우 강렬하고 복잡한 방식으로 의식을 받아들이고 전달할 수 있다. 따라서 우리는 아마도 대부분의 다른 동물보다 의식적으로 강렬할 것이다. 사실, 우리 몸의 모든 세포는 근본 의식을 전달한다. 도교에서는 이를 기 또는 생명 에너지라고 부른다. 그러나 뇌는 수로화canalization가 일어나는 주요 세포 그룹이다. 따라서 우리는 뇌를 의식과 연관 짓는다.

범정신주의 관점에서 보면 인간은 원자와 분자를 구성 요소로 삼아 이뤄진 단순한 생물학적 기계 그 이상이다. 우리의 내면에 있는 존재는 정신의 표현이며 같은 바다에서 내륙으로 흐르는 물길과도 같다. 즉, 우리는 개개인의 심리적 특성과 신체적 차이를 넘어 근본적으로 동일한 존재다.

이타주의는 우리의 근본적인 **하나됨**이 빚어 내는 자연스러운 결과다. 앞서 언급했듯이 이타주의는 공감에서 비롯되며 공감은 우리**의 근본적 연결에 대한 '경험'**이다. 우리는 동일한 근본 의식을 공유하기 때문에 서로의 고통을 감지할 수 있으며 그 고통을 덜어 주고 싶다는 충동을 느낀다. 또한 우리는 다른 생명체와도 근본 의식을 공유하기 때문에 그들에게도 공감할 수 있다.

근본 의식을 공유한다는 의미에서 연결은 우리의 타고난 본성이다. 인류의 문화적 역사에서 비롯된 것이 아니라 현실의 본질이기 때문이다. 의식과 생명체, 우주가 처한 현실의 근본적 본질은 연결이며 모든 사물은 동일한 근본 의식의 표현이다. 반면 단절은 우리의 자아가 너무 강해져 분리될 때 발생하는 일탈이다. 우리는 단절과 일탈의 영향으로 각자를 자율적 개인이라고 착각하며 타인 그리고 세상과 이분법적으로 분리된 채 살아간다.

우리에게는 이타심이 아니라 이기심에 대한 설명이 필요하다. 선이 아니라 악에 대한 설명이 필요하다. 인간에게 선은 자연스러운 것이지만 악은 그렇지 않다. 이 장에서 살펴본 이타적 행위는 우리가 처한 현실의 본질에서 직접적으로 흘러나온다. 우리가 공감함으로써 근본적 연결을 '활용할 때', 즉 현실의 본질에 '동조할 때' 우리는 이타적 존재가 된다. 근본적 연결을 잃으면 이기적이고 무감각해지며 거짓된 분리감 때문에 현실의 본질에서 멀어지게 된다.

12장

초연결형 리더들을 찾아서

DISCONNECTED

CONNECT

LEADERSHIP

EGO

PATHOCRACY

DEMOCRACY

DISCONNECTED

초단절형 인간이 추구하는 삶의 주된 목표는 세상으로부터 최대한 많은 것을 얻는 것이다. 그 결과 무의식적으로 세상에 최대한 많은 피해를 입힌다. 반면 초연결형 인간이 추구하는 주된 목표는 세상에 최대한 많이 베풀고 세상이 치유되도록 돕는 것이다.

많은 사람이 단절과 연결 사이, 이기심과 이타심 사이에서 갈등한다. 우리는 다른 사람의 고통에 공감하거나 위기나 긴급 상황에 본능적으로 반응할 때 가장 이타적 순간을 맞이한다. 그러나 '항상' 다른 사람과의 근본적 하나됨에 익숙해 공감과 연민을 끊임없이 느끼는 사람도 있다. 이러한 초연결형 인간은 고립된 사건에서 이타주의를 발휘하는 것이 아니라 그들의 삶 전체에 걸쳐 퍼뜨린다. 그들에게 이타주의는 위기의 순간이나 명백한 고통에 대한 반응으로 자연스럽게 생겨날 뿐 아니라 그들 삶의 주요한 동기 부여 요인이기도 하다. 이들은 봉사의 삶을 살며 다른 사람을 지원하고 돕거나 세상 전반을 돕는 데 모든 에너지를 바친다.

이제 우리는 연결의 연속체에서 오른쪽을 이동해 초단절형 인간의 이기심과 잔인함에서 멀리 떨어진 부분을 살펴본다. 초연결형 인간은 이 책의 앞 장에서 살펴본 사이코패스나 나르시시스트와는 정반대이며 거의 다른 종족의 구성원이라고 할 수 있을 정도로 그들과 무척 다르다. 초단절형 인간이 추구하는 삶의 주된 목표는 세상으로

부터 최대한 많은 것을 얻는 것이다. 그 결과 무의식적으로 세상에 최대한 많은 피해를 입힌다. 하지만 초연결형 인간이 추구하는 주된 목표는 세상에 최대한 많이 베풀고 세상이 치유되도록 돕는 것이다.

당신의 인생 전체를 되돌아보라. 지금까지 만난 사람 중 가장 기억에 남는 사람은 누구인가? 어디를 가든 집단의 중심을 차지할 만큼 강력하고 매력적이거나 아름다운 사람이었는가? 아니면 다른 사람을 돕기 위해 헌신하는 이타적이고 자비로운 사람이었는가? 나는 감히 후자라고 추측하고 싶다.

· · ·

여기서 내가 개인적으로 알고 있는 가장 인상적인 사람을 소개하고자 한다. 2018년에 작고한 영국의 영적 스승 러셀 윌리엄스Russel Williams다. 전작들에서 러셀에 대해 쓴 적이 있으므로[1] 여기서는 그의 이야기를 자세히 설명하지 않겠다. 하지만 매우 현명한 사람이었다는 사실 외에도 그의 이타심은 정말로 인상적이었다. 그는 8장에서 살펴본 나르시시스트적이고 부패한 영적 스승과는 완전히 반대되는 사람이었다. 거의 60년 동안 그는 맨체스터 불교협회 건물에서 일주일에 두 번씩 모임을 열었다. 비록 윌리엄스는 자신을 불교 신자라고 생각하지는 않았지만 부처를 매우 존경했다. 모임에서 그는 강연을 하기보다 사람들의 질문과 문제에 답하는 역할을 주로 맡았다. 종종 사람들에게 심각한 문제가 있으면 그는 다른 방으로 가서 그들과 따로 이야기를 나누며 보다 집중적 지원을 제공했다. 새로운 사람이 집단을 방문할 때에도 매번 그렇게 했다. 회의 외에도 사람들과 전화로 많은 시간을 보내며 지원과 안내를 제공했다.

윌리엄스는 자신의 지원에 대한 대가로 아무것도 기대하지 않았다. 원칙적으로 그는 자신의 모임은 무료이며 모든 사람에게 열려 있어야 한다고 생각했다. 초창기에는 정규직으로 일했고 나중에는 연금도 받았지만 분명 부유하지는 않았고 매우 검소하고 소박하게 살았다. 그가 책 쓰는 것을 도와준 적이 있는데, 당시에 그는 인세를 원하지 않는다고 말했다. 그는 내가 대신 인세를 받기를 원했지만 나는 불교협회에 기부했다. 윌리엄스는 아흔세 살 때 책을 출간해 자신의 가르침을 처음으로 대중에게 알렸다. 그는 대중의 관심이나 찬사를 전혀 바라지 않았다. 그저 다른 사람들을 돕고 그들의 영적 발전을 이끌고 고통을 덜어 주고 싶어 할 뿐이었다.

윌리엄스가 영적 스승의 역할을 맡은 것처럼 초연결형 인간은 다른 사람에게 봉사하기 위해 다양한 역할을 수행할 수 있다. 대표적으로 자선 활동가와 상담사, 청소년 리더와 간호사 등이 될 수 있다. 각각의 역할을 위해 꼭 대단히 연결된 상태일 '필요는 없다'. 하지만 기업이나 정치계가 초단절형 인간에게 매력적인 것처럼 타인을 위해 봉사하는 역할은 초연결형 인간에게 매력적으로 다가간다. 물론 초단절형 인간은 그들의 이기심과 악의 때문에 이처럼 이타적인 역할을 수행하기 어려울 것이다.

다른 초연결형 인간은 인종 차별과 명예 살인, 가정 폭력과 소수 집단의 억압 등 특정 사회적 또는 정치적 문제로 인한 고통에 매우 민감하다. 그래서 이런 문제에 반대하는 캠페인에 평생을 바치기도 한다. 초단절형 사회에서 이런 사람들은 종종 괴롭힘을 당하며 투옥과 심지어 사망의 위험에 처한다.

● ● ●

전 세계의 수많은 활동가 중 몇 가지 예를 들어 볼까 한다. 한 사람은 이란의 여성 인권 운동가인 레즈반 모가담Rezvan Moghaddam 박사로 '염산 테러 전면 반대'와 '명예 살인을 금지하라' 캠페인을 비롯해 여성에 대한 차별과 폭력에 반대하는 여러 조직을 설립했다. 2010년부터 2014년까지 이란에서는 8천 건의 명예 살인이 보고됐다. 어떤 여성은 살해되기 전에 자살하고 일부 사망 사건은 살인이 아니라 질병으로 보고됐다. 하지만 실제 수치는 훨씬 더 높을 것이다.[2] 최근 몇 년 동안 모가담 박사는 명예 살인의 사례를 기록하고 이에 반대하는 법안을 위한 캠페인을 벌여왔다. 모가담 박사의 활동에 대한 대응으로 이란 정부는 모가담 박사를 여러 차례 체포하고 투옥했으며 6개월 동안의 징역형을 내리고 채찍 열 대를 선고하기도 했다.

또 다른 예로 인도에서 '달리트Dalit' 혹은 불가촉천민으로 태어난 폴 디와카Paul Diwakar가 있다. 인도의 2억 2,500만 달리트는 끊임없는 차별에 직면해 있으며 증오 범죄나 폭도 폭력의 피해자가 되기도 한다. 대부분 지위가 낮은 일자리인 도로 청소부, 하수구 청소부, 환경미화원처럼 주로 위생 관련 분야에서 일한다. 인도 시골에서 달리트는 지역 사회의 다른 사람으로부터 배척당하고 마을 우물이나 일반 식당, 학교나 사원을 이용할 수 없는 경우가 많다. 디와카는 달리트의 권리를 옹호하고 카스트 제도 전반에 맞서는 캠페인을 펼치는 데 평생을 바쳤다. 그 결과 국가 달리트 인권 캠페인과 같은 단체를 이끌게 됐다.

또 병리주의 정권에서 언론인으로 일하며 목숨을 걸고 부패에 맞서고 언론의 자유 원칙을 수호하기 위한 캠페인을 벌이는 사람도 있다. 2021년 노벨 평화상을 수상한 러시아 언론인 드미트리 무라토프Dmitry Muratov는 초연결형 인간의 한 예다. 1995년부터 무라토프는 박해와 폭력에 맞서 국가의 악의와 부패를 단호하게 폭로하는 신문 『노바야 가제타Novaya Gazeta』의 편집장으로 활동해 왔다. 초단절형 인간인 러시아의 권력자는 비판을 억압하기 위해 어떤 행동도 서슴지 않았다. 지난 몇 년 동안 『노바야 가제타』의 기자 중 여섯 명이 살해당했다. 무라토프는 캠페인을 벌이는 또 다른 언론인 마리아 레사Maria Ressa와 노벨상을 공동 수상했다. 레사는 현재 세계에서 가장 심각한 병리주의 정권 중 하나인 필리핀의 두테르테 대통령 정권의 악행을 폭로한 바 있다.

초연결형 인간은 복잡하고 단절된 인간 세계를 아예 벗어나 동물 보호소나 환경 보호 프로젝트에서 동물과 함께 이타적으로 일하는 쪽을 택할 수도 있다. 이처럼 자연 세계를 보호하고 인류와 다른 종의 미래 생존을 보장하려는 이타적 충동을 열정적으로 느껴 환경 캠페인 활동에 평생을 바칠 수도 있다.

초연결성의 심리학

심리학적 측면에서 초연결형 인간의 중요한 특징은 자신의 정체성
이 자기 자신의 정신 공간 안에 갇혀 있지 않고 외부, 즉 **타인의 존재
로 확장된다**는 점이다. 이들의 존재에는 다른 줄기와 지류로 흘러가
는 강물처럼 부드럽고 유동적인 경계가 있다. 이러한 경계는 다른 사
람 그리고 생명체와 '동일시되는' 느낌을 만들어 낸다. 이들의 경우,
대부분의 사람이 배우자나 가족에게 느끼는 동일감과 애정이 인류
전체, 나아가 다른 종과 지구 전체에까지 확장된다. 초연결형 인간
은 다른 사람이 자녀를 사랑하는 것과 같은 방식으로 '모든' 인간을
사랑한다. 다른 누군가가 가족에게만 느끼는 것과 같은 책임감을 인
류 전체에게 느낀다.[3]

　이처럼 높은 수준의 **공감**과 **동일시**를 경험한다면 이타주의를 지
속하고 봉사의 삶을 이어 갈 수밖에 없다. 사실 초연결형 인간이 자
신의 이타적 충동을 해소할 적절한 통로를 찾기 전까지는 어린 시절
부터 매우 험난한 과정을 거친다. 통로를 찾기 전까지는 다른 사람
의 고통을 인식하는 자신의 능력에 압도당하고 고통을 덜어 줄 수
없다는 사실에 좌절감을 느낄 수 있다. 하지만 일단 적절한 출구를
찾고 나면 강한 사명감에 사로잡힌다. 이후 그들의 삶은 마치 더 큰
힘의 통로인 것처럼 쉽고 강력하게 흘러간다.

초연결형 인간에게 다른 사람, 혹은 세계와의 분리가 없다는 뜻은 이들이 '축적할' 필요가 없다는 뜻이다. 초단절형 인간과 달리 초연결형 인간은 권력이나 부를 통해 자아를 강화할 필요를 느끼지 않는다. 앞서 말한 윌리엄스처럼 대체로 자신을 드러내려 하거나 선행을 인정받으려 하지도 않는다. 그저 조용하고 소박하게 사는 삶에 만족한다. 이들의 삶에서 중요한 것은 축적이 아니라 '기여'다.

그럼 봉사의 개념에 대해 한 가지 의문을 제기할 수 있다. 병리주의 정권이나 테러리스트 집단에 사심 없이 봉사하는 사람의 경우는 어떨까? 컬트 리더나 부패한 구루를 위해 헌신하는 사람은 또 어떤가? 수백만 명의 독일인이 국가와 나치 정권에 강한 유대감을 품고 사심 없이 나치를 지지하고 나치에 봉사했다. 자살 폭탄 테러범은 대의를 위해 목숨을 희생하고 일부 컬트 공동체 구성원은 그들의 리더를 위해 살인을 저지르거나 스스로 목숨을 끊는다.

여기서 우리는 선의의 봉사와 악의의 봉사를 구분해야 한다. 물론 악의적인 사람이나 사상을 위해서도 사심 없이 봉사할 수 있다. 그러나 이러한 유형의 봉사는 공감에서 비롯되는 것이 아니라 집단 정체성에서 비롯된다. 즉, 타인과의 하나됨에서 비롯되지 않고 집단의 사상에 대한 추상적 애착에서 비롯된다. 자아의 초월을 경험해 실행하는 것이 아니라 더 큰 집단 정체성 안에 자아가 포섭되는 과정에서 실행한다.

병리주의나 극단주의 집단은 거대한 집단 자아를 구성하는데, 이 자아는 어둠의 3요소 특성을 보이는 사람만큼이나 몹시 단절적이다. 이러한 집단 자아에는 단절된 개인의 자아와 마찬가지로 자신의 힘과 명성을 높이고 경쟁 집단을 지배하고 억압하기 위해 노력하려는 축적 욕구가 있다. 단절된 개인의 자아와 마찬가지로 집단 자아 역시 정체성을 유지하려면 다른 집단과의 갈등이 반드시 필요하다. 다시 말해 병리주의나 극단주의를 위한 봉사는 이타주의와는 아무 관련이 없으며 모두 단절과 깊은 관련이 있다.

초연결형 리더에게 권력은 봉사일 뿐

우리는 단절형 리더와 관리자에게 너무 익숙해진 나머지 사람들을 지배하거나 괴롭히기보다 봉사하고 이타적이고 자비로운 리더를 마치 낭만적 이상처럼 느낀다. 하지만 심리학에서는 이상적 관리ideal management라는 개념에 많은 관심을 기울여 왔다.

미국 심리학자 에이브러햄 매슬로는 깨어 있는 관리자가 기관과 기업을 운영하는 이상적 사회 또는 유사이키아 사회eupsychian society(매슬로가 고안한 용어로, 정신적으로 건강한 사람들이 이룬 공동체를 가리킨다—옮긴이)를 구상했다. 깨어 있는 관리자는 직원을 신뢰하고 존중하며 집단 화합의 분위기를 조성한다. 이들은 직원 스스로 어느 정도 독특하거나 자율적이며 의미 있는 일을 하고 있다고 느껴야 할 필요가 있다는 사실은 인식한다.[4] 심리학자 로버트 그린리프Robert Greenleaf 역시 '서번트 리더십servant leadership'이라는 개념을 개발했다. 서번트 리더는 팔로워를 통제하고 그들에게 명령하기보다 그들의 필요를 충족시키고 잠재력을 최대한 발휘할 수 있도록 격려한다. 또한 합의를 도출해 팔로워가 민주적으로 결정을 내릴 수 있도록 장려한다.[5] 또 다른 심리학자 집단은 정직과 신뢰, 공정성의 중요성을 강조하는 '윤리적 리더십'이라는 모델도 제시했다. 윤리적 리더는 도덕적 틀을 확립해 다른 사람들이 따르도록 장려하며 부분적으로는 롤모델 역할을 한다. 그리고 직원은 윤리적 기준의 충족 여부에 따라 부정적 또는 긍정적 조치의 대상이 된다.[6]

3장에서 나는 초단절형 리더, 특권형 또는 공로형을 포함한 비자발적 리더, 이타적 리더라는 세 가지 유형의 리더를 제시했다. 그중 이타적 리더는 가장 흔하지 않다. 그렇더라도 전혀 찾아볼 수 없는 정도는 아니다. 특히 덜 단절된 사회에서는 더욱 그렇다. 앞서 언급했듯이 대부분의 연결형 인간은 권력에 딱히 관심이 없다. 한편으로 이들은 분리된 경험을 하지 않기 때문에 권력을 향한 심리적 욕구가 없다. 동시에 다른 사람보다 우위에 서거나 계층 구조의 맨 위에 서서 마치 하인이라도 부리듯 다른 사람에게 지시하고 일을 떠넘기는 것을 좋아하지 않는다. 연결형 인간은 보통 같은 수준의 다른 사람과 상호작용을 하면서 현장에 머무르기를 선호한다. 이들에게 리더가 된다는 것은 곧 다른 사람과의 연결을 끊거나 최소한 약화시킨다는 의미일 수 있다.

하지만 초연결형 인간 중에는 억압과 불의를 완화하거나 사회적·전지구적 문제를 해결하려는 뜨거운 열망 때문에 높은 자리에 끌리는 사람도 있다. 이들은 변화를 일으키고 다른 사람에게 가장 효과적으로 봉사하기 위해 높은 자리에 오르고 싶은 충동을 느낀다. 이러한 이타적 리더는 이타적 결단력과 용기, 그들이 주도하는 긍정적 변화의 결과로 큰 성공을 거둘 때가 많다. 이들의 열정에는 장애물을 극복하는 엄청난 에너지와 무한한 회복탄력성이 있다.

물론 단절형 인간은 이들의 긍정적 행동을 방해하고 저지하기 위해 어떤 일이든 서슴지 않는다. 그리고 좋은 의도에서 출발한 구루처럼 연결형 리더 중에는 리더십의 함정에 빠져 나르시시스트적으로 변하고 부패하는 사람도 있다. 하지만 나는 '더 많이' 연결된 사람일수록 리더십의 함정에 덜 빠져든다고 생각한다. 가장 강력한 연결을 이룬 사람들은 아무리 큰 권력이 있더라도 본질적으로 **청렴결백**하다.

단절된 사회를 회복시킨 리더들

사회가 단절될수록 대단히 연결된 사람이 사회에 권력과 영향력을 행사할 가능성이 줄어든다. 하지만 가끔 초연결형 리더가 단절된 사회에 막중한 영향을 미치기도 한다. 저마다 마주하는 개인적 위험과 극복해야 하는 장애물 때문에 이러한 리더는 유난히 더 영웅적으로 등장한다.

초연결형 리더의 예로 모잠비크의 전 대통령 조아킴 시사누Joaquim Chissano가 있다. 1992년, 모잠비크의 내전은 15년간 무너져 버린 폐허와 약 100만 명의 사상자를 남긴 후에 끝이 났다. 국가는 완전히 폐허가 됐고 아프리카의 많은 나라를 휩쓸고 있는 분쟁과 부패에 갇혀 병리주의로 치달을 조짐을 보였다. 그러나 시사누는 자신의 권력 기반을 강화하고 옛 정적들에게 복수하기보다 타협하고 기소나 처벌이 없을 것이라고 약속했다. 그는 반군을 진압하는 대신 반군과 협력하기 시작했다. 그들에게 모잠비크군 자리의 절반을 제공하고 합법적 방법으로 권력을 차지할 수 있도록 정당을 창당하도록 독려했다.

2년 후, 모잠비크 최초의 다당제 총선이 열렸다. 시사누는 전 반군 리더와 투표에서 맞붙어 승리를 거뒀다. 이후 빈곤을 줄여 지속적 평화를 구축하는 임무에 착수했다. 1997년부터 2003년까지 전체 인구 약 2천만 명 중 약 300만 명이 극심한 빈곤에서 벗어났다. 다섯 살 이하 어린아이가 사망하는 숫자가 35퍼센트 감소했고 초등학교에 진학하는 아이의 수는 65퍼센트 증가했다. 시사누가 한때 적이었던 사람들을 차별하지 않고 연결된 덕분에 모잠비크는 자멸의 위기에서 벗어나 아프리카에서 가장 안정적이고 평화로운 나라 중 하나로 거듭났다.

1992년에 시시누가 명상을 배웠다는 점에 주목할 만하다. 이후 그의 국정 운영 방식에 영향을 미쳤기 때문이다. 명상의 장점을 금세 깨달은 그는 가족과 각료에게 명상을 권장했다. 1994년에는 모든 신입 군인과 경찰에게 반드시 하루에 두 번씩 명상을 하도록 지시했다. 시사누 자신도 집단 명상 덕분에 국가의 평화와 번영을 이뤘다고 확신했다. 그는 이렇게 말했다. "명상을 한 결과, 우리나라가 정치적으로 평화로워지고 자연스러운 균형을 갖추게 됐습니다. (…) 전쟁의 문화는 평화의 문화로 대체돼야 합니다. 그러기 위해서는 우리의 정신과 의식에서 더 깊은 무언가가 바뀌어 전쟁이 재발하는 것을 막아야 합니다."[7]

2004년, 시사누의 두 번째 임기가 끝났다. 그는 3선 연임이 법적으로 가능했지만 도전하지 않고 자리에서 물러났다. 이후 평화를 위한 캠페인을 벌이고 유엔에서 특사 겸 협상가로 활동하는 등 원로 정치가로서의 활발한 활동을 이어가고 있다. 2007년 예순여덟 살 생일에는 아프리카의 노벨상에 해당하는 아프리카 리더십 공로상과 500만 달러의 상금을 수상했다.

시사누의 윤리적 리더십 스타일은 분명 대단히 연결된 사람이었던 링컨을 떠올리게 한다. 링컨은 정부라면 전적으로 국민을 위해 봉사하는 목적을 가져야 한다고 믿었다. 그는 이렇게 설명한다. "정부의 정당한 목적은 국민 공동체를 위해 그들이 해야 하지만 스스로 전혀 할 수 없거나 잘할 수 없는 일을 하는 것이다."[8] 링컨은 협력과 합의, 도덕적 원칙 준수의 중요성을 강조했다. 그는 자신의 주변에 측근을 두는 대신 자신보다 대통령이 되기에 더 적합하다고 주장한 인물과 경쟁자에게 정부 고위직을 제안했다. 그 결과, 링컨은 경쟁자에게 존경을 받았다. 예를 들어 뉴욕의 윌리엄 H. 스튜어드 William H. Steward 상원의원은 링컨을 초인적 관대함을 갖춘 가장 뛰어나고 현명한 사람이라 일컬었다. 링컨은 미국이 세계 최대의 노예를 보유하고도 헌법에서는 모든 사람이 자유롭고 평등하다고 선언하고 있는 위선을 인식하고 노예제도의 추악한 불의를 공개적으로 이야기했다. 그는 단호한 의지로 노예제 폐지를 위해 싸웠으며 동시에 미국을 하나의 국가로 통합하기 위해 애썼다.

이 책의 서두에서 살펴본 초연결형 리더의 또 다른 예인 간디처럼 링컨도 완벽하지는 않았다. 어떤 역사가는 남북전쟁이 불필요했고 노예제도가 자연스럽게 종식됐을 것이라고 주장하며 링컨을 비난한다. 하지만 그는 분명 다른 대다수 미국 대통령보다 연결의 연속체에서 훨씬 더 멀리 뻗어 나갔다. 그런 만큼 링컨은 미국 역사상 가장 위대한 대통령으로 꼽힌다.

초연결형 리더 중에 링컨과 비슷한 사례는 많다. 폴란드의 전 대통령 레흐 바웬사Lech Walesa도 그중 한 명이다. 그는 수십 년간의 공산 병리주의를 종식시키고 폴란드를 민주주의와 다원주의로 이끌었다. 소비에트 연방의 마지막 몇 년을 통치한 미하일 고르바초프도 대표적인 예다. 또 라이베리아의 전 대통령 엘렌 존슨 설리프Ellen Johnson-Sirleaf도 시사누와 마찬가지로 오랜 기간의 불안정한 시기 끝에 집권해 평화 구축과 경제 회복, 사회적 관용 장려에 헌신했다. 2011년 설리프는 그간의 노력을 인정받아 노벨 평화상을 수상했다.

아파르트헤이트 시대 말기에 남아프리카공화국은 운 좋게도 두 명의 초연결형 리더를 배출했다. 바로 넬슨 만델라와 데스몬드 투투Desmond Tutu 대주교다. 투투는 자신이 사악하고 비기독교적이라고 규정한 아파르트헤이트 정권에 완강하게 반대했다. 그는 간디의 영향을 받아 비폭력 저항을 옹호하고 다른 나라에 남아공을 보이콧하도록 권고했다. 아파르트헤이트 정권이 종식된 후 만델라는 투투 대주교에게 진실과 화해 위원회의 위원장을 맡아 달라고 부탁했다. 투투 대주교는 영성이 깊은 사람으로서 용서와 협력의 중요성을 끊임없이 강조하고 복수의 결과에 대해 경고했다. 만델라와 함께 남아공이 평화로운 민주주의로 전환되도록 돕고 전 세계를 향해 용서와 화해를 옹호하는 메시지를 지속적으로 전달했다. 그는 이렇게 썼다. "평화가 우리의 목표라면 용서 없이는 그 미래가 올 수 없다."[9]

지금까지 언급한 리더 중 상당수가 전직 대통령이라는 사실은 그 자체로 의미하는 바가 크다. 초단절형 리더는 **결코 자유의지로 권력을 포기하지 않는다.** 죽거나 전복되거나 살해될 때까지 권력을 고수하려 한다. 보통 헌법에는 대통령 임기가 일정 횟수만 가능하다고 명시돼 있다. 하지만 2018년 중국의 시진핑 주석은 헌법을 바꿨고 2008년 두 번째 대통령 임기를 끝낸 푸틴 대통령은 헌법의 허점을 찾아내어 물러나지 않고 있다. 반면 연결형 리더는 자신이 추진한 개혁을 계속하고 싶어도 물러나야 할 때를 안다. 그들은 부정한 방법으로 권력에 집착하면 장기적으로 심각한 정치적 손실을 초래할 수도 있다는 것을 알고 있다. 이들은 도덕적 원칙을 개인적 이익보다 훨씬 더 중요하게 여긴다.

연결형 리더는 **희망의 원천**이다. 그들의 존재가 반드시 단절형 인간만이 권력을 차지하는 것은 아니라는 사실을 증명해 준다. 때로는 선한 사람도 선한 목적을 위해 권력을 사용할 수 있다. 연결형 리더는 또 다른 종류의 사회, 즉 병리주의와 단절을 넘어 정의와 평등, 조화가 유토피아적 이상이 아니라 자연스럽고 일반적인 개념으로 자리 잡는 사회로 이끌 수 있다.

여성 리더들이 보여준 연결성의 힘

2020년에서 2021년까지의 코로나19 팬데믹 기간에 전 세계 여성 리더는 대부분의 남성 리더와는 다른 접근 방식을 취했다. 그들은 더 신속하고 단호하게 대응했으며 더 일찍 봉쇄 조치를 내렸다. 한 연구에 따르면 전 세계 194개국 중 독일과 뉴질랜드, 덴마크와 핀란드, 대만 등 여성 리더가 있는 19개국의 경우 남성 리더가 이끄는 국가에 비해 사망자 수가 절반에 그치는 등 체계적이고 훨씬 더 나은 결과를 보인 것으로 나타났다. 연구 리더 중 한 명인 경제학자 수프리야 가리키파티Supriya Garikipati는 여성 리더는 생명과 관련된 위험을 막으려 하는 반면, 남성 리더는 경제적 고려 사항에 더 집중한다고 주장했다.[10]

이 결과는 그리 놀랍지 않다. 이미 앞서 여성이 일반적으로 남성보다 공감과 이타주의 수준이 높으며 연결의 연속체에서 더 멀리 뻗어 나간다고 언급한 바 있다. 따라서 여성 리더는 일반적으로 남성 리더보다 더 많이 연결돼 있고 더 윤리적이며 책임감도 높을 것으로 예상할 수 있다. 이것이 여성이 저지르는 범죄, 그중에서도 살인을 포함한 강력 범죄의 비율이 낮은 주요 이유이자 여성이 사이코패스적 특성을 보일 가능성이 훨씬 낮은 이유이기도 하다.

분명 여성과 남성 사이의 차이는 부분적으로 사회적 조건에서 기인했다. 앞서 살펴본 대로 단절된 사회에서 남성은 무자비하고 개인주의적이며 감정과 공감을 억압하는 데 익숙한 조건을 갖추고 있다. 하지만 나는 이타주의와 공감 능력 면에서 여성이 상대적으로 높은 수준을 보이는 데는 심리학적 근거가 있다고 본다. '선천적으로' 여성이 남성보다 더 연결돼 있다고 생각한다. 여성은 일반적으로 자아 분리의 정도가 낮고 자아감이 더 부드럽고 유동적이기 때문이다.

비교적 최근까지만 해도 연결과 관련해 성별 차이가 존재하지 않았을 가능성이 높다고 생각한다. 인류학적 증거에 따르면 원주민 문화권에서는 남성과 여성의 정신적 차이가 특별히 두드러지지 않았다. 예를 들어 인류학자 로버트 레비Robert Levy는 "타히티의 남성은 여성보다 더 공격적이지 않았으며, 여성은 남성보다 더 온화하거나 모성애가 강하지 않았다."라는[11] 사실을 발견했다. 동시에 남성과 여성의 역할이 유연해 상호 교환도 할 수 있는 경향을 보였다. 예를 들어 캐나다 북부의 코퍼 에스키모 문화권에서는 남성과 여성이 종종 역할을 바꿔 여성이 사냥을 나간 동안 남성이 남아서 요리를 하고 아이들을 돌보곤 했다.[12] 마찬가지로 1920년대에 영국의 인류학자 브로니슬라프 말리노프스키Bronislaw Malinowski가 뉴기니섬 근처 트로브리안드 군도 주민을 연구했을 때 그는 이들에게 성 역할의 분화가 거의 없다는 사실에 놀랐다. 남성은 집안일을 돕고 육아에서 큰 역할을 하는 경우가 많았다.[13] 식민지 이전 아프리카에서는 여성의 가

정생활이라는 개념이 존재하지 않아 여성이 경제활동에 매우 적극적이었다.[14]

단절로의 타락은 여성보다 남성에게 훨씬 더 큰 영향을 미쳤다. 그 결과 성별 간에 새로운 심리적 격차가 생긴 것으로 보인다. 아마도 여성은 자녀와 정서적으로 유대감이 강해 공감의 흐름과 연결감을 유지했기 때문에 남성만큼 단절되지 않았을지도 모른다. 생물학적 요인도 작용했을 수 있다. 여성은 월경 주기, 임신과 수유 과정 등 신체에서 일어나는 현상이 남성보다 더 활발하고 뚜렷하다. 생물학적 현상 때문에 여성의 자아는 몸과 자연 전체로부터 과도하게 단절되지 않았을 것이다.

하지만 어떤 연유에서든 여성의 연결 수준이 더 높다는 것은 그들이 윤리적이고 이타적인 리더가 될 가능성이 더 높다는 뜻이다. 모든 여성 리더가 연결돼 있다는 뜻은 아니다. 심각하게 단절된 사회에서는 여성의 지위가 매우 낮으므로 여성이 리더가 될 수 없다. 그러나 낮은 수준으로 단절된 사회에서는 비정상적으로 단절 수준이 높은 여성이 권력을 획득하고 남성 리더만큼 악의적으로 행동할 수 있다. 실제로 이러한 여성 리더는 성별 편견을 극복하기 위해 더욱 무자비하고 교묘한 방법을 배울 수 있기에 남성 리더보다 훨씬 더 단절적일 수 있다.

마거릿 대처는 20세기 영국에서 가장 오래 자리를 지킨 총리로 11년 반 동안 집권했다. 표면적으로 보면 영국에서 여성이 오랫동안 국가를 이끌었으니 평등주의적 업적을 축하할 자격이 있다고 볼 수도 있다. 그러나 실제로 대처는 감정이나 공감 같은 '여성적' 특성이 부족했다고 평가받는다. '철의 여인'이라는 별명에서 알 수 있듯이 그녀는 인간이 어떤 대가를 치르는지 고려하지 않고 정치적 결정을 내리는 초단절형 인간이었다.

사회가 더 많이 연결될수록 이타적이고 윤리적인 여성이 리더가 될 가능성이 높아진다. 전 세계 194명 중 여성 리더가 19명으로 매우 적다는 사실은 각국의 연결 수준이 전반적으로 낮다는 사실을 잘 보여 준다. 그러나 전 세계적으로 연결을 향한 움직임이 계속되고 있는 가운데, 더 많은 여성이 리더 자리에 오르고 더 많은 사회적 조화를 이룰 것으로 기대하는 바다.

13장

공감과 이타성을 깨우는 법

DISCONNECTED

CONNECT

LEADERSHIP

EGO

PATHOCRACY

DEMOCRACY

DISCONNECTED

―――
심리학적으로 결합이란 단절로 발생하는 불화와 병리에서 벗어나는 것을 의미한다. 부족함이 아니라 온전함을 느끼는 것이다. 결핍감에서 비롯되는 부와 지위를 축적하려는 욕구가 사라지는 것을 뜻하며, 집단과 동일시하려는 욕구나 다른 집단과 갈등을 일으키려는 욕망에서 벗어나는 것을 의미한다.

초연결성이 외적으로 표현되는 주요 방식이 바로 이타주의와 봉사다. 내적으로는 영성의 측면에서 나타난다. 영성은 연결에 대한 일종의 동의어다. 영적인 사람 또는 깨어난(깨달은) 사람에 대해 이야기할 때 우리는 본질적으로 분리감 없이 강력한 연결의 상태에 존재하는 사람을 말하는 것이다. 영적 발전 또는 깨어남에 대해 이야기할 때는 연결성을 높이는 방향으로 나아가는 것을 의미한다. 따라서 영적으로 깨어난 사람은 초단절형 인간이나 어둠의 3요소 특성과 정반대에 있는 사람이다. 깨어 있음 또는 깨달음의 상태는 사이코패스나 나르시시스트적 인격 장애의 정반대다.

이러한 배경은 바로 영성이 이타주의와 밀접한 관련이 있는 것을 잘 설명해 준다. 모든 영적 전통에서는 이타주의와 봉사의 중요성을 강조하며 영적으로 발달한 사람은 항상 공감 능력이 뛰어나고 이타적이다. 지난 장에서 살펴본 초연결형 인간에게도 적용되는 이야기다. 러셀 윌리엄스와 데스몬드 투투, 명상 수행에서 영감을 받아 이타적 리더십을 발휘한 호아킹 시사누의 경우는 영성과 이타주의 사이에 연관성이 분명하게 드러난다. 링컨이나 엘렌 존슨 설리프 같은 사람들은 표면적으로는 영적으로 보이지 않을 수도 있다. 그럼에도 불구하고 이들은 분명히 봉사와 이타주의를 실천함으로써 자신을 표현하는 자연스러운 영성을 가졌거나 가지고 있다.

극심한 단절 속에 초연결을 외치다

세계 최초의 영적 전통은 단절에 대한 반발로 시작됐다. 2,500년 전 유럽과 중동, 아시아 등 유라시아 대륙의 대부분은 극심한 사회적 단절 상태에 놓여 있었다. 극소수의 귀족이나 귀족을 제외한 사람들의 삶은 하나같이 극도로 어렵고 잔인했다. 수렵 채집 생활방식이 제공하는 여가와 편의성은 질병, 억압에 맞서 생존하려는 끊임없는 투쟁으로 대체됐다. 대부분의 사람이 만성적 불안과 불안감 속에 살았을 가능성이 높다. 이들의 삶에는 억압과 빈곤이라는 간접적 폭력과 전쟁과 폭행, 살인과 강간이라는 직접적 폭력 등이 끊임없이 존재했다. 이러한 사회에서 공감과 이타주의는 적어도 자신의 가족이나 씨족 밖에서는 매우 드물었을 것이다.

그러나 소수의 탁월한 사람들은 폭력을 거부하고 연민과 이타주의를 옹호함으로써 주변의 고통과 잔인함에 급진적 방식으로 대응했다. 이들은 극심한 단절 속에서 어떻게든 연결의 연속체에 있는 반대쪽 끝을 지향하며 평화와 평등, 사랑의 가치를 가르쳤다.

인도에서는 부처가 새롭게 등장한 관점을 가장 잘 표현한 사람으로 알려져 있다. 역사적 인물로서 부처에 대해 알려진 바는 거의 없다. 하지만 그가 인간의 고통에 대해 강렬한 연민을 느꼈던 초연결형 인간이었다는 점에는 의심의 여지가 없다. 그는 또한 틀림없이 대단히 지적인 사람이었으며 예리한 분석력을 갖췄다. 그의 연민과 지성이 결합돼 정교하고 체계적인 자기계발의 길이 열렸다. 그가 닦은 길은 인류가 고통에서 해방되도록 돕기 위한 목적에서 만들어졌다.

부처의 가르침이 동시대 사람에게 얼마나 급진적으로 보였을지는 상상하기 어렵다. 간디보다 2,500년 전에 부처는 폭력에 맞서 연민과 이타심을 가르쳤다. 그는 『꾸따단따 경Kutadanta Sutta』에서 이렇게 조언했다. "전쟁이 일어났을 때 생명체를 돕는 자비로운 마음이 스스로 일어나게 하라. 싸우려는 의지를 버려라." 부처는 자신을 따르는 자들이 지켜야 할 다섯 가지 계율을 세웠다. 그중 첫 번째는 다른 생명체를 죽이거나 해를 끼치는 행위를 삼가라는 것이다. 그의 계율에는 동물 역시 포함돼 있었으며 초기 불교도는 계율을 지키며 동물 희생에 반대하고 채식주의 전통을 형성하게 됐다.

부처는 또한 불교도에게 네 가지 숭고한 상태를 강조하며 각각을 유지하기 위해 수련하라고 조언했다. 이 중 세 가지는 공감과 이타주의와 관련이 있다. 첫 번째는 일반적으로 사랑과 친절로 번역되는 '메타metta'로 부처의 표현에 따르면 사람은 다음과 같이 행동해야 한다는 뜻이다. "어머니가 목숨을 걸고 하나뿐인 자식을 보호하듯 무한한 애정으로 모든 생명체를 소중히 여기고 온 세상에 친절함을 발산해야 한다."[1] 두 번째는 '카루나Karuna' 또는 자비로 부처는 이를 타인의 고통을 감지하는 것으로 정의했다. 세 번째 상태는 공감적 기쁨으로 다른 사람의 안녕과 행복을 나누는 것을 의미한다. 네 번째로 숭고한 상태는 평정심이다.

약 500년 후에는 예수가 부처와 유사하게 근본적 연민과 자비의 메시지를 가르쳤다. 부처가 그랬듯이 예수의 동시대 사람은 그의 가르침을 당혹스럽게 받아들였을 것이다. 심지어 불쾌하게 느꼈을 수도 있다. 동족이 로마의 잔혹한 통치 아래 살아가던 시기에 예수는 평화로운 무저항주의를 옹호했다. 그는 "평화를 이루는 사람들은 행복하다."라고 선포하고 침략자에게 "네 칼을 다시 칼집에 꽂으라. 칼을 가지는 자는 칼로 다 칼로 망하느니라."라고 충고했다. 동시대 사람 중 누군가는 폭력의 악순환을 끊으려는 방법으로 무저항의 논리를 이해할 수 있었을 것이다. 그런데 예수는 정말로 사람들이 잔인한 로마 점령자를 '사랑'하기를 기대했을까? 그는 정말로 그들이 '너희를 미워하는 자에게 선을 행하고, 너희를 저주하는 자를 축복하고, 너희를 학대하는 자를 위해 기도하라'라는 뜻을 실천할 것이라고 기대했을까?

부처와 예수는 그들을 따르는 사람들에게는 수많은 의미로 다가왔을 것이다. 하지만 나는 이들이 자기 문화의 비상식적 잔인함에 저항하고 이를 초월해 조화롭고 연결된 세상을 만들기 위해 새로운 비전을 창조한 영웅적 혁명가라 생각한다. 비록 직접적 용어를 사용하진 않았지만 이들은 본질적으로 단절의 고통과 불화를 초월할 수 있다는 사실을 경험을 통해 알고 있었던 영적 스승이었다. 부처와 예수의 가르침은 높은 수준의 심리적 연결에서 흘러나왔으며 이들은 그 가르침을 다른 사람들에게 전하려 했다.

나와 타인을 연결시켜 주는 감각

나는 영성을 **확장**과 **연결**이라는 두 가지 용어로 정의하고 싶다. 8장 초반에 설명했듯 영적 깨어남은 인식을 확장하거나 강화하는 과정이다. 나는 영적 깨어남을 네 가지 유형의 자각으로 분류한다. 첫째, 지각적 자각은 우리 주변의 세계를 더욱 생생하게 느끼는 것이다. 다음은 주관적 자각으로 우리 자신의 내면을 더 잘 인식하게 되는 것이다. 세 번째로 다른 사람에게 더 공감하고 연민을 느끼게 하는 상호 주관적 자각이 있다. 마지막으로, 현실을 바라보는 관점이 넓어지고 자기중심적 시각에서 세계 중심적 시각으로 이동하는 개념적 자각이 있다.

동시에 영적 깨어남은 연결성을 높이는 과정으로 볼 수 있다. 자각이 확장되면 우리는 더 많이 연결된다. 지각적 측면에서는 자연계를 포함한 주변 환경과 더 많이 연결된다. 주관적 측면에서는 우리 자신의 존재와 더 많이 연결된다. 주관적 자각이 확장되면 다른 생명체 및 자연계와 더 많이 연결된다. 개념적 자각이 확장되면 인류 및 세계 전체와 더 많이 연결된다.

영적 발달을 **단절을 초월하는 과정**으로 볼 수도 있다. 영적 발달을 방해하는 근본적 요소는 우리의 분리감이다. 우리가 자신을 우리의 마음과 몸 안에 사는 자아로 경험하며 세상이 반대편, 즉 저 밖에 있는 것처럼 느낄 때 분리감이 발생한다. 영적 깨어남을 거치면 이러한 분리감이 거짓임을 알게 된다. 그리고 우리의 견고하고 완고한 정체성이 부드러워지기 시작한다. 우리의 정체성이 세상과 다른 생명체와 합쳐지기 시작한다. 자신이 다른 모든 것과 동일한 본질을 공유하고 있다고 느끼면서 자신과 세상 사이의 유사함, 심지어는 **하나됨**을 깨닫게 된다.

지금 우리가 종교에 대해 이야기하는 것이 아니라는 점에 주목해야 한다. 영적 연결의 연속체(197쪽 참조)에서 분명하게 드러나듯 종교와 영성은 연결의 연속체에서 서로 다른 측면에 속한다. 근본주의 종교에서는 오로지 종교가 중요하다. 영성에서는 자아를 초월하는 것을 중요시하는 반면, 근본주의 종교에서는 자아를 지지하고 강화하는 데 초점을 맞춘다. 실제로 근본주의 종교 집단은 높은 수준의 위계질서와 가부장제, 권위주의와 성적 억압이 존재하는 초단절형 공동체다.

물론 종교와 영성이 가끔 합쳐질 때도 있다. 어떤 종교인은 종교의 원칙과 가르침을 영적 발전의 틀로 삼아 진정으로 영적이고 이타적인 삶을 살아간다. 기독교에는 예수가 가르친 연민과 용서를 일상생활에 적용하려 노력하는 관용적이고 자유로운 기독교인이 있다. 유대교에는 포용적이고 사회적으로 진보적이며 행사와 의식을 덜 강조하는 개혁 유대교 운동의 구성원이 있다. 영적 연결의 연속체 측면에서 보면 종교와 영성이 겹치는 큰 중간 지점이 존재한다.

그러나 연속체의 오른쪽으로 이동하면 종교를 뒤로하고 특정 신념 체계에 얽매이지 않는 순수한 영성의 영역으로 들어가게 된다. 순수한 영성의 기반은 믿음보다는 **경험**이다. 신성한 인물을 숭배하거나 일련의 생활 지침을 따르는 것은 중요하지 않다. 현실에 대한 보다 폭넓은 인식을 경험하는 것이 더 중요하다. 생활 방식으로서의 영성은 자기 변화, 특히 분리성을 초월하고 인식을 확장해 세상, 우리 자신 및 다른 생명체와의 **더 큰 연결을 향해** 나아가는 동시에 봉사와 이타심을 통해 이러한 연결을 표현하는 것이다.

의식의 한계를 열면 깨어날 수 있다

가끔 영성은 일시적 형태로 발생한다. 영적으로 또는 신비로운 경험으로 우리의 자각이 잠시나마 확장되고 강화돼 조화와 의미로 가득 찬 매우 현실적이고 아름다운 세계에 접근할 수 있게 도와준다.

영적 체험은 결코 드문 일이 아니다. 설문조사에 따르면 절반가량의 사람이 한 번 이상 영적 체험을 한 적이 있다고 한다.[2] 영적 체험은 영적 구도자나 수도사, 신비주의자에게만 국한된 현상이 아니다. 대부분 평범한 사람도 명상실이나 사원이 아닌 일상생활의 한가운데서 영적 경험을 한다. 시골길을 걷거나 일몰을 보거나 맑은 밤하늘의 별을 바라볼 때, 바다에서 수영을 하거나 공원을 달릴 때, 사랑을 나누거나 다른 사람을 도울 때, 심지어 출산 중에도 경험한다.

나는 약 20년 동안 영적 체험, 내가 즐겨 부르는 표현으로는 '깨

13장 공감과 이타성을 깨우는 법 **311**

어남의 경험'에 대한 보고서를 수집하고 분석해 왔다. 마치 우리는 영적 경험을 함으로써 의식이 일시적으로 열리고 한계나 필터 같은 것이 떨어져 나가 현실을 더 온전하게 인지할 수 있는 것만 같다. 마치 사물을 있는 그대로 보는 것 같다는 계시의 느낌도 든다. 반면 우리의 일반적 인식은 컬러로 된 생생한 이미지와 흐릿한 흑백 사진을 보는 것처럼 제한적으로 보인다. 깨어남의 경험은 단 몇 초 또는 몇 분 동안만 지속될 뿐이다. 하지만 일반적으로 강력하고 장기적인 영향을 미친다. 깨어남의 경험은 삶이 이전에 생각했던 것보다 더 의미 있다고 느끼게 하는 자각과 더불어 **새로운 낙관주의와 신뢰, 겸손**을 일깨운다. 깨어남의 경험은 다양한 강도로 이뤄진다. 아름다움과 경이로움을 느끼는 가벼운 경험부터 우주와 완전히 하나가 되는 강렬한 경험에까지 이른다.

가끔 뚜렷한 이유 없이 저절로 생기기도 하지만 대부분의 경우 특정 활동이나 상황과 관련이 있다. 특히 심리적 혼란과 밀접한 관련이 있다. 2017년에 나는 깨어남의 경험에 관해 연구를 진행했다. 그 결과 스트레스와 우울증, 상실감과 사별, 전쟁 등의 심리적 혼란이 가장 중요한 계기라는 사실을 발견했다. 당시 연구한 90건의 경험 중 37건이 심리적 혼란과 관련이 있었다. 그 외 중요한 계기로는 자연과의 접촉 23건, 영적 수행 21건, 영적 문헌 읽기 15건이 있었다. 참고로 몇몇 경험에는 두 가지 이상의 계기가 있었다.[3]

깨어남의 경험 또는 영적 경험은 본질적으로 **연결의 경험**이다. 연결의 경험을 하는 동안 일상적 분리감은 사라지고 우리는 더 이상 자신의 정신 공간 안에 고립된 자아가 아니다. 자연과 다른 인간 또는 일반적으로 전 세계와의 연결, 심지어 하나됨을 느낀다. 우리 주변의 사물과 자연 현상에서도 연결을 느낄 수 있다. 자연이든 인공이든 모든 사물이 마치 존재의 네트워크 속 일부인 듯, 또는 지하의 같은 뿌리에서 자라난 식물처럼 더 깊은 무언가의 표현인 듯 **어떤 식으로든** 서로 연관된 것처럼 보인다.

주변과 연결되는 순간을 경험하라

깨어남의 경험에서 가장 일반적 특징 중 하나는 자연과의 연결이다. 이 특징은 나 자신의 경험에도 해당한다. 예를 들어 나는 숲이나 언덕을 걸을 때 종종 자연과 연결된 느낌을 받는다. 대체로 생각이 느슨해지고 마음이 편안해지는 어느 한 순간 주변의 나무와 풀, 돌이나 바위가 더욱 생생하게 느껴진다. 각자 저마다의 정체성이 있는 생명체가 되는 것처럼 말이다. 하늘을 올려다볼 때도 같은 느낌이 든다. 마치 내가 자연의 관찰자가 아니라 **자연의 일부**가 된 것만 같다. 즉, 내가 바라보는 풍경 속에 내가 있다.

야외나 호수, 바다에서 수영을 할 때도 유사한 경험을 자주 한다. 물속에서는 마치 내가 항상 있어야 할 곳으로 돌아온 것처럼 편안하고 자연스럽다. 바다에서는 우주 전체와 하나가 된 것만 같고 마치 지구 표면의 대부분을 덮고 있는 거대한 물 덩어리의 일부가 된 것 같은 기분이 든다. 하늘을 올려다보거나 주변의 해안 풍경을 바라보면 모든 사물이 서로 연결돼 있고 각자의 개별적 형태보다 더 깊고 큰 무언가의 일부라고 느낀다.

이러한 유형의 경험은 워즈워스나 셸리 같은 낭만주의 시인들이 자주 묘사했다. 워즈워스는 자연과 연결된 느낌, '더 깊고 위대한 무언가'가 자연의 형태를 통해 자신을 표현하고 있다는 자각을 자주 표현했다. 자전적 시 「서곡The Prelude」에 썼듯이 그는 젊은 시절 '움직이는 모든 것, 정지한 것처럼 보이는 모든 것 위에 퍼져 있는 존재의 감정'을 느꼈다. 또한 '(자연적인 것들의) 거대한 덩어리가 어떤 생기 있는 영혼에 박혀 있었다.'라고도 썼다.⁴ 10장에서 살펴봤듯이 낭만주의 운동은 새로운 연결 정신의 결과였다. 따라서 시인과 예술가, 작곡가도 유사한 경험을 묘사했을 것이다.

다른 깨어남의 경험에서는 공감과 연민, 사랑의 강렬한 감정과 함께 다른 사람과의 강력한 연결을 특징으로 한다. 일반적 상황에서도 특정한 사람에게 강렬한 연민과 사랑을 느낄 수 있지만, 깨어남의 경험을 할 때는 그 감정이 무차별적이고 무조건적인 것이 된다. 낯선 사람을 포함한 전 인류를 사랑한다는 느낌이 든다.

한 남성이 기차역 대합실에 약 20명의 다른 사람과 함께 앉아 있을 때 겪은 경험을 예로 들어 보겠다. 그의 말에 따르면 그는 불현듯 뚜렷한 이유도 없이 "그 순간 그곳에 있는 모든 사람에게 깊은 유대감이 생겼다. 그들 모두를 사랑했지만, 예전에는 느껴 본 적이 없는 종류의 사랑이었다. 우리는 서로, 그리고 우리가 살아가는 삶과 하나가 됐다."⁵ 기독교 수도사 토머스 머턴Thomas Merton은 길모퉁이에 서서 사람들이 쇼핑하는 모습을 지켜보다가 이와 비슷한 경험을 했다고 설명했다. "나는 갑자기 이 모든 사람을 사랑한다는 사실, 그들은 나의 것이고 나는 그들의 것이며, 우리는 완전히 낯선 사람들이지만 서로에게 이질적일 수 없다는 깨달음에 압도당했다. 마치 그동안 분리돼 있던 꿈에서 깨어난 것 같았다."[6]

• • •

드물긴 하지만 깨어남의 경험에 동물과의 강력한 유대감이 포함될 수도 있다. 예를 들어 러셀 윌리엄스는 순회 서커스단에서 신랑 역할을 하던 중에 영적 깨어남을 경험했다고 이야기했다. 그는 마구간에서 말과 함께 잠을 잤다. 그러던 어느 날 아침에 일어나 보니 자신의 정체성이 말과 합쳐져 있었다. 윌리엄스는 이렇게 회상했다.

제가 말이었어요. 말의 눈과 마음을 들여다볼 수 있었죠. 저는 말의 본성을 알고 있었답니다. (…) 다른 말과 또 다른 말을 바라봤고, 저도 말들 안에 있었죠. 제 본성은 그들의 본성과 같았어요. 형태는 달랐지만 하나의 의식이 우리 모두를 하나로 연결하고 있었으니까요. 그들과 저는 형태와 구조만다를 뿐이었어요. 그들과 우리 모두 안에 동일한 본질이자 동일한 빈 공간이 있었죠.[7]

깨어남의 강도가 높을 때는 우주 전체를 향한 보다 일반적 연결감이 생길 수도 있다. 예를 들어 한 여성은 장기간의 관계가 끝난 후 극심한 혼란의 상태에서 겪은 강렬한 깨어남의 경험을 설명했다. 그녀는 내게 말했다. "존재하는 모든 것, 인간을 넘어선 우주 전체와 선명하게 연결되는 것을 경험하기 시작했어요. (…) 깊은 연결의 상태에서 꽃이 꺾이는 것의 고통까지도 느낄 수 있을 정도로 저를 둘러싼 모든 것에 대한 연민과 연결이 생겨났죠."[8] 또 다른 사람은 내게 강력한 경험에 관해 설명해 줬다. 그는 다음과 같은 상태였다고 했다. "광활한 우주와 합쳐진 것 같았어요. 더 이상 나를 분리된 존재로 인식할 수 없었어요. 제가 우주 안에 있고, 우주에 속해 있었죠. (…) 그 평화와 행복, 하나됨의 느낌은 말로 표현하기 어려워요."[9]

• • •

다른 강렬한 깨어남의 경험은 마치 태양이 모든 빛의 원천인 것처럼 물리적인 세계 너머에 있는 무언가, 연결의 원천으로 보이는 영적 본질에 연결된 무언가와 연결되는 느낌이 특징이다. 내 연구의 또 한 가지 사례, 유모차를 끌고 아기를 데리고 산책하던 한 젊은 아빠에게 일어난 일에서 이러한 특징이 잘 드러난다. 그는 처음으로 아이를 데리고 외출했고 사랑으로 가득 찬 느낌이 들었다. 어머니가 하나뿐인 아이를 사랑하듯 모든 생명체를 사랑해야 한다는 부처의 가르침에 따라 남성은 이 사랑의 감정이 어떻게 확장됐는지 설명했다.

아들에게뿐만 아니라 길거리에서 지나가는 모든 사람에게 무조건적 사랑의 감정을 느끼게 됐죠. 마치 제가 사랑을 주는 동시에 받는 것 같았어요. 모든 것이 같은 '재료'로 '만들어져' 있는 것 같았고, 이 재료를 설명할 유일한 단어는 사랑 뿐이었죠. 모든 것이 사랑으로 만들어져 있어요. 저는 모든 사람과 모든 사물이 동일한 '에너지'로 이뤄진 사랑의 바다에 빠져들었고, 더 이상 분리된 '자아'가 아니라 이 사랑의 에너지에 휩싸여 있었어요. 모든 것이 하나가 됐고, 저는 시간을 초월해 있었죠. 마주치는 모든 것에 매우 강한 연민과 사랑을 느끼며 공원을 계속 걸었답니다.[10]

강렬한 수준에서 깨어남의 경험은 근본 의식, 즉 영혼과의 직접적 만남이다. 우주의 본질적인 하나됨을 경험하는 것이다. 힌두교 영성의 관점에서 보면 '아트만' 또는 개인의 영혼이 '브라만' 또는 우주적 영혼과 하나가 되는 경험이다. 강렬한 깨어남의 경험을 한 사람은 가끔 그 경험을 하면서 마치 집에 돌아온 것처럼 깊은 평화와 편안함을 느낀다고 묘사한다. 어떤 의미에서 그들의 말은 그 자체로 사실이다. 그들은 우리와 다른 모든 것들이 생겨난 영적 근원이라는 집으로 돌아간 것이다.

고립된 정신이 깨어나면 모든 것이 바뀐다

하지만 깨어남은 일시적 경험이 아니다. 드물기는 하지만 영구적이 거나 지속적 형태로 일어나기도 한다. 이를 '깨달음'이라고 부르기도 하지만 나는 '깨어 있음'이라는 용어를 선호한다.

깨어 있음은 영적인 길이나 수행을 따르거나 봉사와 단순함, 분 리와 같은 영적인 생활 방식을 통해 점진적 방식으로 키울 수 있다. 물론 불교와 요가, 도교와 수피즘, 카발라 및 수많은 다른 길을 따르 는 많은 영적 숙련자와 수도사는 점진적 깨어남을 통해 지속적 상 태를 경험한다. 많은 사람이 규칙적 명상 수행을 통해, 또는 다양한 전통에서 비롯된 영적 수행법을 절충적으로 혼합한 방식을 따르며 동일한 과정을 겪는다.

그런데 영적 깨어남은 영성에 대해 전혀 모르고 어떤 전통과도 관련이 없는 사람에게도 종종 일어난다. 전작 『보통의 깨달음』에서 소개한 바와 같이 가장 흔하게 일어나는 방식은 다음과 같다. 심리 적 혼란, 예를 들어 극심한 우울증, 스트레스나 중독, 사별 또는 심 각한 질병 진단을 받았을 때 내가 '혼란을 통한 변화'라고 부르는 현 상이 발생할 수 있다. 자아가 격렬한 고통과 마주쳐 무너진다. 그 자 리에 영적으로 깨어난 새로운 자아가 나타난다. 마치 항상 잠복해서 태어날 기회를 기다리고 있기라도 했던 것만 같다.

연결의 연속체라는 관점에서 보면 영적 깨어남은 단절의 지점에 서 연결의 지점으로 이동하는 것이다. 수행과 여정을 통해 점진적으로 일어날 때 깨어남은 연속체를 따라 느리고 점진적으로 움직이는 방식으로 이뤄진다. 보통 격렬한 혼란에 대한 반응으로 갑작스럽고 극적으로 일어날 때는 연속체를 따라 훨씬 더 강력한 연결의 지점으로 가파르게 도약하는 것과 같다.

특히 영성에 대한 사전 지식이 없는 경우 갑작스러운 각성을 경험한 많은 사람이 새롭고 강력한 연결 상태에 적응하기 어려워한다. 행복감, 감사함, 연결감이 때로는 혼란 그리고 어리둥절함과 겹쳐지기도 한다. 마치 지도나 가이드 없이 비행기에서 뛰어내려 강렬한 아름다움과 의미가 담긴 낯선 풍경 속으로 낙하산을 타고 뛰어드는 것과 비슷하다. 반면에 사람들이 영적 전통의 맥락에서 점진적으로 깨어날 때는 마치 기존의 탐험가들을 가이드로 삼고 오래된 길을 따라 천천히 조심스럽게 낯선 풍경을 탐험하는 것과 같다.

• • •

대부분의 깨어 있음은 일시적 깨어남의 경험과 같은 특성을 공유하지만 지속적 특성으로 자리 잡게 된다. 물론 깨어 있음의 주요 특징 중 하나는 자연과 다른 사람, 다른 생명체와 세계 또는 우주 일반에 광범위하게 연결돼 있다는 느낌이 드는 것이다. 한 사람은 자신의 지속적 깨어 있음을 내게 이렇게 설명했다. "제가 자연의 일부라고 느낍니다. 사람들과 연결돼 있다고 느끼는 동시에, 나무와 새, 풀과 언덕과도 연결돼 있다고 느끼지요."[11] 또 다른 사람은 자신의 연결감을 다음과 같이 설명했다. "모든 사람이 나 자신으로 보이기 시작했어요. 살아 있든 살아 있지 않든, 모든 것과 연결돼 있다는 느낌도 들고요."[12]

깨어남을 겪은 후 사람들은 종종 자연이 '더욱 진짜인' 것처럼 느껴진다고 말한다. 마치 익숙함의 베일이 벗겨지고 숨겨져 있던 아름다움과 경이로움이 드러나는 것과 같다. 예전에는 닫혀 있고 자기한테만 푹 빠져 주변 환경에 제대로 주의를 기울이지 못했는데 이제는 **인식이 활짝 열리는 것**과도 같다. 자아의 껍질이 깨져 버렸고, 이제 이들은 어떤 식으로든 **자기 '밖에 있는' 세상의 일부**가 된다. 예를 들어 깨어남을 겪은 한 사람은 내게 말했다. "저는 동물과 곤충을 관찰하고 계절이 바뀌는 걸 관찰하길 좋아하죠. 깨어남의 경험을 하기 전에는 저 자신에게 너무 몰입해서 그런 모든 것들이 제게 존재하지 않았어요. 그냥 거기에 있을 뿐이었죠."[13] 또 다른 사람은 이렇게 설명했다. "자연이 저에게 훨씬 더 중요해졌어요. 색상이 더 밝아지고 훨씬 더 자세히 보여요. 가끔은 압도적일 정도죠. 모든 것이 훨씬 더 생생하고 현실적이에요. 깨어남을 겪고 나서 첫 두 달 동안은 항상 밖에 있어야 했죠. 건물 안에 있는 걸 참을 수가 없었거든요."[14]

이와 마찬가지로 이들이 초연결성을 보인다는 사실은 깨어난 사람이 다른 사람에게 더 세심하고 개방적이라는 뜻이다. 이들은 종종 다른 사람을 더 잘 이해하게 됐고 새로운 친밀감과 진정성을 느끼며 관계가 조화로워졌다고 보고한다. 한 사람은 이렇게 설명했다. "다른 사람들에게도 훨씬 더 몰입하게 됐어요. 상대방의 말에 귀를 기울이고 상대방이 어떤 의미에서 말하는지 이해하기 시작했어요. 예전에는 없던 수준의 공감과 이해가 생겼고요."[15] 다른 누군가는 이렇게 말한다. "사람들에게 실망감을 느끼기보다는 훨씬 더 많이 이해하게 됐죠. 사람들이 일하는 방식도 훨씬 더 폭넓은 시각으로 보게 됐어요. 덕분에 주변 사람들에게 더 많은 도움을 줄 수 있게 됐답니다."[16]

· · ·

영적 깨어남은 사람들의 생활 방식을 근본적으로 변화시킨다. 사람들과 분리됐다는 느낌이 사라지면 축적하려는 욕구도 사라진다. 깨어난 사람들은 강렬한 공감 능력이 생겨 다른 사람의 고통을 뚜렷하게 인식한다. 또한 폭넓은 개념적 관점 덕분에 사회 및 지구적 문제를 더 명확하게 파악하게 된다. 그래서 이들은 축적이 아니라 공헌의 방식으로 살아간다. 한 사람은 이렇게 표현했다. "'삶에서 무엇을 얻을 수 있는가'에서 '삶에 무엇을 줄 수 있는가'로 관점이 바뀌었어요."[17] 다른 누군가는 이렇게 말했다. "제 삶의 목적은 다른 사람들을 위해 이 자리에 존재하면서 그들이 성장하고 각자의 중요성을 깨닫도록 돕는 것이에요."[18]

영적 깨어남은 이익을 덜 중시하고 더욱 이타적인 역할을 수행하도록 생활 방식을 변화시킨다. 예를 들어 암 진단을 받은 후 영적 깨어남을 겪은 한 여자는 제약회사에서 계속 IT 관리자로 일할 수 없다는 사실을 깨달았다. 암이 완치되자 그녀는 직장을 그만두고 상담사 겸 치료사로 활동하기 위해 재교육을 받았다. 같은 직업을 유지하면서도 자신의 역할에 다른 태도를 취하는 경우도 있다. 예를 들어 나는 『보통의 깨달음』에서 친한 친구가 살해당한 후 깨어남을 겪은 리앤의 이야기를 다뤘다. 그녀는 피부과 전문의 그룹에서 진료 관련 담당 이사로 일하고 있었다. 처음에 그녀는 업무의 몇 가지 측면에서 어려움을 겪었지만 태도를 바꾸면서 적응해 나갔다. 이제 그녀는 더 이상 수익의 관점에서 생각하지 않고 환자와 동료의 안녕감에 집중한다. 그녀가 내게 말했다. "병원 문을 열고 들어오는 모든 환자와 그곳에서 일하는 모든 직원이 항상 존중받고, 소중히 여겨지고, 보살핌을 받게 한다는 게 저에게는 무척이나 중요한 일이에요."[19]

이러한 강렬한 유대감이야말로 깨어남이 매우 황홀하게 느껴지는 주된 이유다. 깨어남을 감옥에서 풀려나는 것에 비유할 수 있다. 좁은 생각과 욕망의 세계에 갇혀 있던 우리가 갑자기 자아에서 벗어나 자연과 다른 생명체, 우주 전체와 연결된다. 깨어난 후의 우리는 감옥에서 나와 곧장 집으로 돌아가는 죄수와도 같다. 몇 년 동안 고립되고 난 후에 **모든 것의 근본적인 하나됨**, 즉 우리가 생겨난 근원에 맞닿는 것이다.

모든 고통과 불행은 단절에서 온다

아마도 영성에서 얻을 수 있는 가장 중요한 가르침은 연결성을 **기를**

수 있다는 점일 것이다. 우리는 단절된 상태로 살아갈 필요가 없다. 영적 전통에는 분리를 초월하고 연결로 나아가는 데 도움이 되도록 고안된 일련의 수행법과 생활 방식 지침이 전부 포함돼 있다. 연결의 연속체라는 관점에서 영적 전통은 우리에게 연결의 연속체를 따라 더 멀리 나아갈 수 있다고 가르쳐 주며 어떻게 하는지도 알려 준다. 이런 면에서 영적 여정은 '연결의 여정'이다.

대부분의 영적 전통에서 핵심이 되는 주제는 인간의 고통과 불행이 거짓된 분리감 때문에 발생한다는 것이다. 미리 살펴본 바와 같이 힌두교의 베단타와 요가 전통에서는 '아트만'이 '브라만'과 하나라고 말한다. 그러나 우리는 자신의 마음과 몸을 동일시하며 우주와의 일체감을 잃어버린다. '마야_maya' 또는 환상의 영향을 받아 우리는 우리가 분리돼 있으며 제한된 존재라고 믿게 된다. '마야'는 베일처럼 '브라만'을 덮어 우리의 본질인 하나됨의 실체를 숨긴다. 이러한 분리와 기만의 상태가 존재하는 동안에는 고통을 피할 수 없다. 우리는 우리 자신을 전체로부터 분리된, 불완전하고 고립된 파편으로 경험한다. 마찬가지로 부처는 심리적 고통 또는 '둑카'가 우리 자신을 분리된 자율적 존재로 인식한 결과라고 가르쳤다. 중국 도교 철학에서는 세상의 균형과 질서를 유지하는 보편적인 조화의 원칙인 '도'와의 연결을 잃고 자신을 분리된 존재로 경험할 때 고통과 불화가 생긴다고 말한다.

그러나 이러한 전통에서는 또한 분리라는 환상을 초월할 수 있다고 가르친다. 부처와 힌두교의 현자 파탄잘리 같은 영적 천재들은 매우 상세하고 체계적인 자기계발의 여정을 만들어 냈다. 지금까지도 광범위하게 사용되고 있을 정도로 효과적이다. 부처의 팔정도에는 지혜와 윤리적 행동, 명상 등 다양한 생활 방식 지침이 담겨 있다. 파탄잘리의 요가 팔지의 길에는 윤리적 행동과 자기 훈련, 요가 아사나, 호흡 조절, 심화 수준의 흡수와 명상이 포함된다. 비옥한 영적 토양인 인도에서는 오랜 세월에 걸쳐 불교와 요가의 원래 가르침이 수많은 방식으로 변형돼 탄트라와 아드바이타 베단타(인도 정통 철학인 베단타 중 가장 널리 알려진 학파—옮긴이), 대승불교와 같은 다양한 연결의 여정을 낳았다.

실제로 전 세계 거의 모든 문화권에서 고유한 연결의 여정을 개발하거나 다른 문화의 여정을 받아들였다. 중국에서는 도교 신자들이 윤리적 행동과 명상, 기공과 같은 정신·신체 운동, 식이요법 지침 등 자기들만의 여정을 개발했다. 불교는 중국뿐만 아니라 여전히 신토(일본의 민족 종교—옮긴이)와 더불어 선을 주요 국가 종교로 삼고 있는 일본에도 전파됐다. 중동과 유럽에서는 연결의 여정이 더 난해하고 배타적인 경향이 있었다. 기독교 세계에서 가장 체계적 연결의 여정은 수도사가 자발적 가난과 침묵, 고독 속에서 오랜 기간 기도와 명상을 하며 지냈던 수도원 전통에 속해 있었다. 기독교에도 마이스터 에크하르트Meister Eckhart나 십자가의 요한처럼 강한 신비주의 전통이 있었다. 이들은 수준 높은 깨어 있음에 도달하고 다른 사람들도 똑같이 실천할 수 있도록 지침을 제공했다. 유대교 영성에는 수도원 전통이 없었지만 카발라의 밀교 가르침에서는 기도와 노래, 상징의 시각화, 히브리 알파벳 글자 묵상과 같은 다양한 기법과 생활 방식 지침을 권장했다. 이슬람 세계에서도 수피 전통은 비슷한 목적으로 향하는 연결의 여정이었다.

이미 언급했듯이 모든 연결의 여정에서는 이타주의를 무척 강조한다. 이 모든 여정은 우리의 영적 발전을 향상할 수 있는 '실천'으로서의 이타주의를 포함한다. 이타주의와 봉사는 자기 중심성을 초월하고 다른 사람, 일반적으로는 세상과의 연결을 강화하도록 돕는다. 숙련된 사람은 친절과 용서, 자비와 같은 미덕을 실천하고 봉사와 자기희생 속에서 살아가도록 권장된다. 우리는 이미 이것이 부처와 예수의 가르침에서 핵심적 요소이며 수피교와 유대교에서의 연결의 여정도 마찬가지임을 살펴봤다. 예를 들어 수피교에서 봉사는 신에게 자신을 개방하는 방법이다. 신의 본성은 사랑이기 때문에 자기희생과 이타주의는 우리를 신에게 더 가까이 다가가게 하고 신의 본성에 우리가 조화되도록 한다. 카발라에서 깨어난 사람은 '티쿤 올람tikkun olam', 즉 세상을 치유하는 일에 기여할 책임이 있다. 그 사람은 기쁨과 빛을 나눔으로써 다른 사람들을 섬기고, 그 기쁨과 빛이 내려와 모든 사람에게 퍼진다. 이런 식으로 이타주의는 영적 발전의 원인인 동시에 결과가 된다.

연결된 사회로 회복할 수 있다

그러나 모든 연결의 길에서 가장 중요한 요소는 아마도 명상일 것이다. 모든 영적 전통에서는 마음을 고요하게 하고 비우는 수행을 권장한다. 명상은 불교와 요가 모두에서 중심이었다. 주로 호흡이나 만트라에 주의를 기울이는 의식 같은 집중 명상과 단순히 인식의 영역에 들어오는 모든 것을 관찰하는 개방 명상 등 다양한 명상 기법이 발전했다. 중국 도교에서는 텅 빈 마음으로 앉아 있는 '초왕tso-wang' 수행을 권장했다. 수피즘과 카발라는 전부 명상의 형태를 발전시켰고, 동방 정교회에서는 예수 기도("하나님의 아들 주 예수 그리스도여, 죄인인 저를 불쌍히 여기소서")가 명상하기 위한 만트라로서 효과적으로 사용됐다. 서양의 기독교 수사와 신비주의자는 명상이라는 의식을 하지는 않았지만 틀림없이 기도와 묵상을 통해 명상의 상태에 이르렀을 것이다. 물론 오늘날에는 영적인 전통의 맥락을 벗어나 세속적이고 독립적인 방식으로 명상을 실천하는 것이 일반적이다.

명상이 중요한 이유는 장·단기적으로 관계를 형성하는 간단하고 효과적인 방법이기 때문이다. 단 한 번의 짧은 명상 수행으로도 연결을 창조할 수 있다. 생각을 고요하게 함으로써 자아의 경계가 부드러워진다. 주변 환경이 더욱 생생하게 다가오고 명확히 설명할 수는 없지만 더 '친숙하게' 느껴진다. 우리의 인식이 강물이 바다로 흐르듯이 주변 환경과 합쳐지는 기분이 든다. 분리된 자아가 만들어 내는 스트레스와 불안이 물러나고 즉각적인 편안함과 만족감이 찾아온다.

보통 명상의 효과는 일시적이다. 아마 몇 시간이 지나면 정상적 의식 상태가 다시 회복되고 연결감과 고조된 인식이 사라질 것이다.

하지만 몇 달, 몇 년, 심지어 몇십 년 동안 규칙적으로 명상을 하면 누적 효과가 나타난다. 우리의 자아 경계가 영구적으로 부드러워지고 지속적 연결감을 형성하게 된다. 영구적인 영적 발달을 겪으며 연결의 연속체를 따라 더 멀리 나아가게 된다.

• • •

궁극적으로 모든 연결의 여정은 우리를 더 이상 고립된 이기적 존재가 아니라 우주 전체 또는 신과 하나가 되는 결합의 상태로 이끈다.

여러 전통마다 조금씩 다른 방식으로 이 결합을 설명한다. 요가 전통에서 일반적으로 일상의 황홀경으로 번역되는 '사하자 삼매sahaja samadhi'는 도교에서 '도'와의 조화로운 삶을 의미하는 '명'이나 기독교 신비주의에서 말하는 신화 또는 문자 그대로 신과의 하나 됨을 의미하는 신격화와는 약간 다르다. 부처가 가르친 본래 형태의 상좌부 불교에서는 결합 자체보다는 분리된 자아라는 환상을 극복하는 데 초점을 맞춘다. '열반'은 개인의 자아정체감이 지워지거나 소멸된 상태로, 더 이상 욕망을 느끼거나 업을 만들지 않아 더 이상 다시 태어날 필요가 없는 상태다.

그럼에도 모든 전통에서는 이러한 결합이 고통의 끝을 의미한다는 데 동의한다. 『우파니샤드The Upanishads』에서는 이렇게 말한다. "사람이 무한을 알면 자유로워지고 슬픔이 끝난다."[20] 분리를 초월하는 것은 천복에 도달하는 것이다. 심리학 용어로 표현하자면 결합은 단절로 발생하는 불화와 병리에서 벗어나는 것을 의미한다. 부족함이 아니라 **온전함**을 느끼는 것이다. 결핍감에서 비롯되는 부와 지위를 축적하려는 욕구가 사라지는 것을 뜻한다. 불만에서 벗어나기 위해 끊임없이 활동하거나 주의를 산만하게 할 필요가 없어지는 것이다. 집단과 동일시하려는 욕구, 다른 집단과 갈등을 일으키려는 욕망에서 벗어나는 것을 의미한다. 자연스러운 조화의 감각을 경험하고 편안한 상태로 지내는 것을 의미한다.

앞에서 언급했듯이 깨어남에는 여러 수준이 있다. 지속적 결합의 상태에서 살아가는 사람은 매우 드물다. 하지만 완전한 결합보다 지속적 연결감을 느끼는 '가벼운' 깨어 있음은 대부분의 사람이 생각하는 것보다 더 흔하다. 또한 내 연구에 따르면 점점 더 많은 사람이 영적인 여정과 수행을 통해, 그중 일부는 극심한 심리적 혼란을 겪은 후 갑작스러운 변화를 통해 깨어 있음을 향해 나아가고 있다.

많은 사람이 가벼운 수준의 깨어 있음을 경험하기 시작했다고 상상해 보라. 사회적으로는 억압과 위계질서, 전쟁이 사라진다는 것을 의미한다. 여자에게는 평등하게, 동물에게는 인도적으로, 환경에 대해서는 책임감 있고 지속적인 방식으로 대하는 태도를 의미할 것이다. 모든 사회에서 공감형 이타적 리더가 공동의 이익을 위해 사심 없이 일한다는 의미이기도 하다. 무자비함과 경쟁보다는 협력과 이타주의 문화가 자리 잡게 될 것이다.

위의 설명이 터무니없는 유토피아적 환상처럼 들린다면 우리가 그만큼 깊이 단절에 사로잡혀 있기 때문이다. 짧게 요약해 설명했지만 실제로 수만 년 동안 수렵 채집 조상들이 어떻게 살았는지를 정확하게 설명한 내용이다. 우리가 예전에, 사실 지구상에 존재하는 대부분의 시간 동안 그러한 사회에서 살았다면 다시 그렇게 살지 못할 이유란 없다.

이 책의 마지막 장에서는 연결된 사회로 돌아가기 위해 우리가 취할 수 있는 몇 가지 가능한 조치를 다룰 것이다. 연결을 향해 나아가기 위해 개인적으로나 집단적으로 무엇을 할 수 있는지 검토해 보고자 한다.

14장

단절된 리더를 이기는 것은
깨어 있는 우리다

DISCONNECTED

CONNECT

LEADERSHIP

EGO

PATHOCRACY

DEMOCRACY

DISCONNECTED

인류 사회는 근본적으로 새로운 형태의 정부로 전환할 것이다. 결국
우리는 '공감주의'의 형태에서 살게 될 것이다. 공감주의에서 정부는
공감적이고 이타적인 사람들로 구성되며, 이들은 공동선을 위해 이타
적으로 통치한다. 더 이상 부패한 사람들이 권력을 추구하지 않으며,
더 이상 권력을 획득한 후에 부패하지도 않는다.

우리는 이 책에서 연쇄 살인범과 사이코패스 독재자의 타락한 깊이에서부터 영적 깨어남의 빛나는 높이에 이르기까지 상당한 거리를 여행했다. 이러한 극단이 모순적으로 보인다면 우리가 연결의 연속체의 한쪽 끝에서 다른 쪽 끝까지 이동하면서 인간 본성의 스펙트럼을 다뤘을 뿐이라는 점을 기억하기 바란다. 이 책을 쓰고 난 후에 나 역시 수백만 명의 죽음을 계획한 히틀러와 스탈린에서 자신의 목숨을 걸고 불의에 반대하는 캠페인을 벌인 간디나 마틴 루터 킹 주니어에 이르기까지 인간이 이토록 극단적 행동을 할 수 있다는 사실이 놀랍기만 하다. 당신이 100명의 다른 사람과 함께 소형 비행기를 타게 된다면 다른 사람을 상습적으로 착취하고 학대하는 초단절형 인간 한 명 이상과 몇 미터 떨어진 곳에 앉게 될 것이다. 하지만 같은 비행기 안에는 다른 사람을 위해 헌신적으로 봉사하는 초연결형 인간도 한 명 이상은 있을 것이다. 여러분을 포함해 비행기에 탑승한 다른 사람들은 연결의 연속체를 따라 이 두 극단 사이의 다양한 지점 중 어딘가에 위치할 것이다.

하지만 적어도 이제 우리는 인간 행동에서 이처럼 엄청난 차이가 발생하는 이유를 이해할 수 있다. 이런 차이는 바로 인간이 서로, 그리고 세상과 연결돼 있다고 느끼는 정도, 즉 **연결의 차이**에서 비롯된 결과다. 이제는 인간 행동과 인간 사회를 개선할 방법도 이해하게 됐기를 바란다. 개인적으로나 집단적으로나 진보란 연결의 연속체를 따라 더 멀리 나아가는 것을 뜻한다. 진보는 분리감과 이기심이 줄어들고 **공감**과 **이타심**이 늘어나는 것을 의미한다. 분리의 환상을 초월하고 우리가 타고난 **하나됨**을 발견하는 것을 뜻한다.

• • •

10장에서 주장했듯이 연결성을 증진하는 집단적 과정은 적어도 250년 동안 진행돼 왔다. 그 결과 상당한 사회적 진보가 이뤄졌다. 현재 영적인 여정과 수행을 통해 개별적 연결의 여정을 따르는 사람들도 계속 늘어나고 있다. 그럼에도 불구하고 우리가 전반적으로 여전히 단절된 세상에 살고 있다는 데는 의심할 여지가 없다. 20세기에 정점을 찍었던 병리주의는 줄어들었지만 여전히 전 세계에는 매우 **단절된 사회**가 많이 존재한다.

2020년 『이코노미스트』가 발표한 민주주의 지수에 따르면 전 세계에서 완전한 민주주의 국가는 23개국에 불과하다. 결함이 있는 민주주의 국가가 52개국, 일정 수준의 민주주의와 권위주의가 결합된 체제 국가가 35개국, 완전한 권위주의 체제 국가가 57개국이었다.[1] 여기서 민주주의라는 용어를 연결이라는 의미로 바꾸면 전 세계에서 연결형 사회는 23개국에 불과하고, 초단절형 국가가 57개국이 있다는 뜻이 된다. 12장에서 194개국 중 여성 리더를 보유한 국가가 19개국에 불과하다고 설명한 것과 함께 주목할 만하다.

물론 민주주의만이 연결의 유일한 척도는 아니다. 전 세계적으로 인류가 전반적으로 단절된 상태로 존재하고 있음을 보여 주는 수많은 문제가 있다. 기후 비상사태와 다른 종의 대량 멸종, 전쟁과 테러, 무기의 대량 생산 및 판매, 전쟁과 빈곤으로 인한 인구의 대량 이동, 국제 정치 분쟁 등이 대표적이다. 이러한 문제들의 발생 원인은 단절이며 연결을 통해서만 해결할 수 있다. 미래의 복지, 나아가 우리의 생존을 보장하는 유일한 방법은 우리가 함께 연결을 향해 나아가는 것이다.

마지막 장에서는 심리적·사회적 관점에서 연결을 향해 나아가는 방법을 제안하려 한다.

공감의 스위치를 다시 켜라

먼저 범죄와 사이코패스의 세계로 돌아가 보도록 하자. 이 책의 전반부에서는 초단절형 인간이 자신이 선호하는 직업군인 범죄, 사업 또는 기업 세계, 정치계로 진출할 때 초래하는 엄청난 고통과 혼란에 대해 살펴봤다. 또한 초단절형 인간은 공감 능력이 부족한 탓에 잔인한 행위와 학대를 자행할 수 있다는 근본적 문제에 대해서도 살펴봤다.

물리적 측면에서 봤을 때, 우리는 질병 때문에 큰 고통이 생기면 치료법을 찾아 나선다. 그렇다면 초단절형 인간에게도 똑같은 방법을 적용해야 할 것이다. 과연 그들의 병리를 치료할 수 있을까? 더 구체적으로 말하면 그들의 부족한 공감 능력을 치유할 수 있을까?

사실 심리학자들은 사이코패스나 나르시시스트적 인격 장애와 같은 성격 장애를 치료할 수 있는지에 대해 오랫동안 논쟁을 벌여 왔다. 일반적 견해에 따르면 사이코패스나 나르시시스트적 인격 장애는 치료할 수 없다. 사이코패스나 나르시시스트가 치료에 반응하거나 사이코패스 수감자가 재활에 성공한 사례는 극히 드문 것이 사실이다. 하지만 나는 원칙적으로 초단절 상태를 치료할 수 있다고 생각한다. 연결은 인간과 현실에서 매우 근본적이기 때문에 아무리 단절된 상태라도 **다시 연결할 수 있어야 한다.** 하지만 실제로 초단절 상태의 사람들은 자신의 성격이나 행동에 문제가 있다는 사실을 좀처럼 받아들이지 않는다. 이들은 자신이 다른 사람보다 우월하고 심지어 자기에게 결점이 전혀 없다고 확신한다. 이들에게는 자신이 불완전할 수 있다는 개념 자체가 모욕적이기 때문에 치료에 동의하거나 재활에 참여하는 경우도 거의 없다.

• • •

그럼에도 초단절형 인간이 다시 연결되는 사례도 있다. 전작『보통의 깨달음』에 소개된 한 가지 놀라운 사례가 있다. 어린 시절 살인죄로 유죄 판결을 받은 에드워드 리틀Edward Little이라는 미국 남성이 있다. 리틀은 폭력을 당연하게 여기도록 조건 지어진 끔찍한 환경에서 자랐다. 그의 어머니는 폭력적이고 불안정한 여성으로, 남편을 살해한 혐의로 감옥에 갔다. 그녀의 남편이 리틀의 아버지는 아니다. 아버지와는 연락이 닿지 않았다. 리틀이 4년 동안 가정 위탁 생활을 한 후, 어머니는 출소했고, 리틀은 다시 어머니와 함께 살게 됐다. 하지만 리틀은 어머니의 여러 남자 친구와 남편 사이를 오가며 지냈고, 그중 한 명은 리틀을 신체적으로 학대했다. 리틀이 유일하게 믿을 수 있는 사람은 마약 중독자이자 범죄자인 형뿐이었고, 그는 형을 따라 범죄의 길에 들어서게 됐다. 열다섯 살 때 리틀은 공범과 함께 가게를 습격했다. 총을 휘두르고 가게 점원에게 총을 쏴 부상을 입혔다. 나중에 경찰관이 그들을 발견했을 때는 훔친 차를 타고 있었다. 경찰관이 자신의 차로 돌아가기 위해 돌아서자 리틀과 공범은 도망치기로 결심했고, 리틀은 달아나면서 경찰관을 향해 총을 쏘았다. 그 경찰관은 사망했다. 1980년, 리틀은 1급 살인 혐의로 유죄 판결을 받았지만 배심원단이 방치와 학대, 중독으로 얼룩진 그의 어린 시절에 마음이 움직인 덕분에 사형을 면했다.

형기를 마치고 8년이 지난 후 리틀은 마음을 진정시키기 위해 명상을 시작했다. 그는 명상하던 어느 날 갑자기 공감 능력이 켜진 순간을 내게 생생하게 설명했다.

제가 기억할 수 있는 한 처음으로 저는 울기 시작했어요. 마치 제 마음속에 빛이 들어와 제가 저지른 일을 이해할 수 있게 된 것 같았죠. 다른 사람에게 들키지 않으려고 한참 동안 조용히 울었어요. 제가 일으킨 고통과 가족, 저 자신에게 크나큰 슬픔을 느꼈죠. 그날부터 저는 바뀌었어요. 이해하려는 노력을 시작했고, 새로운 사람들과 함께 많은 새로운 정보가 제 삶으로 흘러들어오기 시작했답니다.[2]

리틀 같은 초단절형 인간이 공감의 스위치가 켜지는 것을 경험할 수 있다면 다른 사람들에게도 분명 희망이 있다. 초단절형 인간이 어떻게든 치료에 참여하거나 명상을 할 수 있다면 그들도 같은 변화를 겪을 수 있다.

적어도 '얕은' 단절 상태에 있는 많은 사람이 변화를 겪을 수 있으며 실제로 겪고 있다. 2장에서 설명했듯이 얕은 단절은 중독을 비롯해 무자비함과 폭력을 부추기는 박탈감과 적대적 환경의 영향 때문에 사람들이 단절될 때 일어난다. 또 다른 형태의 얕은 단절은 젊은 남성이 극단주의 사상을 받아들여 적으로 인식하는 다른 국가 또는 종교 집단에 대한 공감을 차단할 때 발생한다. 앞서 말한 선택적 단절 현상이다.

얕은 단절 상태에서는 일시적으로 사람의 공감 능력과 양심이 차단되고 표면적 무감각함에 둘러싸여 비행과 범죄를 초래할 수 있다. 2장에서 살펴본 바와 같이 회복적 정의 사법 프로그램에 참여한 어떤 범죄자는 범죄 피해자 또는 피해자의 친척을 만나면서 공감의 스위치가 켜지는 경험을 한다. 그들은 자신의 행동이 초래한 결과와 자신이 일으킨 고통을 이해하게 된다. 회복적 정의 사법 프로그램은 사법 시스템 전반에 걸쳐 훨씬 더 광범위하게 사용돼야 하며 특히 범죄자에게서 공감의 스위치가 켜는 것을 목표로 삼아야 한다.

리틀의 사례에서 알 수 있듯 명상 역시 공감의 스위치를 켜는 강력한 방법이다. 영국의 〈프리즌 피닉스 트러스트〉라는 자선 단체에서는 80개 이상의 교도소에 걸쳐 요가와 명상 세션을 운영하는 동시에 수감자의 정신적 발달을 위해 전반적 지원을 제공하고 있다. 이 단체에서 발행하는 소식지에는 많은 수감자가 명상과 요가를 통해 변화된 모습을 설명하는 글이 실려 있다. 예를 들어 한 수감자는 예전 같으면 아무 생각 없이 나방을 죽였겠지만 이제는 감방 창문에서 사흘 동안 나방을 풀어 주려고 애썼다고 말했다. 또 다른 수감자는 다른 수감자의 주머니에서 시계가 떨어졌을 때 어떻게 반응했는지 설명했다. 그는 예전 같으면 얼마든지 시계를 자기의 주머니에 넣었겠지만 이제는 자신이 "이봐, 시계를 떨어뜨렸잖아."라고 외친다고 한다. 전반적으로 수감자들은 자신의 행동과 태도에 변화가 생겼다고 보고했다. 자기를 덜 생각하고 더 관용적으로 변했으며 공감 능력이 향상되고 정서적으로 민감해졌다는 것이다. 한 사람은 "예전의 자아가 아니라, 친절하고 자비로우며 사람들을 배려하는 더 깊은 제가 있더라고요."라고[3] 설명했다.

이 보고서들은 지난 장에서 내가 주장한 내용을 강조한다. 명상은 관계를 형성하는 데 매우 효과적인 방법이다. 이런 관점에서 볼 때 명상 수업은 교도소 시스템과 학교 교과 과정에 기본 지침으로 포함돼야 한다. 가능한 한 사회 전반에 걸쳐 명상을 장려하고 확대해야 한다. 12장에서 살펴본 대로 조아킹 시사누가 장관과 군인 및 경찰 신병들에게 명상을 장려한 것이 공감 혁명을 성공시킬 수 있는 핵심이었다.

초단절형 인간의 권력을 경계하는 법

모든 초단절형 인간이 치료되길 바라는 것은 비현실적인 일이다. 그러므로 우리는 그들로부터 스스로를 보호하는 방법, 특히 초단절형 인간이 권력에 접근할 기회를 제한해 그들의 영향력을 최소화하는 방법도 고려해야 한다. 나아가 높은 권력의 자리가 그들에게는 덜 매력적이고, 연결된 사람들에게 더 접근하기 쉽고 매력적으로 보이도록 해야 한다. 우리에게는 사이코패스적이고 나르시시스트적인 리더는 더 적게, 이타적이고 윤리적인 리더가 더 많이 필요하다.

이 책의 전반부에서 우리는 초단절형 인간이 높은 권력의 자리에 강하게 끌리며 쉽게 도달할 수 있다고 생각한다는 것을 알게 됐다. 병리주의 개념의 창시자인 로바체브스키가 지적했듯이 병리주의는 우리가 권력에 끌리는 병리적 소수자로부터 자신을 보호하기 위한 충분한 조치를 취하지 않을 때만 등장한다. 민주주의의 목표는 권위주의적 리더의 억압과 남용으로부터 다수의 국민을 보호하는 것이다. 7장에서 언급했듯이 초단절형 리더가 민주주의를 싫어하는 이유가 바로 여기에 있다. 민주주의는 이들의 권력을 제한하고 완전한 지배를 향한 야망을 방해하며 이들을 향한 비판의 창구를 열어 둔다. 그래서 초단절형 리더는 민주주의를 약화하기 위한 온갖 수단을 총동원한다.

그러나 현재 미국이나 영국과 같이 세계에서 가장 민주적인 국가조차도 초단절형 인간이 고위 정치직에 오르는 것을 막지 못하고 있다. 민주주의 시스템에서 독재자의 권력을 제한하는 견제와 균형을 제공하긴 하지만, 초단절형 인간이 애초에 권력을 획득하는 것을 막는 역할은 거의 하지 못한다는 점이 문제다. 대부분의 현대 민주주의는 대의제 또는 선거제를 채택하고 있다. 일반 국민은 정부에 직접 참여하기보다 자신을 대신해 국가를 통치할 대표, 즉 국회의원과 상원의원, 하원의원 등을 선출한다. 대표자가 이타적이고 책임감 있는 사람이라면 대의 민주주의가 효과적으로 작동할 것이다. 하지만 현재의 시스템에서는 대표로 나서는 사람에 대한 점검 장치가 없다. 결국 우리의 정치계는 초단절형 인간으로 넘쳐 나고 만다. 민주주의의 목적이 독재자로부터 우리를 보호하는 것이라면 현대 민주주의는 실패하고 있는 셈이다.

● ● ●

수렵 채집 집단은 현대 민주주의에는 잘 알려지지 않은 단순한 진리를 예리하게 인식하고 있었다. 권력을 향한 욕망이 강한 사람은 권력을 잡기에 가장 적합하지 않다는 사실이다. 10장에서 다룬 바와 같이 수렵 채집 사회에서는 집단의 평등과 조화를 유지하기 위해 단절된 사람이 권력을 장악하는 것을 막기 위한 조치를 취한다. 지배적인 사람은 리더로 고려되지 않는다. 이들이 자신의 지배력을 주장하려 하면 집단 전체가 그에 대항하는 행동을 취한다. 집단 전체가 지배적인 사람에게 대항하고, 그 사람을 배척하거나 버린다.

우리는 수렵 채집 집단의 모범을 따라야 한다. 초단절형 인간이 높은 권력자의 위치에 오르지 못하게 해야 한다. 그러기 위해서는 심리학자 및 기타 정신 건강 전문가의 전문성이 반드시 필요하다. 모든 정부나 조직에서 심리학자를 고용해 후보자의 성격과 행동을 평가하고, 그 결과에 비춰 후보자가 리더에 적합한지 판단해야 한다. 가장 간단한 수준에서 볼 때 리더가 될 사람은 공감 능력을 평가받아야 한다. 공감 능력이 부족하다고 판명된 사람은 권력을 행사할 수 없도록 해야 한다.

기업 내 사이코패시 문제에 대한 인식이 높아지면서 몇몇 심리학자는 클라이브 보디의 표현을 빌려 다음과 같이 주장한다. "조직의 성공과 사이코패시는 상반되기 때문에 리더 후보자가 사이코패스인지 아닌지 검열해야 한다."[4] 그렇다면 정치인 후보자에게도 같은 조치를 취해야 하지 않겠는가? 보디의 표현을 따라 말하자면 사회적 성공과 사이코패시는 상반되기 때문에 정치 후보자가 사이코패스인지 아닌지 검열해야 한다.

심리학자가 사이코패스와 나르시시스트적 인격 장애를 비롯해 더 광범위한 성격 특성을 테스트하는 데 사용하는 여러 가지 평가 도구가 있다. 그러나 초연결형 인간은 교묘하고 정직하지 않기 때문에 그들의 자가 보고 목록을 신뢰할 수 없을 것이다. 하지만 다른 유형의 평가도 많이 있다. 예를 들어 자가 보고가 부적합한 경우 심리학자는 상사나 동료 같은 주변 사람이 그 사람의 성격을 평가하게 하는 '관찰자 평가observer ratings'(주위 사람들이 특정 개인에 대해 평가한 자료—옮긴이)를 사용한다. 또한 그 사람의 인생사를 조사해 공감과 연민 또는 그 반대의 증거를 찾을 수도 있다. 과거 지인과 예전 학교 교사 또는 대학교 강사 등을 인터뷰할 수도 있다. 사이코패스 특성을 보이는 대부분의 사람은 어린 시절부터 잔인함과 무감각함의 징후를 보이기 때문에 정치 후보자의 어린 시절 교사와 친구, 또는 친척을 인터뷰하는 방법도 있다.[5]

정치적 역할을 맡기를 꺼리는 심리학자가 있을 수도 있지만 이미 선례가 있다. 제2차 세계대전 이후 심리학자들은 독일인을 탈나치화하기 위한 노력의 일환으로 정기적으로 평가를 실시했다. 전쟁이 끝난 후에도 독일에는 여전히 나치가 아주 많았기 때문에 대부분의 평가는 부득이하게 초보적인 수준에 머물렀다. 하지만 루돌프 헤스Rudolf Hess 같은 고위급 나치에 대한 엄격한 평가도 있었다.[6] 광범위한 파시스트 운동이 재발하지 않도록 막기 위해 히틀러와 나치의 대중심리를 이해하려는 시도도 있었다. 어떤 심리학자는 나치즘에 반대하는 독일인을 연구해 사람들이 왜 파시즘 사상과 권위주의적 리더

에 저항하는지 이해하려 노력하기도 했다.[7]

　이러한 조치로 심리학자에게 너무 많은 권한이 부여돼 그들이 사실상 킹메이커가 되고 스스로 부패와 나르시시즘에 취약해질 수 있다는 비판이 나올 수도 있다. 최악의 시나리오에서는 평가자 역할이 초단절형 인간에게 매력적으로 느껴져 또 다른 형태의 병리주의가 나타날 수 있다. 그러나 이런 우려를 막기 위한 조치는 얼마든지 취할 수 있다. 예를 들어 고대 아테네의 민주주의 원칙에 따라 이사회에서 의사 결정을 내리고, 평가자의 역할을 맡는 심리학자를 추첨 분배로 선발해 제한된 기간에만 근무하게 할 수 있다.

　불완전하더라도 어떤 조치가 필요하다는 사실만큼은 분명하다. 대의 민주주의는 후보자를 신중하게 검열해 초단절형 인간을 배제해야만 작동할 수 있다. 초단절형 인간이 권력의 자리에 오르는 것을 막을 규제가 전혀 없는 현재 상황보다 더 나쁜 상황은 없다. 소수의 무질서한 고위 관리자의 행동으로 기업이 무릎을 꿇는 것과 마찬가지로, 소수의 무질서한 정치인의 행동으로 인해 사회 전체, 나아가 전 세계가 심각한 피해를 입고 있다. 그리고 그 누구보다 심리학자와 다른 정신 전문가들은 도움을 주어야 할 도덕적 의무가 있다.

완전히 새로운 민주주의를 고민한다

또 다른 가능성으로 대의 민주주의를 개선하는 대신, 다른 민주적

절차 또는 완전히 다른 민주주의 시스템을 채택할 수도 있다. 여기에서도 단순한 수렵 채집 집단으로부터 많은 지침을 얻을 수 있다. 당시에도 대부분의 집단에 어떤 형태로든 리더가 있었지만, 대부분의 결정이 합의에 따라 이뤄졌기 때문에 리더의 권한이 대체로 제한적이었다. 사람들은 스스로 리더로 자원하는 대신 지혜와 경험, 또는 특정 상황에 적합한 능력과 지혜를 바탕으로 나머지 구성원이 리더를 뽑았다. 리더는 나머지 구성원이 불만을 품으면 쉽게 해임될 수 있었다. 어떤 사회에서는 리더의 역할이 고정돼 있지 않고 상황에 따라 교체되기도 했다. 인류학자 마거릿 파워Margaret Power는 전반적인 단순 식량 채집 집단에 대해 다음과 같이 설명했다. "리더의 역할은 집단에서 자발적으로 분배하고, 특정 상황에서는 일부 구성원에게 부여하며 (…) 필요에 따라 한 리더가 다른 리더를 대체한다."[8]

이와는 대조적으로 현대 민주주의에서 권력은 할당의 대상이 아니라 '추구'의 대상이 된다. 누구나 국회의원이나 상원의원, 하원의원이 되겠다고 나설 수 있다. 초단절형 인간은 권력에 끌리고 또 권력을 쉽게 차지할 수 있기 때문에 심리적으로 정상적인 사람들보다 스스로 대표자로 나설 가능성이 훨씬 더 높다. 그리고 일단 대표가 되면 정당이나 정부의 위계질서를 따라 빠르게 상승해 지배적 인물이 될 가능성이 높다. 앞서 언급했듯이 대부분의 연결형 인간은 권력에 딱히 관심이 없다. 따라서 그 자리는 단절형 인간이 기꺼이 차지할 공석으로 남는다

그렇다면 우리는 리더 역할을 자원하는 사람에게 맡기는 대신

수렵 채집 집단을 본받아 '할당'하는 방식을 택해야 할지도 모른다. 누구도 직접 대표나 총리, 대통령으로 나설 수 없어야 한다. 무작위로 선정한 시민 의회에서 현명하고 노련하며 이타적인 인물을 지역 대표로 지명해야 할 것이다. 이들이 딱히 권력자의 자리를 원하지 않을 수도 있지만, 대표 역할은 배심원의 의무처럼 일정 기간 반드시 수행해야 하는 공적 의무로 간주해야 한다.

또 다른 초기 민주주의 형태에서 배울 수도 있다. 바로 고대 아테네다. 물론 아테네의 민주주의 개념에는 여성이나 노예가 포함되지 않았기 때문에 매우 제한적이었다. 앞에서 이미 언급했듯이 고대 그리스는 여러 면에서 매우 단절된 사회였다. 하지만 아테네인은 오늘날의 영국이나 미국보다 더 진정한 민주주의를 실현케 한 세련된 정치 시스템을 발전시켰다. 역사학자 폴 카트리지Paul Cartledge가 그의 저서 『민주주의Democracy』에서 지적했듯이 현대의 민주주의 개념은 원래 그리스 개념이 변형된 형태로서, 그리스 민주주의와는 공통점이 거의 없다. 현대 민주주의는 대의제 민주주의에 불과하지만, 고대 그리스인은 직접 민주주의를 실천했다. 말 그대로 인민의 힘을 실현했다.

수렵 채집 집단과 마찬가지로 고대 아테네인은 부패하고 무감각한 사람이 권력을 차지하면 얼마나 위험한지를 잘 알고 있었다. 아테네의 표준적 정치 관료 선출 방식은 제비뽑기, 즉 무작위 추첨이었다. 이 방식을 통해 평범한 사람이 정부를 대표했으며 부패와 뇌물 수수로부터 보호받을 수 있었다. 아테네인은 무능한 사람에게 책임을 맡길 위험이 있다는 사실을 알고 있었지만, 집단 또는 이사회에서 최종 결정을 내리게 함으로써 이 위험을 완화했다. 집단의 여러 구성원이 서로 다른 영역에 대한 책임을 지고 서로의 행동을 견제하는 역할을 했다.

아테네의 민주주의는 다른 점에서도 직접적이었다. 전쟁 참전 여부, 군 리더 선출, 치안판사 지명 등 정치적 결정은 수천 명의 시민이 모이는 대규모 집회에서 이뤄졌다. 법안을 통과시키려면 최소한 6천 명의 시민이 참여해야 했다. 시민은 보통 돌이나 깨진 도자기 조각을 든 채로 자신의 손을 보여 주는 방식으로 투표했으며 단순 다수결로 결정이 이뤄졌다. 고대 아테네인에게도 수렵 채집 집단과 유사한 도편추방제라는 제도가 있었다. 도편추방제는 매년 민주주의를 위협하는 파괴적인 사람을 추방 후보로 지명하는 방식으로 이뤄졌다. 충분한 수의 시민이 후보를 추방하는 데 찬성하면 그 사람은 10년 동안 도시에서 추방됐다. '추방ostracise'이라는 영어 단어의 어원은 여기서 유래했다.

• • •

거듭 말하건대, 우리는 고대 민주주의 원칙 중 일부를 본받아야 한다. 배심원제도는 현대 민주주의 국가에서 여전히 사용되고 있다. 특히 배심원의 의무에서 더욱 두드러지지만 훨씬 더 널리 확산돼야 한다. 실제로 최근 몇 년 동안 많은 정치 사상가가 정부에서 추첨제를 부활시킬 것을 권고한 바 있다. 2014년, 러트거스 대학교의 철학 교수인 알렉산더 게레로Alexander Guerrero는 대의 민주주의의 대안으로 자신이 '추첨주의lottocracy'라고 부른 방식을 옹호하는 영향력 있는 논문을 발표했다. 이 시스템에서 정부는 농업이나 의료 같은 특정 사안에 초점을 맞춘 의회인 단일 사안 입법부에 의해 운영된다. 입법부 구성원은 제비뽑기로 선출되며, 관련 전문가의 자문을 거친 후에 결정을 내린다. 다른 정치 철학자 헬렌 랜드모어Helene Landemore 역시 이와 유사한 모델을 옹호했다. 이 모델에서는 무작위로 선정된 150명에서 1천 명 사이의 시민으로 구성된 의회가 정치적 결정을 내린다. 랜드모어의 열린 민주주의 모델에는 국민투표와 수많은 사람이 인터넷 포럼에서 정책을 토론하고 그 피드백을 입법자가 평가하는 크라우드 소스 피드백 루프 방식도 포함된다. 이와 유사하게 정치 철학자 존 번하임John Burnheim은 정치 시스템에 '디마키demarchy'라는 용어를 사용했다. 무작위로 선정된 소수의 시민 배심원단이 공공 정책을 논의하고 결정하는 것을 가리킨다.

이 모든 조치는 초단절형 인간이 권력을 차지할 가능성을 줄이는 데 있어 매우 반가운 일이다. 이러한 조치를 통해 초단절형 인간이 리더 자리에 '매력을 덜 느낄 것'이라는 점이 중요하다. 직접 민주주의란 개인의 권력이 줄어들고 개인의 권한에 대한 견제와 제한이 강화된다는 것을 의미한다. 정부와 조직은 권력보다는 협력을 기반으로 삼아 덜 위계적이고 더 협력적인 관계를 맺을 것이다. 초단절형 인간이 지배 욕구를 충족하고 악의를 표출할 기회가 훨씬 줄어든다.

가장 큰 힘은 오직 '연결된 다수'다

이러한 정치적·사회적 조치보다 더 중요한 것은 아마도 개개인이 연결되기 위해 취할 수 있는 **모든 방식**일 것이다.

우리는 영적 연결의 여정을 따르고 이기심을 넘어 이타심을 향해 나아가는 자기계발의 여행을 하면서 이를 실천할 수 있다. 어떤 사람에게는 불교나 수피즘 같은 특정한 영적 여정을 따르는 것을 의미할 수도 있다. 다른 사람에게는 다양한 전통의 요소로 구성된 절충주의적인 개인의 여정을 구축하는 것을 의미하기도 한다. 다른 사람에게는 단순히 정기적으로 명상을 하거나 봉사의 삶을 실천하는 것이 될 수도 있다. 우리가 어떤 유형의 여정을 선택하는지는 그리 중요하지 않다. 하지만 어떤 여정이 다른 여정보다 우리의 성격과 발달 요구에 더 잘 맞을 수는 있다. 모든 여정은 같은 방향, 즉 **연결을 향해 나아간다.**

앞서 주장했듯 개인적 연결과 사회적 연결 사이에는 서로 얽히고설키며 상호 강화하는 관계가 있다. 우리가 개인으로서 연결을 향해 나아갈수록 사회도 연결을 향해 더 많이 뻗어 나간다. 그리고 사회가 더 많이 연결될수록 개인도 더 쉽게 연결을 향해 나아갈 수 있다. 점점 더 큰 연결로 나아가는 순환의 과정이 시작된다. 결국 우리는 다른 사람과 다른 생명체, 자연계를 향한 **공감적 연결**이 인간의 정상적인 상태인 임계점에 도달할 수 있다.

이 시점에서 인류 사회는 근본적으로 새로운 형태의 정부로 전환할 것이다. 수 세기에 걸친 억압적인 군주제와 잔인한 전제정치, 제 기능을 못하는 민주주의를 거쳐 마침내 우리는 '**공감주의** Empathocracy'의 형태에서 살게 될 것이다. 공감주의는 초연결형 사회에서 자연스럽게 발생하는 정부 형태다. 공감주의는 깨어 있음이 사이코패스의 반대인 것처럼 병리주의와 반대되는 개념이다. 공감주의에서 정부는 공감적이고 이타적인 사람들로 구성되며, 이들은 공동선을 위해 이타적으로 통치한다. 권력과 악의적인 성격 사이의 연결고리가 사라진다. 더 이상 부패한 사람들이 권력을 추구하지 않으며, 더 이상 권력을 획득한 후에 부패하지도 않는다. 권력은 그저 조직을 구성하고 관리하며 조화를 이루고 유지하는 것을 돕기 위해 사용될 뿐이다.

유일한 문제는 우리가 집단적 연결 상태에 도달할 만한 충분한 시간이 남아 있느냐 하는 점이다. 수천 년에 걸친 단절 상태가 치명적 결론으로 치닫고 있기 때문이다. 지금 우리가 직면하고 있는 위기는 우리를 환경, 각 개인, 심지어 우리 몸과도 단절시킨 **병적인 자아분리**의 논리적 정점이다. 지난 수천 년 동안 인류는 **단절의 질병**이라는 생명을 위협하는 집단적 질병에 시달려 왔다. 우리는 지금 심각한 상황에 처해 있다. 하지만 우리 몸과 마찬가지로 인류에게도 집단적인 자가 치유 능력이 있으며, 그 능력이 발휘되기 시작했다. 우리가 살아남을지의 여부는 치유 과정으로 제때에 질병을 극복할 수 있느냐에 달려 있다.

개인으로서의 우리 모두 잠재적으로 치유 과정에 속하며, 우리 모두 치유에 기여할 책임이 있다. 연결의 여정을 따라 우리 자신을 치유하고, 집단적 연결 과정에 기여해 인류라는 종으로서의 미래 복지와 지구 자체의 복지를 보장하는 데 도움을 줄 책임이 있다. 연결된다고 해서 우리의 개성과 정체성을 잃게 되는 것은 아니다. 연결과 개성은 상호 배타적이지 않다. 세상과의 분리감을 겪지 않으면서도 나 자신이 될 수 있다. 사실 이것이 바로 이상적 인간의 상태다. 개인의 정체성을 간직하는 동시에 세상 전체, 그리고 다른 모든 개별적 형태와 본질적 일체감을 형성하는 것이다. 이런 상태에서 자아는 자신의 형태를 잃지 않은 채로 다른 존재 및 세계와 유동적인 역동적 관계를 맺으며 경계 없이 존재한다. 이 관계를 파도와 바다에 비유해볼 수 있다. 파도에는 저마다의 형태가 있지만 바다 전체의 일부이기도 하다. 바다 전체와 하나를 이룬다. 파도가 스스로를 분리돼 있고 독립적 존재로 인식하고 바다와 하나라는 인식을 잃을 때 문제가 생긴다.

연결 속에서 우리는 정체성을 잃는 것이 아니라 '진정한' 정체성을 얻게 된다. 우리는 결코 거짓된 분리감속에서 단절된 자아로 살아갈 운명이 아니다. 단절된 정체성이 불편하게 느껴지고 불안을 일으키는 것은 그 정체성이 거짓이기 때문이다. 잘못된 것이기 때문에 옳다고 느끼지 않는 것이다. 반대로 연결은 우리의 진정한 본성이기 때문에 가슴 깊이 옳다고 느껴진다.

연결은 우리가 개발하는 특성이 아니라 **발견하는 특성**이다. 이미 설명했듯이 연결은 우리가 선천적으로 타고난 특성이기 때문에 선함 역시 인간이 타고난 특성이다. 몇몇 인간이 끔찍하게 잔인한 모습을 보였음에도 불구하고, 악은 인간 본연의 특성이 아니라 부자연스러운 단절 상태에서 발생하는 일탈일 뿐이다. 모든 존재는 하나의 근본적인 근원에서 비롯됐기 때문에 **우리는 항상 서로 연결돼 있다.**

사랑과 공감, 이타주의는 샘에서 흘러나오는 신선한 물처럼 우리의 근본적인 하나됨을 순수하고 온전하게 표현하는 방식이다. 우리가 가장 고립되고 분열돼 있을 때조차 **우리는 항상 하나다.** 항상 우리가 알고 있던 것만 기억하면 된다. 언제나 살아온 방식 그대로의 존재가 되기만 하면 된다.

감사의 글

이 책은 내가 『사이콜로지 투데이Psychology Today』와 『더 컨버세이션 The Conversation』에 게재한 블로그 글에서 시작했으며, 수년에 걸쳐 유기적으로 성장했다. 심리치료사 엘리자베스 미카Elizabeth Mika가 내 글의 일부를 읽고 병리주의 개념을 비롯한 안제이 로바체브스키의 연구를 추천하면서 이 책은 실질적인 형태를 갖추기 시작했다. 미카와 두 잡지사의 편집자들에게도 감사의 마음을 전한다. 이 책에 영감을 주고 토대가 된 나의 에세이 「유토피아 사회를 향하여Towards a Utopian Society」를 포함해 『인본주의 심리학 저널Journal of Humanistic Psychology』 특별호를 편집한 에드워드 호프먼Edward Hoffman에게도 감사를 표한다. 마지막으로 연결의 연속체를 멋있게 디자인한 아들 휴 테일러Hugh Taylor에게 감사한다.

미주

들어가며 간디는 왜 히틀러를 막을 수 없었을까

1. Gandhi, 2021a.
2. Gandhi, 2021b.
3. Iwamoto et al., 2020.
4. Wlodarczyk et al., 2016.
5. Brañas-Garza et al., 2018.
6. Sanz-García et al., 2021.
7. Williams, 2015, pp.76–77.

1장 이해하기 힘든 상식 밖의 리더

1. Paulus & Williams, 2002.
2. Baron-Cohen & Wheelwright, 2004.
3. Hare, 1993.
4. 사이먼 배런 코언Simon Baron-Cohen(2003)은 그의 저서 『악의 과학The Science of Evil』에서 공감 능력 부족과 잔인성을 비슷한 맥락에서 설명한다. 그는 뇌에 '공감 회로'가 존재하는데, 이 회로가 오작동을 일으켜 공감 능력이 결여될 수 있다고 주장한다. 그는 또한 '악'이라는 용어를 '공감 침식'으로 대체해야 한다고 제안한다. 논란의 여지가 있지만(내가 보기에는 틀렸다), 배런 코언은 자폐증이 공감 부족과 관련이 있다고 생각하기 때문에 자폐증을 '공감 회로'의 오작동과 연관 짓기도 한다.
5. Preston, 2021, p.132.
6. 상동
7. Tiihonen et al., 2020, p.1.
8. Bowlby, 1969.
9. 나는 열광적 음악팬이었으며 가장 좋아하는 앨범 중 하나는 바로 핑크 플로이드Pink Floyd의 「더 월The Wall」이다. 이 앨범은 핑크 플로이드의 메인 작곡가인 로저 워터스Roger Waters가 자신의 경험을 아주 은근하게 묘사한 앨범이다. 한 사람이 트라우마에 대응해 자신을 둘러싼 갑옷(이 경우에는 벽)을 쌓아 올리며 세상과 단절하는 모습을 묘사한다. 주인공인 핑크는 어린 시절 트라우마에 시달렸다. 제2차 세계대전에서 아버지가 세상을 떠나고, 학교에서 선생님들 때문에 공포에 사로잡히곤 했다. 그래서 그는 차곡차곡 자신을 둘러싼 벽을 쌓아 올리기 시작한다. 벽은 그를 세상으로부터 보호하지만 동시에 고립시키기도 한다. 유명한 록스타가 됐음에도 괴롭고 우울하기만 하다. 그는 아무것도 느끼지 못하고 (앨범에서 가장 유명한 노래의 제목처럼) '조용히 무감각해진' 상태가 된다. 폭력적이고 학대적 태도를 보이며 자살을 고민한다. 결국 그는 세상과 단절된 채 미쳐 버리고, 자신이 파시스트 독재자라는 환상에 빠져 버린다. 앨범은 벽이 허물어지면서 핑크가 다시 세상에 노출되고 현실을 직시하게 되는 것으

로 끝을 맺는다. 이 앨범에서는 많은 사람들이 어린 시절의 정서적 박탈감과 트라우마에 대응하면서 겪는 방어기제 과정을 훌륭하게 묘사하고 있다. 핑크가 파시스트 독재자가 되는 환상을 품는다는 사실은 4장에서 8장까지의 주제 중 하나인 단절과 권위주의적 리더 사이의 연관성을 강조하기도 한다.

10. Vronsky, 2018.
11. Dawkins, 1976, p.66.

2장 선 넘는 선택과 행동을 하는 이유

1. Kiehl & Hoffman, 2011.
2. Saladino et al., 2021; Warren et al., 2002.
3. "Statistics on Women and the Criminal Justice System", 2019.
4. Elliott & Bailey, 2014; "Global study on homicide", 2022.
5. Smithyman, 1979.
6. Thornhill & Palmer, 2001.
7. Marono et al., 2020.
8. Silke, 2003; Victoroff, 2005.

3장 기업 리더들은 착하지 않다

1. Wilson & McCarthy, 2011; Hassall et al., 2015.
2. Croom, 2021.
3. Boddy, 2011.
4. Preston, 2012, p.97.
5. Martin, 2014, p.131.
6. Haslam et al., 2011.
7. 정치와 관련해 영국의 전직 정치인이자 의사인 데이비드 오웬David Owen은 이와 비슷한 '오만 증후군'을 발견했다. 오웬은 많은 지도자가 어둠의 3요소 특성으로 인해 권력에 이끌린다고 생각한다. 그는 이들이 권력을 획득한 후 가장 심각한 피해가 발생한다고 봤다. 중독성이 강한 권력의 전율과 미디어의 끊임없는 관심, 역할에 대한 스트레스와 압박감 탓에 이들의 어둠의 3요소 특성은 빠르게 강화된다. 오웬은 오만 증후군에 영향을 받는 영국과 미국의 리더를 언급한다. 예를 들면 토니 블레어와 빌 클린턴, 최근에는 리처드 닉슨과 린든 존슨 같은 인물이 있다. 그리고 분명 오만 증후군은 근대 이전의 많은 정치가에게도 적용될 수 있다.

4장 문제적 소수가 권력을 잡았을 때

1. Lobaczewski, 2022, p.187.
2. Montefiore, 2003.
3. Domitian, 2021.
4. Herodian, 2021.
5. Hibbert, 1966, p.44.

5장 역사 속 단절된 리더들을 들춰 보다

1. Hobsbawm, 1994.
2. Leitenberg, 2006.
3. Travis, 2013.

6장 지금 우리가 만나고 있는 초단절형 리더

1. 미국에서는 정신건강 전문가가 공인을 진단해서는 안 된다는 관습이 있기 때문에 논란의 여지가 있었다. 1964년 『팩트Fact』에서 수천 명의 정신과 의사에게 당시 대통령 후보였던 상원의원 배리 골드워터Berry Goldwater에 관련된 설문지를 보낸 이후 금기시됐다. 골드워터는 정신적으로 공직에 부적합하다는 의견이 지배적이었고, 이는 민주당 후보 린든 존슨이 압승을 거두는 데 도움이 됐을지도 모른다. 선거가 끝난 후 골드워터는 해당 잡지사를 고소했다. 그 이후로 미국 정신의학협회에서는 정신과 의사가 직접 진찰하지 않은 공인에 대해 전문적 의견을 표명하는 것은 비윤리적이라는 '골드워터 룰'을 옹호해 왔다. 그러나 트럼프의 경우, 많은 의료 전문가가 정신과 의사이자 심리학자로서 자신의 전문 지식으로 다른 사람들에게 경고할 도덕적 의무와 도덕적 권리가 있다고 믿으며 공인을 진단해선 안 된다는 관습을 무시하는 것이 정당하다고 여겼다. 이들은 또한 골드워터 룰이 '탁상공론식 정신의학'에 맞서는 데 중요한 안전장치이기는 하지만 모든 경우에 적용되지는 않을 수 있다고 지적했다. 골드워터 룰은 정신과 의사가 적절한 평가 없이 정보에 근거하지 않은 방식으로 자신의 의견을 표명하는 것을 방지하기 위해 고안된 장치다. 그러나 트럼프의 경우, 그의 전기와 자기 자신의 진술, 가까운 사람들과 관찰 가능한 행동 등 임상 환경에서 수집할 수 있는 증거보다 훨씬 더 많은 증거가 있었다.
2. Trump, 2020, pp.12–13.
3. 같은 책, pp.23–24.
4. Bures, 2003; Morris et al., 2003.
5. Gillath&Keefer, 2016.
6. 물론 초단절형 리더도 종종 이타적이라고 주장하기도 한다. 히틀러나 스탈린 같은 이들은 국민을 돌보는 자비로운 아버지의 이미지를 투사하기를 좋아한다. 하지만 이는 단순한 선전에 불과하다. 개인 그리고 국가 전체를 상대로 하는 이들의 관계는 순전히 거래 관계일 뿐이다. 다음 장에서 설명하겠지만 병리주의자들은 자신의 권력과 명성을 강화하거나 그들이 갈망하는 찬사를 얻기 위한 수단으로서의 국가에 관심이 있을 뿐이다.

7장 그들은 왜 다수의 고통에 무감각한가

1. Khan, 2021.
2. Fromm, 1964/2021, p.23.
3. Gooch, 2020.
4. Fromm, 같은 책.
5. Doder and Branson, 1999, p.272.
6. 같은 책., p. 253.
7. LeBor, 2003, p.184.
8. Dutton, 2013.

9. 동시에 니체의 사상 중 일부에는 반유대주의에 대한 그의 비난과 같이 나치 철학과 전혀 맞지 않는 것도 있었다.

8장 모두를 위한 신념이라는 거짓말

1. Cohen, 1992, p.128.
2. Benjamin, 2022.
3. Wilber, 2022.

9장 초단절형 리더를 따르는 사람들

1. Wilber, 1997.
2. Clark, 1993.
3. Zablocki, 1998, p.232.
4. Galanter, 1993.

10장 단절된 사회, 단절된 사람들

1. 문화사학자 리안 아이슬러Riane Eisler(1987)는 '협력자'와 '지배자' 사회라는 비슷한 개념을 사용했다. 자신이 쓴 고전 『성배와 칼』에서 아이슬러는 '지배자' 사회가 등장해 표준 사회 모델이 된 약 5,000년 전까지는 유럽 전역에서 '협력자' 사회가 일반적이었다고 주장한다.
2. Galtung, 1969.
3. Lee, 1979.
4. Haas&Piscitelli, 2013.
5. Slingenbergh, 2013.
6. Haas&Piscitelli, 2013.
7. Ferguson, 2013.
8. Haas&Piscitelli, 2013, p.176.
9. Burch&Ellanna, 1994, p.61.
10. Fry and Soderberg, 2012.
11. Ferguson, 2013, p.79.
12. Woodburn, 1982, p.437.
13. Knauft, 1991.
14. Ingold et al., 1998.
15. Bird&Bird, 2008.
16. Boehm, 2001, p.64.
17. 같은 책, p.69.
18. Ferguson, 2013.
19. Boehm, 2001, p.38.
20. Kramer, 1969, p.16.
21. Hawkes, 1973, p.xxv.
22. Conway Morris, 2006, p.327.

23. McLuhan, 1971, p.36.
24. 같은 책, p.61.

11장 인간 본성의 법칙을 들여다보다

1. Batson & Shaw, 1991, p.14.

2. Haidt, 2002, p.864.

3. Taylor, 2020. (범정신주의에 대한 자세한 사항을 참고할 수 있다.)

12장 초연결형 리더들을 찾아서

1. Williams, 2015.

2. Karami et al., 2019.

3. 심리학자 에이브러햄 매슬로도 '자아실현을 이룬' 사람의 특징으로 전반적인 친밀감을 꼽았다. 매슬로는 보다 기본적인 생리적·정서적 욕구가 충족된 후 인간 발달의 목표를 자아실현으로 본다. 자아실현을 이룬 사람은 공감하고 감사하는 능력이 뛰어나고, 평화와 고독에 대한 욕구가 보통 사람보다 크며, 개인적 야망을 넘어서 의무감이나 사명감을 품는다는 특징이 있다. 또한 매슬로의 말을 빌리자면 이들에게는 "깊은 동일시의 능력과 동정심, 애정이 있다. (…) 자아실현형 인간에게는 인류를 돕고자 하는 진정한 열망이 있다. 마치 인류 모두 한 가족의 구성원인 것과 같다."(Maslow, 1954, p.217) 내가 보기에 자아실현 상태는 초연결 상태와 본질적으로 동일하다. 간디와 링컨과 같이 내가 초연결형 인간의 예로 든 사람 중 일부는 매슬로가 자아실현형 인간의 예로 언급한 사람들이기도 하다.

4. Maslow, 1965.

5. Greenleaf, 1977.

6. Brown et al., 2005.

7. "How Peace Was Brought To War-Torn Mozambique in the 1990s", 2022.

8. "Selected Quotations by Abraham Lincoln", 2022.

9. Tutu, 2022.

10. Garikipati & Kambhampati, 2020.

11. Wade&Tavris, 1994, p.124.

12. Service, 1978.

13. Malinowski, 1932.

14. Falola, 2000.

13장 공감과 이타성을 깨우는 법

1. "Metta Sutta", 2022.

2. Taylor, 2021a, p.140.

3. Taylor&Egeto-Szabo, 2017.

4. Wordsworth, 1994, p. 648.

5. Johnson, 1959, pp.83-84.

6. Merton, 1966, p.140.

7. Williams, 2015, pp.76—77.
8. Taylor&Egeto—Szabo, 2017, p.61.
9. 같은 책, p.54.
10. Taylor, 2018b, pp.45—46.
11. Taylor, 2017a, p.192.
12. Taylor, 2021a, p.94.
13. 같은 책, p.115.
14. 같은 책, p.147.
15. 같은 책, p.000.
16. 같은 책, p.115.
17. Taylor, 2017, p.207.
18. Taylor, 2021a, p.29.
19. 같은 책, p.95.
20. The Upanishads, 1988, p.86.

14장 단절된 리더를 이기는 것은 깨어 있는 우리다

1. "Democracy Index 2020", 2021.
2. Taylor, 2021a, p.80.
3. 모든 인용은 〈프리즌 피닉스 트러스트〉 뉴스레터에서 발췌했으며, www.theppt.org.uk/about—us/newsletters에서 확인할 수 있다.
4. Boddy, 2017, p.156.
5. Salekin, 2006; Frick, 2009; Glenn, 2019.
6. Pick, 2013.
7. Levy, 1947.
8. Power, 1994, p.61.

옮긴이 **신예용**

숙명여자대학교에서 영문학을 전공하고 동대학원에서 문학을 공부했으며, 방송사에서 구성작가로 일했다. 현재 번역에이전시 엔터스코리아에서 출판기획자 및 전문번역가로 활동하고 있다. 옮긴 책으로는 『시지프 신화』, 『여백으로부터 글쓰기』, 『겸손의 힘』, 『성과로 말하는 사람들』, 『성공을 설계하는 리더들』, 『성장을 이끄는 팀장들』 등이 있다.

Nous 12

불통, 독단, 야망

1판 1쇄 인쇄 2025년 2월 5일
1판 1쇄 발행 2025년 2월 19일

지은이 스티브 테일러
옮긴이 신예용
펴낸이 김영곤
펴낸곳 ㈜북이십일 21세기북스

정보개발팀장 이리현 **정보개발팀** 김민혜 이수정 강문형 박종수 김설아
교정 교열 김승규 **표지** 장마 **본문** 푸른나무디자인
출판마케팅팀 남정한 나은경 한경화 최명열 권채영
영업팀 변유경 한충희 장철용 강경남 황성진 김도연
해외기획실 최연순 소은선 홍희정
제작팀 이영민 권경민

출판등록 2000년 5월 6일 제406-2003-061호
주소 (10881) 경기도 파주시 회동길 201(문발동)
대표전화 031-955-2100 **팩스** 031-955-2151 **이메일** book21@book21.co.kr

ⓒ 스티브 테일러, 2025
ISBN 979-11-7357-065-0 03320
KI신서 13355

(주)북이십일 경계를 허무는 콘텐츠 리더

21세기북스 채널에서 도서 정보와 다양한 영상자료, 이벤트를 만나세요!
페이스북 facebook.com/21cbooks   포스트 post.naver.com/21c_editors
인스타그램 instagram.com/jiinpill21   홈페이지 www.book21.com
유튜브 youtube.com/book21pub

Nous 사회와 경제를 꿰뚫는 통찰

'nous'는 '통찰'을 뜻하는 그리스어이자 '지성'을 의미하는 영어 단어로,
사회와 경제를 꿰뚫어 볼 수 있는 지성과 통찰을 전하는 시리즈입니다.

Nous Series